Dietz Berlin / Analysen

Andrej Holm

Objekt der Rendite

Zur Wohnungsfrage und was Engels noch nicht wissen konnte

Dietz Berlin

Editorische Vorbemerkung:
Alle Zitate und Dokumente in diesem Band sind den Regeln der neuen Rechtschreibung angeglichen.
Wo Personen im marxschen Sinne als »Charaktermasken« auftreten, das heißt unter Absehung all ihrer Besonderheit, steht nur das generische Maskulinum.

Bibliografische Informationen der Deutschen Nationalbibliothek.
Die Deutsche Nationalbibliothek verzeichnet diese Publikation in der Deutschen Nationalbibliografie; detaillierte bibliografische Daten sind im Internet über http://dnb.dnb.de abrufbar.

Gefördert von der Rosa-Luxemburg-Stiftung

2., akt. Auflage 2023

Franz-Mehring-Platz 1
10243 Berlin

Gestaltung: Andreas Homann
Lektorat: TEXT-ARBEIT/Stephan Lahrem
Druck und Bindung: CPI, Leck
Printed in Germany
ISBN 978-3-320-02388-1

ANDREJ HOLM ist Sozialwissenschaftler an der Humboldt-Universität zu Berlin. Seine Forschungsschwerpunkte sind Gentrifizierung und Wohnungspolitik. Er engagiert sich darüber hinaus in Berlin aktiv für das Recht auf Wohnen und ist in zahlreichen stadtpolitischen Initiativen aktiv.

Inhalt

1 — Dauerbrenner Wohnungsfrage

Wohnen als Zuhause

Jeder Mensch braucht ein Dach über dem Kopf. Wohnen gehört neben Nahrung, Kleidung, dem Zugang zu Trinkwasser und dem Zugang zu Infrastrukturen (wie z.B. Gesundheitsversorgung) zu den elementaren Voraussetzungen für ein gutes Leben und wird deshalb auch zu den international anerkannten Menschenrechten gezählt.

In der 1948 von den Vereinten Nationen beschlossenen Allgemeinen Erklärung der Menschenrechte wird das Wohnen in Artikel 25 explizit erwähnt. Dort heißt es: »Jeder hat das Recht auf einen Lebensstandard, der seine und seiner Familie Gesundheit und Wohl gewährleistet, einschließlich Nahrung, Kleidung, Wohnung, ärztliche Versorgung und notwendige soziale Leistungen.« In internationalen Menschenrechtsdiskussionen wird daher davon ausgegangen, dass es »die Pflicht jedes Landes [ist], dieses Recht für seine eigenen Bürger, unabhängig von seiner wirtschaftlichen Entwicklung, seiner politischen Lage oder seinen sozialen Bedingungen, umzusetzen«.[1]

Anders als in den Verfassungen der Weimarer Republik und der DDR gibt es im Grundgesetz für die Bundesrepublik Deutschland kein Recht auf Wohnen. Grundgesetzlich anerkannt ist allerdings die Unverletzlichkeit der Wohnung (Art. 13 GG), wodurch beispielsweise einem staatlichen Eindringen in Wohnräume hohe Schranken gesetzt werden. Wohnen heißt nicht nur, ein Dach über dem Kopf zu haben, das Schutz vor negativen Umwelteinflüssen bietet, sondern wird in modernen Gesellschaften auch als Zuhause verstanden, als

1 Bogumil Terminski: The Right to Adequate Housing in International Human Rights Law. Polish Transformation Experiences, in: Revista Latinoamericana de Derechos Humanos 2/2011, S. 219–241, hier S. 219.

Ort der sozialen Sicherheit und als privater Rückzugsraum. Die Wohnung ist privater Fluchtpunkt in unübersichtlichen gesellschaftlichen Verhältnissen und Basis für die Beteiligung am gesellschaftlichen Leben.

In soziologischen Studien zur Herausbildung der modernen Gesellschaften wird dem Übergang zur abgeschlossenen Wohnung als materieller Form der Trennung von Öffentlichkeit und Privatheit eine zentrale Rolle für den Übergang zur bürgerlichen Gesellschaft zugesprochen. Die Wohnung ist in dieser Sichtweise der privilegierte Ort von Selbstverwirklichung und Selbstbestimmung. Die Freiheit, eine Wohnung selbst zu gestalten, und den Räumen eine eigene Funktion zu geben, ist zwar durch die baulichen Vorgaben meist beschränkt, aber die Auswahl und Anordnung von Möbeln, die Gestaltung von Wänden und das Platzieren von privat bedeutsamen Erinnerungsstücken gehört zu den typischen Merkmalen, einen eigenen Lebensstil auszudrücken. Sage mir, wie du wohnst, und ich sage dir, wer du bist. Jugendliche, die ihre Zimmer in der elterlichen Wohnung selbst einrichten können, erfahren diese Möglichkeit als ersten Freiheitsgewinn und Übung der Selbstbestimmung. In feministischen Debatten gilt das eigene Zimmer spätestens seit Virginia Woolfs gleichnamigem Buch[2] als Voraussetzung für die Selbstbestimmung von Frauen.

Zugleich verweisen die Auseinandersetzungen um das eigene Zimmer darauf, dass der individuellen Gestaltung von Wohnungen bestimmte Grenzen gesetzt sind, da die Strukturen des Wohnens und der Gebäude von den jeweils gängigen gesellschaftlichen Standards bestimmt werden. Städte und auch der Wohnungsbau sind für Jane Darke »in Stein, Ziegel, Glas und Beton gemeißeltes Patriarchat«.[3] Die Ausnahmebedingungen der Corona-Pandemie haben die immer noch aktuelle Funktion der Wohnungen als Ort der Care-Arbeit einmal mehr verdeutlicht.

2 Virginia Woolf: Ein eigenes Zimmer [1929], Frankfurt a. M. 2001.

3 Jane Darke: The Man-Shaped City, in: Chris Booth/Jane Darke/Sue Yeandle (Hrsg.): Changing Placers. Women's Lives in the City, London 1996, S. 88–99, hier S. 88.

Wohnen ist eine soziale Existenzbedingung und verknüpft unsere Gewohnheiten und alltäglichen Routinen unmittelbar mit den gesellschaftlichen Verhältnissen. Wie Menschen wohnen und wohnen wollen, ist – auch im historischen Rückblick – nicht nur eine individuelle Angelegenheit, sondern eine Manifestation von gesellschaftlichen Strukturen und Machtverhältnissen, nicht nur in Bezug auf die Geschlechter. Sich mit Wohnen zu beschäftigen ist also immer mehr als die Betrachtung der unmittelbaren Wohnverhältnisse. Wohnforschung ist immer auch Gesellschaftsanalyse.

Wohnen als Immobilie

Nicht nur wie wir wohnen, ist Ausdruck gesellschaftlicher Verhältnisse, sondern auch, wie das Wohnen organisiert wird. Seit der Herausbildung kapitalistischer Gesellschaften erscheint die Welt als eine »ungeheure Warensammlung«[4] und auch das Wohnen als Ware. Wie in anderen Bereichen, in denen menschliche und soziale Grundbedürfnisse zur Ware werden, erwachsen aus dieser Konstellation erhebliche Konflikte, weil die Versorgungsfunktionen den ökonomischen Rationalitäten nachgeordnet werden.

Gebaut, erhalten und vergeben werden Wohnungen – wenn sie als Waren verstanden werden – nicht, weil sie gebraucht werden, sondern weil sie einen Gewinn versprechen. Der größte Teil der etwa 23 Millionen Mietwohnungen in der Bundesrepublik gehört Privatleuten oder privaten Unternehmen.[5] Ökonomisch rationales Handeln unterstellt, werden die meisten dieser Wohnungen nach den kalkulatorischen Prinzipien der Gewinnmaximierung bewirtschaftet. Die gilt nicht nur für Mietwohnungen, denn auch die etwa 17 Millionen selbst genutzten Eigentumswohnungen und Eigenheime unterliegen in Bau und Finanzierung ökonomischen Prinzipien. Beim Verkauf von Wohnungen und Häusern setzen Besitzerinnen

4 Karl Marx: Das Kapital. Erster Band, in: Karl Marx/Friedrich Engels: Werke, Berlin 1956ff. [MEW], Bd. 23, S. 49.

5 Bundesministerium des Innern, für Bau und Heimat (BMI): Faktenblätter zum deutschen Wohnungsmarkt 2022, Berlin 2022, S. 16.

und Besitzer von Grundeigentum, Entwickler und Bauträger ebenso wie die Banken und sonstigen Finanzierungsinstitute auf einen maximalen Ertrag ihrer Beteiligungen am Wohnungsbau.

Nur knapp fünf Millionen Wohnungen in Deutschland werden von öffentlichen Wohnungsunternehmen oder Genossenschaften verwaltet und könnten zumindest theoretisch im Interesse derer bewirtschaftet werden, die darin wohnen.

Der Umstand, dass man bei der Befriedigung eines Grundbedürfnisses, wie das Wohnen eines ist, ökonomischen Kalkülen folgt und sich gerade nicht an den Bedürfnissen der Bewohnerschaft orientiert, zeigt die für den Kapitalismus typischen Unterschiede zwischen Gebrauchswerten und Tauschwerten. Für die Bewohnerinnen und Bewohner hat eine Wohnung vor allem einen Nutzwert, der davon bestimmt ist, wie gut sie die jeweiligen Wohnbedürfnisse erfüllt. Für die Eigentümerinnen und Eigentümer hingegen zählt vor allem der Tauschwert der Wohnungen, letztendlich also die Frage, wie hoch der Ertrag für den Verkauf oder die Vermietung ausfällt. Wenn sich der Bau und die Vermietung von Wohnungen für die Eigentümerseite vor allem »lohnen« muss, heißt das nichts anderes, als dass ein Grundbedürfnis wie das Wohnen als Vehikel des Geldverdienens betrachtet wird. In einer besseren Welt würde sich der Einsatz von Ressourcen an den Bedarfen für die Bereitstellung der dringend benötigten Existenzgrundlage ausrichten – im Kapitalismus werden Existenzgrundlagen nur gesichert, wenn sie eine Vermehrung des eingesetzten Kapitals versprechen. Deutlich wird diese Herrschaft der kapitalistischen Ökonomie über das Gemeinwohl zum Beispiel im Bereich des Wohnungsbaus. Obwohl allen Beteiligten bewusst ist, dass in den meisten Städten vor allem günstige Wohnungen für Haushalte mit geringen Einkommen fehlen, werden vorrangig teure Mietwohnungen oder Eigentumswohnungen im höheren Preissegment errichtet – weil sich mit solchen Wohnungen mehr Geld verdienen lässt. Obwohl es aus ökologischen Gründen sinnvoll wäre, eine weitere Versiegelung von Flächen zu vermeiden, werden immer neue Bauflächen ausgewiesen – weil sich der

Bau von Eigenheimen für Grundstückseigentümer und Bauträger rechnet. Obwohl es aus sozialer und klimapolitischer Sicht sinnvoll wäre, innovative Projekte des gemeinschaftlichen Wohnens zu entwickeln, werden fast ausschließlich klassische Wohnungen und Apartments gebaut – weil die sich besser vermarkten und eine sichere Rendite erwarten lassen.

In Gesellschaften – zumal in solchen mit einer sehr ungleichen Verteilung der ökonomischen Ressourcen – gibt es immer auch Wohnversorgungsbedarfe, die keinen maximalen Gewinn versprechen: Viele Wohnungssuchende sind aufgrund ihrer sozialen Lage auf Wohnungen angewiesen, die unterhalb der üblichen Marktpreise vermietet werden. Menschen ohne jede Zahlungsfähigkeit benötigen wie alle anderen auch ein Dach über dem Kopf, konstituieren aber aus Sicht des Markts keine Nachfrage. In marktförmig organisierten Wohnversorgungssystemen gibt es keinen ökonomischen Anreiz für die Bereitstellung von Wohnungen unterhalb der jeweils möglichen Marktpreise und so bleibt für Haushalte mit geringen Einkommen die Versorgung mit entsprechendem Wohnraum regelmäßig auf der Strecke. In der internationalen Wohnforschung wird deshalb von einer »sozialen Blindheit des Wohnungsmarkts« gesprochen.[6]

Wohnen als Umverteilungsmechanismus und politischer Kampfplatz

Die Ökonomisierung des Wohnens setzt nicht nur das private Interesse an wirtschaftlichen Gewinnen über soziale Versorgungsanforderungen und das Gemeinwohl, sondern hat sich zu einer zentralen Quelle sozialer Ungleichheiten entwickelt. Weil der Besitz an Immobilien ungleich verteilt ist und einigen wenigen das Recht auf regelmäßige Einnahme von Mietzahlungen von vielen gibt, kann der Wohnungsmarkt als ein Modus der permanenten Vermögensverteilung angesehen werden. Der zirkuläre Charakter von Mietzahlung und Miet-

6 Hellmut Wollmann/Wolfgang Jaedicke: The Rise and Fall of Public and Social Housing, in: Tijdschrift voor economische en sociale geografie 2/1989, S. 82–88, hier S. 83.

ertrag ist unter den Bedingungen steigender Mietpreise ein beständiger Mechanismus der Reproduktion von Ungleichheit. Wenn viele Mieterinnen und Mieter immer höhere Mieten zahlen und vergleichsweise wenige Wohnungsunternehmen und private Vermieterinnen und Vermieter immer höhere Erträge erzielen, wächst die Ungleichheit der Vermögen. Auch der Armuts- und Reichtumsbericht der Bundesregierung verweist auf die Bedeutung des Immobilienbesitzes: 70 Prozent des ungleich verteilten Vermögens geht auf Immobilienbesitz zurück.[7]

Insgesamt zahlen die mehr als 23 Millionen Haushalte, die zur Miete wohnen, pro Jahr etwa 100 Milliarden Euro Mieten. Davon werden etwa 40 Prozent für die Bewirtschaftung der Immobilien ausgegeben.[8] Rund 60 Milliarden Euro pro Jahr gelten als Gewinn und können abzüglich der Steuern zum Vermögensaufbau genutzt werden. Mit 60 Milliarden Euro ist der zu verteilende Kuchen des Vermietungsgeschäfts überaus begehrt und wird zum größten Teil zwischen den 3,9 Millionen privaten Vermieterinnen und Vermietern sowie rund 32 000 Wohnungsunternehmen aufgeteilt.[9] Mit ihren insgesamt mehr als 17 Millionen Mietwohnungen erzielen sie einen Gesamtgewinn in Höhe von fast 50 Milliarden Euro pro Jahr, der Rest geht an öffentliche Wohnungsunternehmen. Ein dauerhafter Vermögenstransfer von 50 Milliarden Euro pro Jahr macht deutlich, dass Eigentumstitel im Immobilienbereich vor allem das Recht beinhalten, sich das Einkommen anderer anzueignen und in eigenes Vermögen zu verwandeln. Mit den

7 Bundesministerium für Arbeit und Soziales: Lebenslagen in Deutschland. Sechster Armuts- und Reichtumsbericht, Berlin 2021, S. 83.

8 Manfred Klose/Norbert Schwarz: Wohnungsvermietung in den gesamtwirtschaftlichen Gesamtrechnungen – Konzepte, Methoden und Ergebnisse, in: WISTA 6/2019, Wiesbaden, Statistisches Bundesamt, S. 18–30, hier S. 24ff.; Tobias Just et al.: Wirtschaftsfaktor Immobilien 2017, Gutachten für den Deutschen Verband für Wohnungswesen, Städtebau und Raumordnung e. V. und die Gesellschaft für Immobilienwirtschaftliche Forschung e. V., Berlin 2017, S. 8ff.; Michael Voigtländer/Björn Seipelt: Perspektiven für private Kleinvermieter, Gutachten für den Kölner Haus- und Grundbesitzerverein von 1888 und Haus und Grund Düsseldorf und Umgebung, Köln 2017, S. 7ff.

9 Bundesministerium des Innern, für Bau und Heimat (BMI): Faktenblätter zum deutschen Wohnungsmarkt 2022, Berlin 2022, S. 16f.

überwiegend privat bewirtschafteten Wohnverhältnissen hat sich so ein großer Umverteilungsmechanismus etabliert.

Ökonomisch betrachtet ist Wohnen vor allem ein Objekt der Rendite, das so bewirtschaftet werden soll, dass möglichst hohe Erträge erzielt werden. Die steigenden Mieten und auch der Verdrängungsdruck in vielen Städten sind Ausdruck von Marktverhältnissen und haben sich seit über 150 Jahre zu festen Begleitern der kapitalistischen Urbanisierung entwickelt. Geprägt von den Eigentumsverhältnissen, die vor allem zur Abschöpfung von Erträgen berechtigen, sind Wohnungen in den letzten Jahren immer häufiger zu Anlageobjekten geworden. Anders als Wirtschaftserzeugnisse, die für den Verkauf bestimmt sind, soll sich der Besitz von Mietwohnungen durch eine sukzessive Zahlung von Mieten amortisieren und wird deshalb aus einer ökonomischen Perspektive als Zinsanlage beschrieben.[10] Wie bei anderen Leihgeschäften auch, entschädigen die Zinsen für die nicht produktive Verwendung des vorhandenen Kapitals.

War der Kredit zum Bau eines Hauses für die Eigentümer lange Zeit Mittel zum Zweck einer langfristigen Bewirtschaftung der Wohnhäuser und eines ebenso langfristigen Zinsflusses, so hat sich in den letzten Jahrzehnten für eine steigende Zahl von Unternehmen der Erwerb von Immobilien zum Selbstzweck der Geldanlage entwickelt. In historischen Texten zur Wohnungsökonomie war oft von »Mietzinshäusern« die Rede[11] – heute werden Immobilien verstärkt als »Kapitalanlage«[12] angesehen. Die Umkehrung der Mittel-Zweck-Relation zwischen Wohnungs- und Finanzwirtschaft führte zu einem Boom von Investitionen in Immobilien-

10 Helmut Brede/Bernhard Kohaupt/Hans-Joachim Kujath: Ökonomische und politische Determinanten der Wohnungsversorgung, Frankfurt a. M. 1975, S. 24f.

11 Otto Blum/Gustav Schimpff/Wilhelm Schmidt: Städtebau. Handbibliothek für Bauingenieure. Ein Hand- und Nachschlagebuch für Studium und Praxis, Berlin/Heidelberg 1921, S. 113f.; Th. Oehmcke: Gesundheit und weiträumige Stadtbebauung, Berlin/Heidelberg 1904, S. 35f.

12 Tobias Just/Jochen Möbert/Michael Heinrich: Deutsche Wohnimmobilien als Kapitalanlage, Gutachten im Auftrag der Deutsche Bank Privat- und Geschäftskunden AG, Regensburg 2014, https://epub.uni-regensburg.de/29838/1/6_IREBS_Deutsche_Wohnimmobilien_als_Kapitalanlage.pdf.

besitz. Allein zwischen 2009 und 2019 stieg das Volumen von Investmenttransaktionen mit Bestandsimmobilien von 13,4 auf 89,5 Milliarden Euro pro Jahr.[13] Neben Büro- und Logistikimmobilien sind auch Wohnungen verstärkt zum Ziel von Anlagestrategien geworden.

Mit der wachsenden Nachfrage nach Bestandsimmobilien sind auch die Preise stark gestiegen. In Berlin zum Beispiel haben sich die durchschnittlichen Kaufpreise für bestehende Mehrfamilienhäuser im selben Zeitraum von etwa 600 Euro pro Quadratmeter auf über 2250 Euro pro Quadratmeter erhöht und damit mehr als verdreifacht.[14] Trotz der über Jahre günstigen Zinsen ergeben sich aus diesen Preisen erhebliche Refinanzierungskosten, die über die Mieten gedeckt werden müssen. Die inzwischen gestiegenen Zinsen verstärken das Problem. Da sich die enormen Finanzierungsaufwendungen aus den oft niedrigen Bestandsmieten nicht finanzieren lassen, wächst nach dem Erwerb der Druck, die Mieten möglichst schnell zu erhöhen. Alle gewerblichen Immobilienkäufe sind eine Spekulation auf die künftige Entwicklung, weil sich die Kaufpreise nicht an den aktuellen Mieten, sondern an den potenziell möglichen Mieterträgen orientieren. Die Verdrängung der Mieterinnen und Mieter ist bei solchen Eigentumswechseln bereits eingepreist.

Weil Wohnen unsere individuellen Lebensbedingungen prägt, weil es die Formen des sozialen Zusammenlebens bestimmt, weil es die Ungleichheiten in der Gesellschaft nicht nur spiegelt, sondern reproduziert und weil es als Teil der gebauten Umwelt die gesellschaftlichen Naturverhältnisse abbildet, ist das Wohnen notwendigerweise Gegenstand von öffentlichen Auseinandersetzungen.

Wie wir wohnen, wie wir wohnen wollen und wie wir wohnen können, das ist keine ausschließlich individuelle Frage,

13 CB Richard Ellis (CBRE): Neuer Rekord am Immobilieninvestmentmarkt Deutschland, 6.1.2020, https://news.cbre.de/neuer-rekord-am-immobilieninvestmentmarkt-deutschland/.

14 Gutachterausschuss für Grundstückswerte in Berlin: Immobilienmarktbericht Berlin 2019/2020, Berlin 2020, www.berlin.de/gutachterausschuss/_assets/amarktinformationen/amarktanalyse/04-03-010-1900.pdf, S. 45, 59 u. 91.

weil die Art und Weise, wie Wohnungen gebaut, verteilt und genutzt werden, immer auf andere zurückwirkt und von anderen abhängig ist. Und weil das Wohnen in einer modernen und urbanisierten Welt nicht als individuelles Konsumgut angesehen werden kann, gehört es zur »collective consumption«, also zu jenen Dienstleistungen und Infrastrukturen, die in der Regel nicht als individuelle Waren und Güter zur Verfügung gestellt und gemeinsam genutzt werden.[15] Wie die städtische Kanalisation, der öffentliche Nahverkehr oder die Bildungseinrichtungen ist auch das Wohnen davon geprägt, dass es gemeinsame Alltagserfahrungen generiert und es bei der Erstellung und Bereitstellung eines Mindestmaßes an gemeinsamer Absprache und Koordination bedarf. Wie alle anderen Elemente der kollektiven Konsumption ist auch das Wohnen Gegenstand von gesellschaftlichen Verteilungskämpfen und von öffentlichen Debatten, in denen das Verhältnis von Privat- und Gemeinschaftsinteresse bestimmt wird. So zentral das Wohnen für die individuelle Lebensgestaltung und die Privatsphäre ist, so klar ist auch, dass bei Wohnungsbau und Stadtentwicklung Gemeinwohlinteressen Berücksichtigung finden müssen.

Die Wohnungsfragen, die seit dem schnellen Wachstum der Städte in der Zeit der Industrialisierung fast durchgehend auf der politischen Tagesordnung standen, waren und sind immer auch Fragen, wie weit der Staat in die Sphäre des Wohnens eingreifen darf bzw. sollte. Die Spannung zwischen individuellen und Gemeinschaftsinteressen verschärft sich unter den gesellschaftlichen Verhältnissen des Kapitalismus. Gerade weil die Prinzipien der Marktwirtschaft und Gewinnorientierung ganz offensichtlich weder eine soziale Wohnversorgung noch die Gemeinwohlinteressen von Stadtentwicklung und Ressourcenschonung sicherstellen können, ist das Wohnen eine politische Arena geworden, in der sich nicht nur unterschiedliche, sondern sich gegenseitig ausschließende Interessen gegenüberstehen.

15 Patrick Dunleavy: Collective Consumption, in: Anthony M. Orum (Hrsg.): Wiley Blackwell Encyclopedia of Urban and Regional Studies, Bd. 1, Hoboken 2019, S. 1–8.

Deutlich wurden diese Interessengegensätze in den aufgeregten Debatten über den Versuch, in Berlin einen Mietendeckel einzuführen, und über die Forderung, die Wohnungsbestände großer Immobilienkonzerne zu sozialisieren. In beiden Fällen wurde sichtbar, mit welcher Vehemenz das vermeintliche Recht auf die Realisierung von Gewinnen aus der Vermietung von Wohnungen verteidigt wird.

Die rot-rot-grüne Landesregierung in Berlin hatte im Februar 2020 ein – inzwischen vom Bundesverfassungsgericht zurückgewiesenes – »Gesetz zur Mietenbegrenzung im Wohnungswesen in Berlin« (MietenWoG Bln) beschlossen. Dieser Berliner Mietendeckel wurde in der Öffentlichkeit nach über 30 Jahren Marktvorrang in der Wohnungspolitik als kleine mietenpolitische Revolution wahrgenommen. Zum einen kam erstmals für den Wohnungssektor ein landesrechtliches Preisrecht zur Anwendung, zum anderen wurde mit dem Dreiklang aus Mieterhöhungstopp in laufenden Verträgen, einer strikten Kappung von Neuvermietungsmieten und einer Absenkung überhöhter Mieten nach Jahrzehnten wieder eine politische Entscheidung getroffen, die private Gewinne tatsächlich einschränken und den Fragen der sozialen Wohnversorgung Priorität einräumen sollte.

Entsprechend entrüstet fielen die politischen und öffentlichen Reaktionen der Immobilienverbände und marktliberaler Parteien aus. In überregionalen Medien wurde über einen »Sozialismus durch die Hintertür« sinniert,[16] Wirtschaftsredakteure mahnten vor den »gefährlichen Folgen der Mietmarktregulierung«[17] und die *WirtschaftsWoche* sprach von einem »gigantischen Feldversuch des Immobilien-Sozialismus«.[18] Ein Freiburger Professor für Wirtschaftswis-

16 »Enteignungen sind nun wirklich sozialistische Ideen«, Zeit-Online, 8.4.2019, www.zeit.de/politik/deutschland/2019-04/mieten-robert-habeck-enteignungen-cdu-csu.

17 Andreas Toller: Vom Ausland lernen: Bloß kein Mietpreisdeckel!, in: WirtschaftsWoche, 17.6.2019, www.wiwo.de/finanzen/immobilien/wohnungsmarkt-vom-ausland-lernen-bloss-kein-mietpreisdeckel/24458408.html.

18 Niklas Hoyee et al.: »Der öffentlichen Hand mehr Wohnraum zuführen«, in WirtschaftsWoche, 9.4.2020, www.wiwo.de/my/politik/deutschland/immobilien-sozialismus-der-oeffentlichen-hand-mehr-wohnraum-zufuehren/25724426.html.

senschaften kritisierte den Mietendeckel als »Politik aus der sozialistischen Mottenkiste«.[19] Die hohen Zustimmungswerte für den Mietendeckel versuchten die wohnungswirtschaftlichen Interessenverbände, mit einem Freibiervergleich zu delegitimieren, um zu suggerieren, dass sozialistische Politiken vor allem darin bestehen, irgendetwas unentgeltlich zu verteilen, ohne an die Kosten zu denken. Dass es beim Mietendeckel nicht um kostenfreies Wohnen, sondern im Kern um einen zeitlich befristeten Stopp von Mieterhöhungen ging, wurde dabei großzügig übersehen.

Die Gefahr des Sozialismus bei einer gesetzlichen Mietpreisregulierung heraufzubeschwören ist nur vor dem Hintergrund eines tief verankerten Antikommunismus in der westdeutschen Gesellschaft verständlich. Für die Immobilienwirtschaft und konservativen Parteien war ganz offensichtlich eine rote Linie überschritten. Hatte man schon wohnungspolitische Instrumente wie die Mietpreisbremse als »umstrittenes Gesetz«,[20] als »Investitionshemmnis«[21] oder als »Bürokratiemonster«[22] kritisiert, fuhr man gegen den Mietendeckel die ganz großen rhetorischen Geschütze auf: »DDR 2.0«, »Verhältnisse wie in Venezuela« und eben immer wieder: »Sozialismus«.

Die öffentlich inszenierte Schnappatmung in Reaktion auf den erfolgreichen Volkentscheid der Initiative »Deutsche Wohnen & Co. enteignen!« folgte einem ähnlichen Muster. Obwohl sich die Forderung nach Vergesellschaftung großer Wohnungsbestände explizit auf Artikel 15 im Grundgesetz

19 Lars P. Feld et al.: Frühjahrsgutachten Immobilienwirtschaft 2020 des Rates der Immobilienweisen, Berlin 2020, S. 74.

20 Alexandra Jegers: Was die Mietpreisbremse für den Mietmarkt bedeutet, in: Capital, 1.9.2019, www.capital.de/immobilien/was-die-mietpreisbremse-fuer-den-mietmarkt-bedeutet.

21 Kommunen befürchten Investitionshemmnisse durch Mietpreisbremse – Haus und Grund Berlin fordert Umsteuern, Berlin 2017, https://haus-und-grund-berlin.de/kommunen-befuerchten-investitionshemmnisse-durch-mietpreisbremse-haus-grund-berlin-fordert-umsteuern/.

22 ZIA-Präsident Andreas Mattner, zit. nach: Hendrik Widuwilt: Schulz: »Mietpreisbremse nach wie vor verfassungskonform«, in: Frankfurter Allgemeine Zeitung, 20.9.2017, www.faz.net/aktuell/wirtschaft/reaktionen-auf-entscheidung-schulz-mietpreisbremse-nach-wie-vor-verfassungskonform-15208083.html.

beruft, der eine Sozialisierung von Grund, Boden und Produktionsmitteln per Gesetz ermöglicht, wurde sie für verfassungsfeindlich erklärt.[23] Selbst nach der Veröffentlichung des Berichts einer von der Berliner Regierung eingesetzten Expertenkommission unter der Leitung der ehemaligen Bundesjustizministerin Hertha Däubler-Gmelin beharrten Teile der Immobilienwirtschaft auf ihren Positionen. Obwohl die überwiegend aus renommierten Juristinnen und Juristen zusammengesetzte Kommission zu dem klaren Ergebnis kam, dass eine Enteignung rechtlich möglich sei,[24] reagierte Maren Kern, die Vorsitzende des Verbands Berlin-Brandenburgischer Wohnungsunternehmen (BBU), auf die Veröffentlichung mit einem den Fakten widersprechendem Statement: »Eine Vergesellschaftung großer Wohnungsunternehmen ist weder mit dem Grundgesetz noch der Berliner Landesverfassung vereinbar, noch wäre sie finanzierbar.«[25]

Die Empörung über die mit dem Mietendeckel und den Sozialisierungsforderungen vermeintlich vollzogenen Tabubrüche ist in Bezug auf die wohnungspolitischen Entwicklungen der letzten drei Jahrzehnte zu sehen. Mit der Abschaffung der Wohnungsgemeinnützigkeit, der Privatisierung von öffentlichen Wohnungsbeständen und einer schrittweisen Kürzung der Fördervolumen für den Sozialen Wohnungsbau hat sich eine Politik des Markvorrangs durchgesetzt, die viele Merkmale einer Neoliberalisierung aufweist und im Kern für

23 Wirtschaftsrat Deutschland: »Enteignungen sind verfassungswidrig, unverhältnismäßig und abschreckend für Investoren«, 10.4.2019, www.wirtschaftsrat.de/wirtschaftsrat.nsf/id/enteignungen-sind-verfassungswidrig-unverhaeltnismaessig-und-abschreckend-fuer-investoren-de; Junge Union Berlin, Junge Liberale und Junge Union protestieren vor SPD-Landesparteitag, 25.10.2019, www.ju-berlin.de/aktuelles/junge-liberale-und-junge-union-protestieren-vor-spd-landesparteitag/.

24 Expertenkommission zum Volksentscheid »Vergesellschaftung großer Wohnungsunternehmen«: Abschlussbericht, Juni 2023, https://www.berlin.de/kommission-vergesellschaftung/_assets/abschlussbericht_vergesellschaftung-grosser-wohnungsunternehmen-230627.pdf?ts=1687954190.

25 Theresa Roelcke: Expertenkommission zu Vergesellschaftungen. Berliner Wirtschaft reagiert kontrovers auf Abschlussbericht, in: Der Tagesspiegel, 28.6.2023, https://www.tagesspiegel.de/berlin/berliner-wirtschaft/expertenkommission-zu-vergesellschaftungen-berliner-wirtschaft-reagiert-kontrovers-auf-abschlussbericht-10064539.html.

den Rückzug des Staats aus der Wohnungspolitik steht. Abgesehen von einer wachsenden Zahl an Bauvorschriften wurde die öffentliche Verantwortung für die Wohnversorgung weitgehend zurückgefahren. Björn Egner beschreibt diesen Trend treffend als Übergang von der Wohnungspolitik zur Wohnungsmarktpolitik.[26]

Statt auf einen öffentlichen, geförderten und gemeinnützigen Wohnungsbau hat die Politik auf private Investitionen und Bündnisse mit der Wohnungswirtschaft gesetzt, statt auf Förderprogramme mit Mietpreis- und Belegungsbindungen auf Instrumente der Subjektförderung wie das Wohngeld und Steueranreize für private Investitionen. Wenn Investitionen privater Unternehmen zum zentralen Instrument der Politikgestaltung werden, erscheint die Gewährleistung von privaten Gewinnen als scheinbar alternativlose Voraussetzung und Rahmenbedingung der Wohnungspolitik.

Die mit der Einführung des Mietendeckels in Berlin artikulierte Priorisierung von sozialen Belangen der Wohnversorgung war nach 30 Jahren also der erste Versuch, nicht nur künftige Gewinnsteigerungen zu beschränken, sondern mit staatlich verordneten Mietabsenkungen in das laufende Geschäftsmodell einzugreifen und den fortgesetzten Vermögenstransfer durch Mietzahlungen zu unterbrechen. Entsprechend groß war der Schock bei den Repräsentantinnen und Repräsentanten der Immobilienwirtschaft und entsprechend groß auch die Erleichterung angesichts der höchstrichterlichen Entscheidung, dem Land Berlin die Zuständigkeit für solch ein Gesetz abzusprechen.

Doch schon kurz nach dem Aus des Berliner Mietendeckels meldeten sich erste Stimmen, die eine entsprechende Regelung auf der Bundesebene forderten. Sie machten deutlich, dass Urteile des Bundesverfassungsgerichts zwar Recht sprechen, aber damit nicht die Wohnungsfrage selbst lösen. Auch in der Frage der Enteignung geht die Auseinandersetzung nach

26 Björn Egner: Wohnungspolitik seit 1945, in: Bundeszentrale für politische Bildung (Hrsg.): Gesucht! Gefunden? Alte und neue Wohnungsfragen, Bonn 2019, S. 94–100, hier S. 98.

dem Erfolg des Volksentscheids mit über einer Millionen Ja-Stimmen (56,7 %) in die nächste Runde. Gestärkt durch das weitgehend positive Votum der vom Berliner Senat eingesetzten Expertenkommission bleibt die Forderung nach der Vergesellschaftung von Wohnungsbeständen großer Konzerne in Berlin auch nach dem Regierungswechsel auf der Tagesordnung. Selbst die seit 2023 von der CDU in Koalition mit der SPD geführte Regierung muss sich mit dem Enteignungsthema beschäftigen und hat zumindest die Erarbeitung eines Vergesellschaftungsrahmengesetzes in den Koalitionsvertrag aufgenommen. So wie die aktuellen Initiativen für einen bundesweiten Mietenstopp und für eine Sozialisierung großer Wohnungskonzerne den Faden verlorener Auseinandersetzungen aufgreifen, streiten Mieterorganisationen und organisierte Mieterinnen und Mieter seit über 150 Jahren für ein Recht auf Wohnen.

Ein ganzheitlicher Ansatz

Wenn wir heute ganz selbstverständlich die Widersprüche zwischen ökonomischen Interessen und sozialen Bedürfnissen feststellen, wenn wir von Gebrauchs- und Tauschwerten sprechen, wenn wir die Konflikte rund um das Wohnen in größere gesellschaftliche Zusammenhänge stellen, dann sind wir nicht die Ersten, die dies tun. Bereits vor 150 Jahren hat Friedrich Engels mit seinen Analysen und Texten zur Wohnungsfrage deutlich herausgestellt, dass die Wohnungsnot eben keine Besonderheit der jeweiligen Zeiten und spezifischen Städte ist, sondern systematisch auf die gesellschaftlichen Strukturen einer kapitalistisch organisierten Wirtschaft zurückzuführen ist. Auch wenn die konkreten Bedingungen sich in den letzten 150 Jahren beständig verändert haben, sind die Grundzüge einer kapitalistischen Urbanisierung bis heute prägend dafür, wie das Wohnen in unseren Städten organisiert wird.

Ein Blick zurück in die Analysen von Marx und Engels kann uns also heute noch helfen, die Umstände und Widersprüche der gesellschaftlichen Entwicklungen zu verstehen. Zugleich müssen die historischen Analysekategorien jedoch auf die veränderten Rahmenbedingungen im 21. Jahrhundert angewandt werden. Dabei muss über die heute oft dogmatisch wirkenden Setzungen von Marx und Engels hinausgedacht werden. Deshalb wird in diesem Buch nicht nur mit den strukturellen Perspektiven des Marxismus auf die aktuellen Wohnungsfragen geschaut, sondern es werden einige Aspekte aufgegriffen, die Engels nicht sehen konnte – oder auch nicht sehen wollte.

Die Untersuchung gliedert sich wie folgt: Weil die Konflikte rund ums Wohnen gerade nicht auf die Besonderheiten der aktuellen Lage zurückzuführen sind, sondern ganz offensichtlich strukturell mit der Art verbunden sind, wie Gesellschaft organisiert ist, macht es Sinn, sich mit diesen grundsätzlichen Strukturen zu befassen, in denen die Wohnungsfrage seit über 150 Jahren immer wieder neu artikuliert wird. Gleichzeitig ist darauf zu achten, wie sich unter den spezifischen kapitalistischen Bedingungen eine soziale Blindheit des Markts gestaltet. Und weil sich in den Wohnverhältnissen die Alltagserfahrungen mit verschiedenen strukturellen Bedingungen der Gesellschaft überschneiden, reicht es nicht, Wohnen aus einer einzelnen fachlichen Perspektive zu betrachten. Statt die jeweiligen Wohnverhältnisse nur unter architektonischen, wirtschaftlichen, kulturhistorischen oder sozialen Aspekten zu untersuchen, ist eine Analyse von Wohnungsfragen holistisch – also ganzheitlich – anzulegen.

Ein nicht nur historisch sinnvoller Ausgangspunkt für solch eine grundlegende Analyse der Konflikte um das Wohnen im Kapitalismus bietet Friedrich Engels' Artikelserie, die unter dem Titel »Zur Wohnungsfrage« zwischen dem 26. Juni 1872 und dem 22. Februar 1873 im sozialdemokratischen *Volksstaat* erschien. Er verbindet darin konkrete Beschreibungen der damaligen Wohn- und Arbeitsbedingungen des Proletariats mit einer auf Marx basierenden politisch ökonomischen Gesellschaftsanalyse und eröffnet damit ein Verständnis der ökonomisch bestimmten Interessenlagen und der untrennbaren Verknüpfung des Wohnens mit der kapitalistischen Wirtschaftsweise. Im nachfolgenden Kapitel 2 wird eine historische Annäherung an die Wohnungsfrage im Vordergrund stehen.

In Kapitel 3 wird die Perspektive verändert und die Politische Ökonomie als Ansatz für eine gesamtgesellschaftliche Analyse von Wohnungsfragen vorgestellt. Dabei wird deutlich werden, dass die Fragen des Wohnens in sehr komplexer Weise mit den ökonomischen Prinzipien der Gesellschaft und den politischen Machtverhältnissen verbunden sind. Im Gegensatz zu fachspezifischen Analysen etwa aus der Architektur, der Planung, der Soziologie oder den Wirtschaftswissenschaften bietet die Politische Ökonomie eine Perspektive, die ein holistisches, ganzheitliches Verständnis von Wohnungsfragen erlaubt und nach den grundsätzlichen Strukturen fragt, die verändert werden müssten, um ein soziales, leistbares und bedarfsgerechtes Wohnen für alle zu ermöglichen. Auch dafür bieten die Texte von Friedrich Engels einen Anknüpfungspunkt.

Seit der politischen Polemik von Engels, der in seinen Texten an den bürgerlichen und kleinbürgerlichen Lösungsvorschlägen für die Wohnungsfrage kein gutes Haar gelassen hat, werden die wohnungspolitischen Diskussionen und Auseinandersetzungen von der Frage begleitet, welche Strategien denn wirklich hilfreich sein könnten, um Fragen der Wohnversorgung nachhaltig zu beantworten. In Kapitel 4 wird gezeigt, dass in Bezug auf Wohnungspolitiken eine Unterscheidung zwischen Revanche, Reform und Revolution auch heutzutage helfen kann, im Dickicht der vielschichtigen Debatten und Ideen den Durch- und Überblick zu behalten.

Das abschließende Kapitel 5 stellt die Subjekte und Strategien der Veränderung ins Zentrum und präsentiert verschiedene Ansätze und Überlegungen, wie eine andere Form des Wohnungswesens aussehen und vor allem wie sie durchgesetzt werden könnte. Dabei ist zu zeigen, dass Veränderungen in der Art und Weise, wie das Wohnen organisiert wird, immer auch mit einer Transformation der Sozialpolitik und den gesellschaftlichen Grundstrukturen verbunden sind.

Friedrich Engels bleibt in allen nachfolgenden Kapiteln ein treuer Begleiter und selbst dort, wo seine Überlegungen zurückgewiesen werden, der Bezugspunkt für dieses Buch.

Denn auch für die Wohnungspolitik im 21. Jahrhundert gilt: »Zunächst wird aber jede soziale Revolution die Dinge nehmen müssen, wie sie sie findet, und den schreiendsten Übeln mit den vorhandenen Mitteln abhelfen müssen.«[27]

27 Friedrich Engels: Zur Wohnungsfrage, in: MEW, Bd. 18, S. 209–287, hier S. 243.

2 — Engels und die Wohnungsfrage im 19. Jahrhundert

Die Artikel »Zur Wohnungsfrage« von Friedrich Engels sind fast 150 Jahre alt, seine Studie zur »Lage der arbeitenden Klasse in England« (1845) hat sogar ein paar Jahre mehr auf dem Buckel. Trotzdem gelten diese Texte in vielen aktuellen Debatten immer noch als angemessene Referenzen. Da sich die Welt des Wohnens und der Stadtentwicklung seit Engels' Zeiten weitergedreht hat und sich die Wohnsituationen in den meisten Städten deutlich von denen der englischen Großstädte des 19. Jahrhunderts unterscheiden, sind es wohl weniger die konkreten Problembeschreibungen und Vorschläge, die den Ausschlag für die lang anhaltende Attraktivität der Texte geben. Die Aktualität von Engels ist vielmehr begründet in seiner Herangehensweise an die Wohnungsfrage und in den Versuchen einer grundsätzlichen Analyse der politisch-ökonomischen Rahmenbedingungen des Wohnens im Kapitalismus.

Zur ersten Generation der Wohnforschung gehörend, verbindet Engels' Untersuchung die detaillierte Beschreibung der Wohnverhältnisse unter den Bedingungen der Industrialisierung mit einer ökonomischen Analyse des Wohnungsmarkts und der Suche nach politischen Lösungsmöglichkeiten der Wohnungsfrage. Er erfüllt damit vieles von dem, was bis heute die Ansprüche einer kritischen Wohnforschung umfasst: die konkrete Untersuchung der tatsächlichen Wohnverhältnisse und der damit verbundenen Konflikte, die Analyse des Wohnens als Ausdruck gesellschaftlicher Verhältnisse und das Selbstverständnis einer politischen Intervention zur Transformation der bestehenden Verhältnisse.[1]

1 Vgl. Barbara Schönig/Lisa Vollmer: Wohnungsfrage(n) ohne Ende und überall?! Sechs Thesen für eine interdisziplinäre Wohnungsforschung, in: dies. (Hrsg.): Wohnungsfragen ohne Ende?!, Bielefeld 2020, S. 7–33, hier S. 12ff.; Sebastian Schipper: Wohnraum dem Markt entziehen? Wohnungspolitik und städtische soziale Bewegungen in Frankfurt und Tel Aviv, Wiesbaden 2018, S. 2 ff.; Erin McElroy/

Engels als früher Ethnograf des Wohnungselends

Friedrich Engels, der in der Wahrnehmung der äußerst produktiven Verbindung mit Karl Marx immer etwas im Schatten seines Mitstreiters zu stehen scheint, hat durchaus eigene Akzente in der marxistischen Theoriebildung gesetzt. Insbesondere den Arbeits- und Lebensverhältnissen der Arbeiterklasse galt in den frühen Jahren seines Schaffens sein Augenmerk.

Mit der sich durchsetzenden Industrialisierung in Europa im 19. Jahrhundert war auch ein rapides Wachstum der Städte verbunden. Insbesondere in den späteren Industriemetropolen stiegen innerhalb von wenigen Jahren die Einwohnerzahlen von einigen Zehntausend auf mehrere Millionen. Der Zustrom von Proletariern und Subproletariern verwandelte die traditionellen Bürger-, Hof- und Handelsstädte in hoch verdichtete Räume der industriellen Produktion und des sozialen Elends. Vor allem die Lebensverhältnisse und Wohnbedingungen des Massenproletariats galten als sichtbarer Ausdruck der frühkapitalistischen Ausbeutungsverhältnisse. Überbelegung, schlechte Ausstattung und ungenügende Versorgung mit Wasser- und Abwassersystemen verwandelten das städtische Armutswohnen in eine hygienische und soziale Katastrophe. Und Friedrich Engels war einer der Ersten, die diesen Zustand systematisch dokumentierten und in einen Zusammenhang mit den gesellschaftlichen Verhältnissen stellten.

Als Wuppertaler Fabrikantensohn wurde Engels 1842 im Alter von 22 Jahren nach Manchester geschickt, um dort in der Baumwollspinnerei seines Vaters eine kaufmännische Ausbildung abzuschließen. Begünstigt durch seine Bekanntschaft mit der irischen Arbeiterin Mary Bruns und ihrer Schwester Lizzy erhielt er tiefe Einblicke in die soziale Geografie der englischen Industriemetropole und nutzte die Gelegenheit, die Stadtteile der Arbeiterklasse aus eigener Anschauung kennenzulernen. Auch wenn Engels den Namen seiner späteren Lebenspartnerin in der Studie nicht erwähnt, liegt es nahe,

Mara Ferreri/Melissa Fernández Arrigoitia/Melissa García-Lamarca/Michele Lancione: Introducing the Radical Housing Journal, in: Radical Housing Journal 1/2019, S. i–iii.

dass die Beziehung zu ihr nicht nur sein Interesse an den Lebensverhältnissen der Arbeiterinnen und Arbeiter geweckt, sondern ihm auch den Zugang zu den Armutsvierteln der Stadt erleichtert hat. Auf den Schreibprozess – nach seiner Rückkehr nach Wuppertal – dürfte Mary Bruns jedoch keinen Einfluss gehabt haben, da sie als Aktivistin der irischen Unabhängigkeitsbewegung Engels' durchweg stereotype Beschreibung des irischen Proletariats in Manchester wohl kaum akzeptiert hätte.[2]

Engels' Studie wurde 1845 unter dem Titel »Zur Lage der arbeitenden Klasse in England« erstmals veröffentlicht[3] und gibt einen umfassenden Überblick über die Arbeits-, Lebens- und Wohnbedingungen von Arbeiterinnen und Arbeitern in Manchester und anderen Städten. Dieser Bericht »nach eigner Anschauung und authentischen Quellen« besteht aus insgesamt elf Abschnitten, in denen nicht nur die Arbeitsbedingungen in den Fabriken verschiedener Arbeitszweige detailliert beschrieben werden, sondern auch die »proletarischen Lebensumstände außerhalb des unmittelbaren Produktionsprozesses«.[4]

Die zeitgenössische Bewertung der Studie fällt ebenso wie spätere Urteile sehr unterschiedlich aus. Manche kritisierten die Schilderung als »übertriebene Schwarz-Weiß-Malerei« und als »hastig verfasste Elendsreportage«.[5] Andere sahen dagegen in der Arbeit von Friedrich Engels einen Vorläufer der modernen ethnologischen Feldforschung, da er eine verstehende Perspektive einnimmt und den »native's point of view«

2 Gisela Mettele: Mary und Lizzie Burns. Die Lebensgefährtinnen von Friedrich Engels, in: Marx-Engels-Jahrbuch 2011, Berlin 2012, S. 130–149, hier S. 131f.

3 Friedrich Engels: Die Lage der arbeitenden Klasse in England. Nach eigner Anschauung und authentischen Quelle, in: Karl Marx/Friedrich Engels: Werke, Berlin 1956ff. [MEW], Bd. 2, S. 225–506.

4 Lothar Peter: Engels, Friedrich, Die Lage der arbeitenden Klasse in England, in: Georg W. Oesterdiekhoff (Hrsg.): Lexikon der soziologischen Werke, 2. Aufl., Wiesbaden 2014, S. 188–189, hier S. 188.

5 Hans-Jürgen Teuteberg: Die Debatte der deutschen Nationalökonomie im Verein für Socialpolitik über die Ursachen der »Wohnungsfrage« und die Steuerungsmittel einer Wohnungsreform im späten 19. Jahrhundert, in: ders. (Hrsg.): Stadtwachstum, Industrialisierung, Sozialer Wandel, Beiträge zur Erforschung der Urbanisierung im 19. und 20. Jahrhundert, Berlin 1986, S. 13–59, hier S. 20.

sucht, den einer der Pioniere der ethnografischen Forschung, Bronislaw Malinowksi, zum Prinzip erklären sollte.[6]

Engels selbst begründet seine Methode mit der kritischen Reflexion seiner eigenen gesellschaftlichen Stellung als Fabrikantensohn und dem Wissen, dass eine abstrakte Kenntnis von den Lebensbedingungen in den Städten nicht ausreichen wird, um »wirkliches Leben [...] der einfachen Arbeiter« kennenzulernen. In seinem Vorwort »an die arbeitenden Klassen Großbritanniens« schreibt er:

> »Ich habe lange genug unter euch gelebt, um einiges von euren Lebensumständen zu wissen; ich habe ihrer Kenntnis meine ernsteste Aufmerksamkeit gewidmet; ich habe die verschiedenen offiziellen und nichtoffiziellen Dokumente studiert, soweit ich die Möglichkeit hatte, sie mir zu beschaffen – ich habe mich damit nicht begnügt, mir war es um mehr zu tun als um die nur *abstrakte* Kenntnis meines Gegenstandes, ich wollte euch in euren Behausungen sehen, euch in eurem täglichen Leben beobachten, mit euch plaudern über eure Lebensbedingungen und Schmerzen, Zeuge sein eurer Kämpfe gegen die soziale und politische Macht eurer Unterdrücker.«[7]

Dass er in diesem Vorwort seinen Verzicht auf »die Bankette, den Portwein und den Champagner der Mittelklasse« betont,[8] gibt seinem Vorhaben einen larmoyanten Unterton und zeigt, dass die Überwindung von sozialen und kulturellen Grenzen auch für einen Theoretiker der Arbeiterklasse eine Herausforderung bleibt. Wie schmal der Grat zwischen Verstehen-Wollen und der Reproduktion von tief verankerten Klischees ist, zeigen Engels' Passagen zur Lage der irischen Einwanderinnen und Einwanderer, bei denen er den »Schmutz und die

6 Magnus Treiber: Ethnologie als Bezugswissenschaft der Sozialen Arbeit. Über Kartographie, Freiraum und das Unmittelbare in Stadt und Welt, Vortrag auf der Tagung der Sektion »Theorie und Wissenschaftsentwicklung« der Deutschen Gesellschaft für Soziale Arbeit e.V., Frankfurt, vom 23./24.3.2012, www.socialnet.de/materialien/140.php.

7 Engels: Lage, MEW, Bd. 2, S. 229.

8 Ebd.

Trunksucht« zu einem »irischen Nationalcharakter« verdichtet[9] und seine abenteuerlichen Thesen zur Bedeutung von vermeintlich feststehenden Normen der ländlich geprägten Lebensführung, die die irischen Arbeiterinnen und Arbeiter angeblich auf die Städte übertragen.[10]

Dennoch ist die »Lage der arbeitenden Klasse in England« eine der wenigen Schriften von Marx und Engels, die jenseits des Marxismus im Kanon der Sozialwissenschaften bis heute rezipiert werden. So fand Engels' Studie Eingang in das »Lexikon der soziologischen Werke«[11] und wurde von der UNESCO wegen der gelungenen Verknüpfung von Konzept, Hypothesen und empirischer Forschung als ein »Meisterwerk der sozialökologischen Analyse« geadelt.[12]

In der Tat, die konsequente Verknüpfung der Untersuchung von Arbeitsverhältnissen, Wohnbedingungen und Lebenslagen ist ein sinnvoller Kompass zur Analyse von Städten und bietet bis heute vielen Studien der kritischen Stadtforschung und Geografie eine konzeptionelle Orientierung. Zugleich zeigt die Arbeit von Engels, dass die Durchsetzung des Kapi-

9 Ebd., S. 321f.

10 »Diese Unreinlichkeit, die auf dem Lande, wo die Bevölkerung zerstreut lebt, nicht so viel schadet, die aber dem Irländer zur andern Natur geworden ist, wird hier in den großen Städten durch ihre Konzentration erst schreckenerregend und gefahrbringend. Wie es der Milesier zu Hause gewohnt war, schüttet er auch hier allen Unrat und Abfall vor die Haustüre und bringt dadurch die Pfützen und Kothaufen zusammen, die die Arbeiterviertel verunzieren und ihre Luft verpesten. Wie zu Hause baut er sich seinen Schweinstall ans Haus, und wenn er das nicht kann, so lässt er sein Schwein bei sich im Zimmer schlafen.« (Ebd., S. 322)

11 Unter den knapp 800 Einträgen im »Lexikon der soziologischen Werke« finden sich neben der »Lage der arbeitenden Klasse in England« nur noch »Die heilige Familie, oder Kritik der kritischen Kritik« und »Die deutsche Ideologie. Kritik der neuesten deutschen Philosophie in ihren Repräsentanten« von Marx und Engels sowie »Das Elend der Philosophie«, »Grundrisse der Kritik der politischen Ökonomie« und das »Kapital« von Marx; vgl. Georg W. Oesterdiekhoff: Lexikon der soziologischen Werke, Wiesbaden 2014,.

12 Der britischen Engels-Biograf William O. Henderson verweist auf eine UNESCO-Auflistung der wichtigsten sozialwissenschaftlichen Arbeiten im Bereich der Stadtforschung von 1955. Engels' Beschreibungen der englischen Arbeiterstädte sollten demnach »be studied as a model by those social scientiest who talk so much nowadays about the need to introduce a ›conceptional framework‹ and ›hypothesis‹ into emprical research. [...] His description of Manchester is a masterpiece of ecological analysis. An he was the only one oft he Victorians who understood the significance of urbanism – for better and for worse – also the reasons for ant-urbanism.« (UNESCO, zit. nach: Willam Otto Henderson: The Life of Friedrich Engels, Bd. 1, London 1976, S. 78)

talismus ohne die Urbanisierung nicht denkbar ist und Städte nicht nur Effekt, sondern auch Voraussetzung der kapitalistischen Ökonomie sind: kein Manchesterkapitalismus ohne Manchester.

Und ohne Manchester auch kein Kommunismus – so jedenfalls die Überzeugung des Stadthistorikers Jonathan Schofield, der davon ausgeht, dass es ohne Manchester weder das »Kommunistische Manifest« noch die Sowjetunion gegeben hätte.[13] Er beruft sich dabei auf den Historiker des Viktorianische Zeitalters und späteren Lord Asa Briggs, der Engels' Reise nach Manchester für eine weltpolitische Weichenstellung hielt.

> »Manchester war die ›shock city‹ der industriellen Revolution, aber sie war nicht typisch. Die vergleichende Geschichte der wirtschaftlichen und sozialen Strukturen und politischen Bewegungen von Manchester und Birmingham zeigt, wie unterschiedlich zwei Städte sein können. Hätte Engels nicht in Manchester gelebt, wären seine Vorstellung von ›Klasse‹ und seine Theorien über die Rolle der Klasse in der Geschichte vielleicht ganz anders gewesen. In diesem Fall wäre Marx vielleicht kein Kommunist, sondern ein Währungsreformer geworden. Die Tatsache, dass Manchester in den 1840er-Jahren [...] zum Symbol der Zeit wurde, war von zentraler politischer Bedeutung in der modernen Weltgeschichte.«[14]

Ohne hier die Besonderheiten von Manchester anzweifeln zu wollen, sei doch der Einwand gewagt, dass die Durchsetzung eines Symbols gerade nicht in seiner allumfassenden Wirklichkeitsabbildung begründet liegt, sondern in dem Wiedererkennungseffekt wesentlicher Merkmale.

Ein wesentliches Merkmal von Engels' Beobachtungen war der sich gegenseitig bedingende Zusammenhang von Industrialisierung und Urbanisierung, der bereits im Aufbau seines

13 Jonathan Schofield: The return of Friedrich Engels – right or wrong?, in: Confidentials: Manchester, 24.7.2017, https://confidentials.com/manchester/friedrich-engels-HOME-first-street-manchester-was-his-return-right-or-wrong.

14 Asa Briggs: Victorian Cities [1963], Berkeley/Los Angeles 1993, S. 116.

Textes sichtbar wird. Nach einer einführenden Schilderung der Veränderung der Arbeitsverhältnisse und der Herausbildung des »industriellen Proletariats« folgt eine ausführliche Beschreibung der städtischen Wohn- und Lebensverhältnisse. Das Kapitel »Die großen Städte« ist der längste Abschnitt der Studie und führt die Leserinnen und Leser in die engen Gassen der »schlechten Viertel«, die es in allen englischen Städten gab; neben Beobachtungen und Berichten aus London, Dublin, Edinburgh, Glasgow und Leeds zeigt Engels vor allem das Manchester der 1840er-Jahre.[15] Es ist eine Welt elendster Wohnbedingungen, die neben der hohen Belegungsdichte und dem schlechten Bauzustand auch durch die mangelnde vertragsrechtliche Sicherheit der Mieterinnen und Mieter geprägt sind: »Die Häuser sind bewohnt vom Keller bis hart unters Dach, schmutzig von außen und innen [...] Fast keine ganze Fensterscheibe ist zu sehen, die Mauern bröcklig, [...] die Türen von alten Brettern zusammengenagelt oder gar nicht vorhanden.«[16]

»Eine Klasse, welche in den oben geschilderten Verhältnissen lebt und so schlecht mit den allernotwendigsten Lebensbedürfnissen versehen ist, [kann] nicht gesund sein und kein hohes Alter erreichen.«[17] Da die Zustände in der Gesellschaft durchaus bekannt waren, sieht Engels im täglichen Leiden und Sterben der Arbeiterinnen und Arbeiter nicht nur eine unterlassene Hilfeleistung oder einen in Kauf genommenen Totschlag, sondern einen systematischen »sozialen Mord«[18] im Interesse und mit Billigung der herrschende Klasse. Seine ausführlichen Verweise auf Zeitungsartikel sowie Parlaments- und Regierungsberichte belegen zumindest das offizielle Wissen über das Elend in den Fabriken und Städten.

15 Engels: Lage, MEW, Bd. 2, S. 256–305. Bei den Beschreibungen über London (S. 259–265), Dublin (S. 265f.), Edinburgh (S. 266–268), Liverpool (S. 268f.), Glasgow (S. 269f.) und Leeds (S. 270–273) werden jeweils einzelne Aspekte der Stadtentwicklung und Wohnverhältnisse vorgestellt. Die Abschnitte zu Manchester (273–304) geben in Form eines Stadtrundgangs durch alle Innenstadtviertel einen umfassenden Einblick in die Lebensbedingungen der arbeitenden Klasse.

16 Ebd., S. 260.

17 Ebd., S. 325.

18 Ebd.

In Verbindung mit den empörenden Wohnbedingungen in den Arbeitervierteln führten die Arbeitsverhältnisse zu einem Raubbau an der Gesundheit und einer hohen Sterblichkeit.[19] Friedrich Engels benennt anhand von Berichten von Geistlichen der lokalen Kirchgemeinden, von Regierungskommissionen und der noch jungen Ämter für Statistik die katastrophalen Hygienebedingungen, den Mangel an Nahrung, die Trunksucht, den Drogenkonsum sowie die unzureichende medizinische Versorgung als Gründe für die erhöhte Mortalität.

Der Mix aus dichter Bebauung und Überbelegung verwandelte die Städte der Industrialisierung in eine Hölle aus verdreckten Straßen, stickiger Luft, feuchten Wänden und kaum vorhandener Infrastruktur. Da Kanalisation und Müllabfuhr zunächst Privilegien der besseren Viertel waren, sammelte sich auf den Straßen, Gassen und Höfen der Unrat, die Fäkalien und die Asche der Kochstellen. Die Luft der Städte war schon durch die mit Kohle betriebenen Maschinen der Fabriken so stark belastet, dass der Ring der bürgerlichen Wohnviertel im Osten und Nordosten Manchesters unterbrochen wurde, »weil der hier zehn oder elf Monate im Jahr herrschende West- und Südwestwind den Rauch aller Fabriken [...] stets nach dieser Seite hinübertreibt«.[20] Durch die ungefilterte Verfeuerung primärer Brennstoffe und die schiere Konzentration der Menschen in den großen Städten erreichte der CO_2-Ausstoß eine bis dahin unbekannte Dimension. Da die dichte Bebauung die Luftzirkulation vor allem in den Arbeitervierteln erschwerte, prägte ein Gemisch aus verfaulenden Substanzen, Rauch und sauerstoffarmer Luft die Atmosphäre der Industriestädte.

Für London konstatierte Engels 2,5 Millionen Menschen und 250 000 Feuerstellen.[21] Das entsprach einer Bevölkerungs-

19 Ebd., S. 324ff.

20 Ebd., S. 291.

21 »Schon die Zentralisation der Bevölkerung in großen Städten äußert ungünstigen Einfluss; die Atmosphäre von London kann nie so rein, so sauerstoffhaltig sein wie die eines Landdistrikts; drittehalb Millionen Lungen und drittehalb hunderttausend Feuer, auf drei bis vier geographischen Quadratmeilen zusammengedrängt, verbrauchen eine ungeheure Menge Sauerstoff, der sich nur mit Schwierigkeit wieder ersetzt, da die städtische Bauart an und für sich die Ventilation erschwert.« (Ebd., S. 325)

dichte von 250 000 Menschen pro Quadratkilometer. Zum Vergleich: Dhaka, die Hauptstadt Bangladeschs, zählt aktuell mit knapp 35 000 Menschen pro Quadratkilometer als die am dichtesten besiedelte Stadt der Welt. Mit über 20 000 Menschen auf derselben Fläche ist Paris von den Hauptstädten in Europa die mit der größten Bevölkerungsdichte, Berlin liegt in dieser Hinsicht bei knapp über 4000. Umgekehrt kommt rein rechnerisch auf jeden Menschen in Berlin eine Stadtfläche von 244 Quadratmetern – in London waren es Mitte des 19. Jahrhunderts gerade einmal vier pro Person. Diese heute unvorstellbare Besiedlungsdichte war für Engels eine eigenständige Ursache des schlechten Gesundheitszustands in den Industriestädten:

> »Das durch Atmen und Brennen erzeugte kohlensaure Gas bleibt vermöge seiner spezifischen Schwere in den Straßen, und der Hauptzug des Windes streicht über den Dächern der Häuser hinweg. Die Lungen der Einwohner erhalten nicht das volle Quantum Sauerstoff, und die Folge davon ist körperliche und geistige Erschlaffung und Niederhaltung der Lebenskraft.«[22]

Atemnot, Müdigkeit und neurologische Störungen prägten Mitte des vorletzten Jahrhunderts den allgemeinen Gesundheitszustand von Arbeiterinnen und Arbeitern in den schnell wachsenden Industriestädten Englands. Den dramatischen und für viele sichtbaren Folgen für die öffentliche Gesundheit begegnete man im 19. Jahrhundert mit zunächst völlig unzureichenden Mitteln. Statt die allgemeinen Wohnverhältnisse zu verbessern, appellierte man an die Reinlichkeit der Bevölkerung. Statt alle Haushalte mit sauberem Wasser zu versorgen, machte man die ersten Wasserleitungssysteme zu einem Geschäftsmodell, das fließend Wasser gerade für arme Familien unbezahlbar machte und den Hygienenotstand zunächst sogar verschärfte:

22 Ebd., S. 325f.

> »Man entzieht ihnen alle Mittel zur Reinlichkeit, man entzieht ihnen das Wasser, indem man nur gegen Bezahlung Röhren legt und die Flüsse so verunreinigt, dass sie zu Reinlichkeitszwecken nicht mehr taugen; man zwingt sie, allen Abfall und Kehricht, alles schmutzige Wasser, ja oft allen ekelhaften Unrat und Dünger auf die Straße zu schütten, indem man ihnen alle Mittel nimmt, sich seiner sonst zu entledigen; man zwingt sie dadurch, ihre eignen Distrikte zu verpesten.«[23]

Eine eher zögerliche Haltung bei der Umsetzung von städtischen Hygienesystemen und beim Aufbau eines öffentlichen Gesundheitswesens wird auch den Großstädten in Deutschland attestiert. Klaus Strohmeyer verweist in seiner Biografie des königlichen Stadtplaners James Hobrecht auf den Widerspruch von wissenschaftlichen Erkenntnissen zum Zusammenhang von Lebensverhältnissen und der Verbreitung von Krankheiten und den zögerlichen Anwendungen dieser Erkenntnisse. Seit der Eröffnung des »Collegium Medicochirogicum« an der Berliner Charité im Jahr 1724 wurden statistische Daten zu Krankheiten und ihrer Verbreitung erhoben und systematisch ausgewertet. Das vorhandene ingenieurstechnische Wissen zur Verbesserung der öffentlichen Hygiene durch moderne Systeme der Wasserversorgung und der Abfallentsorgung einzusetzen scheiterte jedoch zunächst am »begrenzten medizinwissenschaftlichen [...] Einflussvermögen«.[24] Die neu entwickelte Röhrentechnologie zum Transport von großen Wassermengen kam nur am königlichen Hof zum Einsatz – bei »Anlagen von Wasserspielen« –, statt die öffentliche Gesundheit in den Städten zu verbessern.[25]

Zum Gegenstand der Politik wurde die Gesundheitsversorgung in den Städten erst mit der Durchsetzung von neuen staatlichen Wohlfahrtskonzepten. Die gesundheitspolitischen Sorgen der Fürsten hatten sich zunächst auf bevölkerungspo-

23 Ebd., S. 326.

24 Klaus Strohmeyer: James Hobrecht (1825–1902) und die Modernisierung der Stadt, Potsdam 2000, S. 81.

25 Ebd.

litische Erwägungen, die Sorge um ausreichend Nachwuchs an Untertanen und Soldaten sowie die Angst vor Seuchen beschränkt, die auch um die besseren Schichten keinen Bogen machten. Nun waren die wohlfahrtsstaatlichen Hygienekonzepte von einer staatlichen Fürsorgepflicht geprägt und wurden dem Utilitarismus des Markts unterworfen. Der feste Glaube an die Prinzipien der Marktwirtschaft verwandelte Gesundheit in eine notwendige Bedingung für das neue wirtschaftliche System, denn »die universell gültige, einwandfreie Ware setzte auch den leistungsfähigen, ›einwandfreien‹ Warenproduzenten voraus«.[26] Die ersten Wohlfahrtsansätze entsprangen denn auch weniger einem bürgerlichen Humanismus, sondern waren Ausdruck des staatlichen Willens, die Voraussetzungen für die Reproduktion der Ware Arbeitskraft zu gewährleisten. Effektive Maßnahmen zum Gesundheitsschutz wurden damals wie heute den abstrakten Interessen der Wirtschaft untergeordnet.

So ist auch zu erklären, dass die in fast allen Städten eingerichteten Organisationen der »medicinischen Policey« ab Ende des 18. Jahrhunderts Vorschläge für eine Gesundheitsgesetzgebung und für Anforderungen an Bauordnungen und Stadtentwicklungspläne formulierten, ohne dass diese umgesetzt wurden. Bis zur Durchsetzung von modernen hygienischen Standards sollte noch fast ein Jahrhundert ins Land gehen. Fragen der Gesundheit wurden erst in der zweiten Hälfte des 19. Jahrhunderts zum integralen Bestandteil der Stadtplanung:

> »Die Gesundheitsorientierung bezog Bestimmungen der Bauordnungen, der Straßenbefestigung, der Reinhaltung und Abfallbeseitigung [...] ein. [...] Parameter der Wohnverhältnisse wie Höhe der Häuser, Enge der Straßen bzw. Dichte der Bebauung, Bedingungen der Belichtung und Belüftung, und die Menge des anfallenden Abfalls [wurden] zu Faktoren, die von der Stadtplanung zu berücksichtigen waren.«[27]

26 Ebd., S. 83.

27 Ebd.

Als sich in den Städten die »Verhäuslichung der körperlichen Verrichtungen«[28] durchsetzte, wurde der zentral geplante Ausbau von Wasserleitungen und Kanalisationen zu einem vorrangigen Projekt der Stadtplanung. Der Bau von Kanalisationsanlagen sowie gesetzliche Regelungen zur Nutzung der Kanalisation erfolgten in Berlin aber erst in den 1870er-Jahren: »Auf der Grundlage eines Gesetzes vom 7. März 1877 wurde u.a. festgelegt, dass jedes bebaute Grundstück in den mit einer Kanalisation versorgten Stadtteilen an diese angeschlossen werden musste.«[29] Der flächendeckende Anschluss an zentralisierte Wasser- und Abwassersysteme stieß Ende des 19. Jahrhunderts auf den Widerstand von Fuhrunternehmen, Landwirten und Hauseigentümer, die bisher vom Geschäft mit dem Abtransport der städtischen Fäkalien profitierten oder zusätzliche Kosten befürchteten. Gesundheitsdienliche Infrastrukturen und Auflagen mussten in der Zeit des schnellen Städtewachstums gegen private Gewinninteressen durchgesetzt werden.

Trotz der von Rudolf Virchow und anderen wissenschaftlich belegten Vorteile einer Kanalisation wurde in öffentlichen Diskussionen und auch in der Berliner Stadtverordnetenversammlung gegen die »Zwangskanalisierung« polemisiert. Eine aus heutiger Sicht kaum nachvollziehbare Debatte über die Vor- und Nachteile einer Kanalisation im Vergleich zu einem dezentralen Abfuhrsystem verzögerte die Einführung der Kanalisation in Berlin um mehrere Jahre.[30] Mit einer Mischung aus Blockaden in Magistrat und Stadtverordnetenversammlung, Gerichtsverfahren und massiver Öffentlichkeitsarbeit versuchte die Lobby der Grundbesitzerverbände und Fuhrunternehmen, den verpflichtenden Anschluss aller Wohnhäuser an die Kanalisation zu verhindern.

So finanzierten Stadtverordnete und Unternehmen 1872 die Veröffentlichung einer Annonce in verschiedenen Ber-

28 Peter Gleichmann: Die Verhäuslichung der Harn- und Kotentleerungen, in: Medizin, Mensch, Gesellschaft 1/1979, S. 46–52.

29 Strohmeyer: James Hobrecht, S. 122.

30 Sharooz Mohajeri: 100 Jahre Berliner Wasserversorgung und Abwasserentsorgung 1840–1940, Stuttgart 2005, S. 73ff.

liner Zeitungen, in der sie zum Boykott gegen die Kanalisationspläne aufriefen:

> »Bewohner der Umgebung! Landleute! Seid auf eurer Hut! Die Haupt- und Residenzstadt soll mit Peströhren durchzogen werden, deren wertlosen und pestartigen Inhalt man auf eure Felder ausbreiten will; Berieseln nennen sie diesen Unsinn drinnen im Magistrat. Man wird euch eure Äcker abkaufen wollen. Fordert, so hoch ihr wollt, nehmt so viel, als ihr nur bergen könnt, das Silber habt ihr dann im Kasten, aber Pest und Krankheit im Haus. Seid auf eurer Hut, wenn die Berliner Pest-Canalmänner kommen. Verkauft nicht!«[31]

Wie ein frühes Muster von Verschwörungstheorien weist der Aufruf viele Merkmale der typischen Fake-News auf: die Unterstellung einer »bösen« Absicht (»pestartigen Inhalt auf euren Feldern ausbreiten«), die Personalisierung in »die« und »wir« (die »drinnen im Magistrat« vs. »eure Felder«, »eure Äcker«), das Etablieren eines neuen Framings (»Peströhren«) und viele Ausrufezeichen.

Aufhalten konnten die Proteste die Kanalisierung weder in Berlin noch in anderen Städten. Diese Debatten zeigten aber deutlich, wie schwer es ist, Gemeinwohlinteressen gegen privaten Grundbesitz und Unternehmen durchzusetzen. Die über die Abwasserentsorgung hinausgehenden Forderungen nach »mehr Luft, mehr Licht« erfüllten sich sogar erst mit den umfangreichen Wohnungsreformen in den 1920er-Jahren.[32]

Neben den Hygieneproblemen in den Industriestädten trieb das Bürgertum im 19. Jahrhundert noch eine andere Sorge um, die sie auf die elenden Wohnverhältnisse der arbeitenden Klassen zurückführten. Die bürgerlichen Wohnungsreformer fürchteten die unkontrollierte Konzentration der niederen Klassen. In einem »Mahnruf in der Wohnungsfrage« (1890)

31 Annonce in verschiedenen Berliner Zeitungen, zit. nach Strohmeyer: James Hobrecht, S. 115.

32 Marianne Rodenstein: »Mehr Licht, mehr Luft« Gesundheitskonzepte im Städtebau seit 1750, Frankfurt a. M. 1988.

appellierte Gustav Schmoller – Mitbegründer und langjähriger Vorsitzender des »Vereins für Socialpolitik« – an die »besitzenden Klassen [...], große Opfer« zu bringen, um sich zu schützen »gegen die Epidemien und gegen die socialen Revolutionen, die da kommen müssen, wenn wir nicht aufhören, die unteren Klassen in unseren Großstädten durch ihre Wohnverhältnisse zu Barbaren, zu tierischem Dasein herabzudrücken«.[33]

Engels war eher skeptisch, wenn es um die Bereitschaft von »großen Opfern« der besitzenden Klasse ging. In seine dichten Beschreibungen zur Lage der arbeitenden Klassen in England bezog er auch seine Beobachtungen zur Bourgeoisie in den englischen Städten mit ein. Die gaben ihm offensichtlich wenig Grund für einen Optimus mit Blick auf einen Klassenkompromiss. Nie sei ihm eine »so tief demoralisierte, eine so unheilbar durch den Eigennutz verderbte, innerlich zerfressene und für allen Fortschritt unfähig gemachte Klasse vorgekommen wie die englische Bourgeoisie«.[34]

> »Ich ging einmal mit einem solchen Bourgeois nach Manchester hinein und sprach mit ihm von der schlechten, ungesunden Bauart, von dem scheußlichen Zustande der Arbeiterviertel und erklärte, nie eine so schlecht gebaute Stadt gesehen zu haben. Der Mann hörte das alles ruhig an, und an der Ecke, wo er mich verließ, sagte er: And yet, there is a great deal of money made here – und doch wird hier enorm viel Geld verdient – guten Morgen, Herr!«[35]

Auch wenn Engels hier den Klassencharakter personalisiert, war ihm schon in seinem Frühwerk klar, dass es sich dabei nicht um schlechte Charaktereigenschaften Einzelner handelte, sondern um ein antagonistisches Verhältnis zwischen denen, die ausbeuten, und denen, die ausgebeutet werden.

33 Gustav Schmoller: Ein Mahnruf in der Wohnungsfrage [1890], in: Hartmut Frank/Dirk Schubert (Hrsg.): Lesebuch zur Wohnungsfrage, Köln 1983, S. 159–174, hier S. 174.

34 Engels: Lage, MEW, Bd. 2, S. 486.

35 Ebd., S. 487.

So seien die Vertreter der herrschenden Klassen – die bei Engels im Gegensatz zu seinen Beschreibungen der Arbeiterinnen und Arbeiter durchweg Männer sind – mitunter integre Personen mit »Privattugenden«. »Aber was hilft das alles? In letzter Instanz ist doch das eigne Interesse und speziell der Gelderwerb das einzig entscheidende Moment. [...] Es ist dem englischen Bourgeois durchaus gleichgültig, ob seine Arbeiter verhungern oder nicht, wenn er nur Geld verdient.«[36]

Daran hat sich bis heute nichts Grundsätzliches geändert. Das bestätigen aktuelle Diskussionen über mögliche Einschränkungen von Unternehmen zugunsten von Menschenrechten oder zum Schutz des Klimas. Solange Ausschluss von Kinderarbeit in Lieferketten oder die Umstellung auf Elektromobilität auf freiwilliger Basis erfolgen, haben solche Maßnahmen nur wenig Aussicht auf Erfolg, weil sie immer nur so weit gehen, wie der *great deal of money made* nicht darunter leidet. Auch freiwillige Verzichte auf Mieterhöhungen bleiben die Ausnahme und selbst zeitlich befristete Mietpreisfestsetzungen werden als Zumutung empfunden und als ideologisch motivierte Zwangsmittel zurückgewiesen.

So wie in den 1840er-Jahren die gerechtfertigten Forderungen der Arbeiterinnen und Arbeiter in den englischen Fabriken und Bergwerken als »unverschämte Unzufriedenheit, wahnsinnige Auflehnung [und] Erfolg übelgesinnter Demagogen, die von der Agitation leben und zu faul zum Arbeiten sind«, verunglimpft wurden,[37] so sehen sich auch heute Forderungen nach besseren Arbeitsbedingungen, erweitertem Umweltschutz oder Schutz vor Mietsteigerungen mit demagogischen Vorwürfen derer konfrontiert, die Verantwortung für die jeweilige Situation tragen: Die zynische Unterstellung, die Mieterinnen und Mieter, die sich gegen Mieterhöhungen wehren, hätten sich nicht rechtzeitig um den Erwerb von Eigentumswohnungen bemüht, oder

36 Ebd.

37 Ebd., S. 472.

linke Politik bestehe immer in dem Prinzip, das Geld anderer Leute zu verteilen, sind das zeitgemäße »zu faul zum Arbeiten«, mit dem die besitzende Klasse schon vor über 150 Jahren versucht hat, soziale Forderungen zu delegitimieren.

Wie die gegenwärtigen Auseinandersetzungen um den Mietendeckel oder auch die Vergesellschaftung großer Wohnungskonzerne zeigen, werden die Töne schriller, wenn die Forderungen auf eine tatsächliche Umverteilung setzen. Je größer die zu erwartende Einschränkung für künftige Gewinnmöglichkeiten, desto heftiger der Widerstand der Lobbyverbände und Unternehmen. Das ist wenig verwunderlich, denn das Prinzip der kapitalistischen Wirtschaft ist relativ simpel: Gewinne und Löhne werden aus demselben Topf der geleisteten Arbeit gezahlt – steigen die Einkommen, geht das unter sonst gleichbleibenden Bedingungen immer zulasten der Profitrate. Auch beim Wohnen stehen sich Vermieter und Mieter in einem Nullsummenspiel gegenüber: Steigende Mieten bedeuten höhere Erträge für die Vermieter und Mietabsenkungen schmälern ihre Gewinne. Leistbare Mieten und Höchstgewinne schließen sich also aus und der *great deal of money made* steht einer sozialen Wohnversorgung für alle entgegen.

Die Hoffnung auf soziale Gerechtigkeit im Kapitalismus wird seit über 150 Jahren enttäuscht. Und es gibt keine Anzeichen dafür, dass Friedrich Engels sein damaliges Urteil revidieren müsste:

> »Dank meiner gleichzeitigen umfassenden Gelegenheit zur Beobachtung der Mittelklasse, eures Gegners, bin ich sehr schnell zu dem Schluss gelangt, dass ihr im Recht, völlig im Recht seid, wenn ihr von ihnen keinerlei Hilfe erwartet. Ihre Interessen sind den euren diametral entgegengesetzt, obgleich sie immer versuchen werden, das Gegenteil zu behaupten und in euch den Glauben zu wecken an ihr herzlichstes Mitgefühl mit eurem Schicksal.«[38]

38 Ebd., S. 430.

Mit seiner Studie zur »Lage der arbeitenden Klasse in England« hat uns Friedrich Engels nicht nur eine Ethnografie der Lebensbedingungen in den frühen Industriestädten hinterlassen, sondern eine Analyse des Zusammenhangs von Arbeitsverhältnissen, Lebensbedingungen und gesellschaftlichen Konflikten, die in ihrer Konzeption bereits wesentliche Bestandteile der marxistischen Genealogie des Kapitalismus enthält. Auch wenn sich die Lebens- und Wohnbedingungen für die arbeitende Bevölkerung im Vergleich zum Manchesterkapitalismus verbessert haben, sind doch die Grundkonflikte geblieben, weil der Nexus zwischen Arbeit und Wohnen ungebrochen fortbesteht und soziale, ökologische und gesundheitliche Belange immer noch hinter den Wirtschaftsinteressen zurückstehen müssen. Die aktuellen Losungen »System Change statt Climate Change« oder »Keine Rendite mit der Miete« zeigen, dass auch ohne Hungertote und Kindersterblichkeit auf den Straßen von Manchester konsequent gestellte Existenzfragen den Kapitalismus selbst infrage stellen.

Engels als Ökonom des Wohnungsmarkts

Neben seinen konkreten Beschreibungen der Arbeits-, Wohn- und Lebensverhältnisse unter den Bedingungen einer kapitalistischen Urbanisierung hat Engels anlässlich seiner Streifzüge durch Manchester in den 1840er-Jahren sowie in seinen Überlegungen zur Wohnungsfrage in den 1870er-Jahren zudem erste Ansätze einer kritischen Auseinandersetzung mit der Ökonomie des Wohnungsmarkts formuliert, die auch noch hilfreich sind: Schon vor über 150 Jahren beschrieb er die Wohnung als besondere Ware, konstatierte das Streben nach der optimalen Bodenverwertung und analysierte das Eigentum an Mietwohnungen als zinstragendes Kapital.

Wohnen als Ware

Auf der Suche nach Erklärungen für die katastrophalen Wohnverhältnisse, die er in seiner Studie »Zur Lage der arbeitenden Klasse in England« dokumentierte, kam Engels neben der Ausbeutung in den Fabriken immer wieder auf die ökonomischen

Motive der Hausbesitzer zu sprechen. Ihre Geldgier sei sowohl für die unerträgliche Bebauungsdichte als auch die schlechte Qualität der Gebäude verantwortlich.

Insbesondere die schlechte Durchlüftung der Wohnviertel galt damals als Quelle von Krankheiten. Alle von Engels porträtierten Stadtviertel der Armen wiesen eine extreme Dichte auf, ganz gleich, ob dort Alt- oder Neubauten dominierten. Unterschiede gab es lediglich hinsichtlich der Anordnung der Gebäude. Während in der Altstadt meist der »reine Zufall über die Gruppierung der Häuser« bestimmte und die Häuser ohne Rücksicht auf den bereits vorhandenen Bestand gebaut wurden, fand sich in den neueren Stadtteilen ein »etwas planmäßigeres Arrangement«. An der Dichte änderte das nichts. Die detaillierten Beschreibungen und Karten der Bebauungsform zeigen in beiden Fällen eine fast vollständige Überbauung der Flächen zwischen den Straßen, die nur durch winzige Höfe unterbrochen waren. Engels bemerkte in der Altstadt »winklige Zwischenräume der einzelnen Wohnungen«, die »in Ermangelung eines anderen Namens Höfe (courts) genannt« wurden. Die neueren Teile der Altstadt hingegen waren durch »regelmäßigere, meist viereckige Höfe« geprägt.[39] Die Folgen für die Belüftung der Wohnungen war verheerend:

> »Wenn man sehen will, wie wenig Raum der Mensch zum Bewegen, wie wenig Luft [...] er zum Atmen im Notfall zu haben braucht, [...] dann hat man nur hierher zu kommen. [...] Wenn die ganz planlose Bauart der Gesundheit der Bewohner durch Verhinderung der Ventilation schon sehr nachteilig war, so ist es diese Art, die Arbeiter in Höfe einzusperren, die nach allen Seiten von Gebäuden umschlossen sind, noch viel mehr. Die Luft kann hier platterdings nicht heraus; die Schornsteine der Häuser selbst sind, solange Feuer angehalten wird, die einzigen Abzüge für die eingesperrte Luft des Hofes.«[40]

39 Ebd., S. 287.

40 Ebd., S. 285 u. 287.

In beiden Fällen galt das Prinzip,

> »wo noch ein Winkelchen frei war, ist ein Haus hingesetzt, wo noch ein überflüssiger Ausgang, ist er zugebaut worden; der Grundwert stieg mit dem Aufblühen der Industrie, und je mehr er stieg, desto toller wurde darauf losgebaut, ohne Rücksicht auf die Gesundheit und Bequemlichkeit der Einwohner – es ist keine Baracke so schlecht, es findet sich immer ein Armer, der keine bessere bezahlen kann –, nur mit Rücksicht auf den größtmöglichen Gewinn.«[41]

Um von den besser bezahlten Arbeiterinnen und Arbeitern eine höhere Miete verlangen zu können, entwickelten Bauunternehmen mit dem Cottage-System eine Bebauungsart, die als eine frühe Variante des Drittel-Mix verstanden werden kann. In den ersten Stadterweiterungsgebieten der englischen Städte errichteten zunächst professionelle Bauunternehmen ganze Straßenzüge. Zwischen zwei Straßen wurden dabei drei Reihen von meist zwei- bis dreistöckigen Gebäuden gebaut, die zur maximalen Ausnutzung der Fläche lediglich zwischen der ersten und zweiten Cottage-Reihe eine schmale Gasse hatten. Die zweite und die dritte Reihe wurden Rücken an Rücken gebaut, sodass die Mittelreihe nur einen Belüftungszugang zur Hintergasse hatte. So wurden mit einem Bauakt drei Standards geschaffen: eine erste Reihe zwischen Straße und der dahinter liegenden Gasse, die über eine gute Belüftung von zwei Seiten verfügte, eine zweite Reihe, die nur über die Hintergasse die schlechteste Ventilation hatte, und eine dritte Reihe, die zur nächsten Straße hin zumindest keine schlechtere Belüftung als die Häuser der Altstadt hatte.

> »Die Unternehmer ziehen diese Bauart vor, weil sie ihnen Raum spart und Gelegenheit gibt, die besser bezahlten Arbeiter durch höhere Miete in den Cottages der ersten und dritten Reihe desto erfolgreicher auszubeuten.«[42]

41 Ebd., S. 286.

42 Ebd., S. 288f.

Engels' Fazit zur Stadtgestalt von Manchester mündet in einer Gegenüberstellung von katastrophalen Lebensbedingungen und den Gewinninteressen der Eigentümer. Der klassische Widerspruch zwischen Gebrauchs- und Tauschwerten, der für das marxistische Verständnis der kapitalistischen Ökonomie späterhin zentral werden sollte, ist hier schon angelegt. Das Wohnen als Immobilie und das Wohnen als Zuhause sind zwar im selben Gebäude vereint – schließen sich aber in der Warenform des Wohnungsbaus aus:

> »Fassen wir das Resultat unsrer Wanderung durch diese Gegenden zusammen, so müssen wir sagen, dass dreihundertfünfzigtausend Arbeiter von Manchester und seinen Vorstädten fast alle in schlechten, feuchten und schmutzigen Cottages wohnen, dass die Straßen, die sie einnehmen, meist in dem schlechtesten und unreinsten Zustande sich befinden und ohne alle Rücksicht auf Ventilation, bloß mit Rücksicht auf den dem Erbauer zufließenden Gewinn angelegt worden sind.«[43]

Mit seinen Einschätzungen war Engels weder allein noch der Erste. Er zitierte den bürgerlich-liberalen Ökonomen Nassau W. Senior, der als Wirtschaftsprofessor an der Universität Oxford und als Mitglied in mehreren Regierungskommissionen einer antikapitalistischen Einstellung gänzlich unverdächtig war:

> »Als ich durch die Wohnungen der Fabrikarbeiter [...] ging, erstaunte ich nur darüber, dass es möglich sei, in solchen Wohnungen eine erträgliche Gesundheit zu bewahren. Diese Städte [...] sind errichtet worden mit der äußersten Rücksichtslosigkeit gegen alles, ausgenommen unmittelbaren Nutzen für die spekulierenden Erbauer. Ein Zimmermann und ein Maurer vereinigen sich, eine Reihe Bauplätze zu kaufen und diese mit sogenannten Häusern zu bedecken; an einer Stelle fanden wir eine ganze Straße, die dem Laufe eines Grabens folgte, damit man ohne die Kosten der Ausgrabung tiefere Keller bekam – Keller, nicht zu Rumpel-

43 Ebd., S. 294f.

> kammern und Niederlagen, sondern zu Wohnungen für Menschen. *Kein einziges Haus in dieser Straße entging der Cholera.*«[44]

Auch hier steht der »Nutzen für die spekulierenden Erbauer« über der »erträglichen Gesundheit« der Bewohnerinnen und Bewohner. Die Beschreibungen des Cottage-Systems belegen, dass der Bau besserer Wohnungen nicht an den baulichen und planerischen Fähigkeiten der Unternehmen scheiterte, sondern am fehlenden Geschäftsinteresse für bessere Wohnanlagen. Das Design-Mantra der modernen Architektur hat der Chicagoer Architekt Louis Sullivan knapp 50 Jahre nach Engels' Aufenthalt in Manchester begründet: *form follows function*[45] – in Manchester galt noch das alte und nie wirklich überwundene Prinzip *form follows money*.

Die Spur des Geldes führt schließlich in das komplizierte Verhältnis von Eigentum und Besitz. Als Eigentum wird in der Rechtsprechung bis heute das formale Verhältnis von Personen zu einer Sache beschrieben, das vor allem durch die Möglichkeit definiert wird, über eine Sache frei zu verfügen und andere davon auszuschließen. Als Besitz hingegen wird das tatsächliche Verfügungsverhältnis zu einer Sache bezeichnet, das in der Regel einschließt, selbst zu entscheiden, was mit einer Sache gemacht wird. In England waren in der Phase der Industrialisierung Eigentum und Besitz nicht identisch. Die meisten Wohnhäuser in den englischen Städten des 19. Jahrhunderts wurden auf Pachtgrundstücken errichtet und die Investitionen in den Bau mussten sich auch an den Laufzeiten der Erbpachtverträge orientieren. Die Billigbauweise der Cottages wurde nicht zuletzt durch die begrenzte Halbwertzeit der erwartbaren Nutzung hervorgerufen. Die schlichte Ausstattung und die schlechte Bauausführung der Häuser erfolgten,

> »um Material zu sparen, teilweise aber auch, weil die Bauunternehmer nie die Eigentümer des Bodens sind, sondern ihn nach

44 Nassau W. Senior, zit. nach: ebd., S. 295.

45 Marco D'Eramo: Das Schwein und der Wolkenkratzer. Chicago: Eine Geschichte unserer Zukunft, Reinbek 1998, S. 64.

> englischer Sitte nur auf zwanzig, dreißig, vierzig, fünfzig oder neunundneunzig Jahre gemietet haben, nach welcher Zeit er mit allem, was darauf ist, dem ursprünglichen Besitzer wieder zufällt, ohne dass dieser für gemachte Anlagen etwas zu vergüten hätte. Die Anlagen werden also vom Pächter darauf berechnet, dass sie nach Ablauf der kontraktlichen Zeit so wertlos wie möglich sind.«[46]

Das hatte auch einen weitgehenden Verzicht auf Reparaturen und Instandsetzungsarbeiten zur Folge. Alle Investitionen waren kalkuliert auf den bestmöglichen Gewinn, jede Investition, die ihn beeinträchtigt, wird vermieden. Engels konstatierte, dass

> »Unternehmer, meist Maurer und Zimmerleute oder Fabrikanten, teils um den Mietertrag nicht zu verringern, teils wegen herannahenden Rückfalls des Bauplatzes, wenig oder gar nichts auf Reparaturen verwenden [...] und dass infolge hiervon die Cottages sehr rasch verfallen und in unbewohnbaren Zustand geraten. Man rechnet [...], dass Arbeiterwohnungen durchschnittlich nur vierzig Jahre bewohnbar bleiben [... Aber] die Knickerei der ursprünglichen Anlage, die Vernachlässigung aller Reparaturen, das häufige Leerstehen, der fortwährende schnelle Wechsel der Bewohner [...] – alles das macht diese Cottages nach vierzig Jahren zu Ruinen.«[47]

All jene, die bei der Kombination von »vierzig Jahren«, »Ruinen« und »Engels« reflexartig an DDR und Mietpreisregulierung denken, seien hier noch mal auf den historischen Kontext im 19. Jahrhundert verwiesen. Auf eine Zeit, in der es weder Mietrecht noch weitgehende staatliche Eingriffe in die Stadtplanung gab. Nicht wegen irgendwelcher Beschränkungen des Markts, sondern gerade weil ihm hier freier Lauf gelassen wurde, verfielen die neu gebauten Häuser schon nach wenigen Jahrzehnten. Das Prinzip der Gewinnsteigerung durch Desinvestition hat sich bis in unsere Tage gehalten. So

46 Engels: Lage, MEW, Bd. 2, S. S. 290.
47 Ebd.

beschleunigte sich beispielsweise in den Sanierungsgebieten der westdeutschen Großstädte der Verfallsprozess der Häuser, weil Eigentümer nach der Ankündigung von Abriss oder staatlichen Modernisierungsmaßnahmen keinen Anreiz sahen, in die Wohnungen zu investieren.[48] Auch die vielbeschriebenen Slumlords in den US-amerikanischen Großstädten verweigerten die Instandsetzung ihrer Häuser nicht wegen staatlich verordneter Mietbeschränkungen, sondern weil es das zahlungskräftige Klientel in die suburbanen Eigenheimsiedlungen zog. Mit der Aussicht auf arme Schlucker, die sich kein Eigentum leisten konnten, aber in den Innenstädten verblieben, lohnte sich für sie die Investition in den Bestand nicht mehr. Weil sich die Erträge nicht durch Mietsteigerungen erhöhen ließen, wurde auf der Ausgabenseite gespart. Keine Reparaturen, kein Service und teilweise sogar keine Zahlungen für Müllabfuhr, Gas und Wasser erschienen als adäquate Strategien, um aus dem vermieteten Eigentum auch noch das Letzte herauszupressen.[49] Wie schon in Manchester zu Engels' Zeiten ist es die Logik der marktwirtschaftlichen Kalkulation, die zum Verfall ganzer Straßenzüge führt. Das Prinzip, nur zu investieren, wenn es sich auch wirklich lohnt, hat mit und ohne staatliche Mietpreisregulierungen einen antisozialen Charakter, weil es die privaten Gewinne über die allgemeinen Versorgungsbedarfe stellt. Die Polemik gegen Mietpreiskontrollen ist in der Konsequenz nichts anderes als der Ruf nach möglichst unbegrenzten Erträgen.

Highest and best use

Das Streben nach höchstmöglichen Erträgen ist ein Grundprinzip des kapitalistischen Wirtschaftens und bestimmt im Bereich der Stadtplanung und Wertermittlung als *highest and*

48 Stefan Krätke: Ökonomie der Stadterneuerung. Ansätze und Perspektiven, in: Arbeitskreis Stadterneuerung (Hrsg.): Jahrbuch Stadterneuerung 1992, Berlin 1992, S. 124–134.

49 William G. Grigsby/Louis Rosenburg: Urban Housing Policy, London 1975, S. 155ff.; Bruce Ackermann: Regulating Slum Housing Markets on Behalf of the Poor: Of Housing Codes, Housing Subsidies and Income Redistribution Policy, in: The Yale Law Journal 6/1971, S. 1093–1197.

best use-Konzept bis heute das Verständnis von Grund und Boden. *Highest and best use* meint die aus einer ausschließlich ökonomischen Perspektive bestmögliche Ausnutzung von Grundstücken. Erlaubt ist dabei alles, was rechtlich zulässig, baulich möglich und finanziell machbar ist.[50]

Nicht nur die dichte Bebauung der englischen Innenstädte und die Cottage-Siedlungen folgten dem Prinzip des *highest and best use*, sondern auch die ersten Formen der Gentrifizierung, die Engels in seinem Text »Zur Wohnungsfrage« beschrieb.

> »Die Ausdehnung der modernen großen Städte gibt [...] besonders in den zentral gelegenen Strichen [...] dem Grund und Boden einen künstlichen, oft kolossal steigenden Wert; die darauf errichteten Gebäude, statt diesen Wert zu erhöhn, drücken ihn vielmehr herab, weil sie den veränderten Verhältnissen nicht mehr entsprechen; man reißt sie nieder und ersetzt sie durch andre. Dies geschieht vor allem mit zentral gelegenen Arbeiterwohnungen, deren Miete, selbst bei der größten Überfüllung, nie oder doch nur äußerst langsam über ein gewisses Maximum hinausgehen kann.«[51]

In der Logik der Höchsterträge brachten die Bestandsgebäude nicht mehr den potenziellen Ertrag, der aus ihrer Lage erwartet werden konnte. Für die bestmögliche Nutzung des Grundstücks mussten die alten Gebäude abgerissen und durch Neubauten ersetzt werden, wenn auch nicht zwangsläufig. Auch die Umwandlung von Miet- in Eigentumswohnungen, der Austausch von kleinen Alltagsläden durch internationale Nobelketten oder auch die Umnutzung von Wohnungen als Ferienapartment können die Logik der *highest and best use* bedienen. Über 100 Jahre nach Engels' Überlegungen entwickelte der Geograf Neil Smith seine Theorie des *rent gap* als ökonomischen Erklärungsansatz für Gentrifizierungsprozes-

50 Stephen Sussner: The Concept of Highest and Best Use Under Takings Theory, in: The Urban Lawyer 1/1989, S. 113–150, hier S. 113ff.

51 Friedrich Engels: Zur Wohnungsfrage, in: MEW, Bd. 18, S. 209–287, hier S. 215.

se.[52] Smith stellte dabei die aktuell kapitalisierte Grundrente der potenziellen Grundrente bei höchster und bester Nutzung gegenüber und konstatierte: je größer die Ertragslücke, desto größer die Investitionsbereitschaft. Gerade weil Neil Smith die Lücke zwischen den aktuellen und künftigen Grundrentenerträgen zur erklärenden Variable der Aufwertung einführte, konnte er im Gegensatz zu anderen Ansätzen zeigen, warum Verdrängung in Gentrifizierungsprozessen kein ungewollter Nebeneffekt ist, sondern zur notwendigen Voraussetzung wird. Je größer die Lücke zwischen den aktuellen und den potenziellen Erträgen, die auf einem Grundstück erwirtschaftet werden können, desto wahrscheinlicher auch, dass die Zahlungsfähigkeit der bisherigen Nutzerinnen und Nutzer mit der Schließung der Ertragslücke an ihre Grenzen gerät.

Auch in den Analysen von Engels wird die Verdrängung derer schon beschrieben, die die hohen Ertragserwartungen bei höchster und bester Nutzung nicht erfüllen, das heißt bezahlen können.

> »Das Resultat ist, dass die Arbeiter vom Mittelpunkt der Städte an den Umkreis gedrängt, dass Arbeiter- und überhaupt kleinere Wohnungen selten und teuer werden und oft gar nicht zu haben sind, denn unter diesen Verhältnissen wird die Bauindustrie, der teurere Wohnungen ein weit besseres Spekulationsfeld bieten, immer nur ausnahmsweise Arbeiterwohnungen bauen.«[53]

Wohnimmobilien als zinstragendes Kapital

Neben dem Aufzeigen des Warencharakters von Wohnungen und den ökonomischen Prinzipien der Ertragsoptimierung gibt uns Engels in seinen Schriften auch wichtige Hinweise zum Verständnis der Besonderheiten des Geschäfts mit Immobilien und Wohnungen.

52 Neil Smith: Toward a Theory of Gentrification. A Back of the City Movement by Capital, not People, in: Journal of the American Planning Association 4/1979, S. 538–548.

53 Engels: Wohnungsfrage, MEW, Bd. 18, S. 215.

In seiner Auseinandersetzung mit Artur Mülberger, der sich als Publizist im 19. Jahrhundert den volkswirtschaftlichen Ideen von Silvio Gesell und Pierre-Joseph Proudhon anschloss, grenzt sich Engels deutlich von anarchistischen Perspektiven auf die kapitalistischen Wirtschaftsweise ab.

Statt der moralischen Formel »Eigentum ist Diebstahl« setzte Friedrich Engels auf eine Analyse der Wohnungswirtschaft, eingebettet in die Logik des Kapitalismus. Bekannt ist etwa seine Auseinandersetzung mit der bis heute von Protestbewegungen immer wieder gern aufgegriffenen Vermutung, ein Haus wäre nach einer ausreichenden Mietdauer »abbezahlt«.

In seiner Schrift »Zur Wohnungsfrage« fasst Engels die Position von Mülberger und anderen wie folgt zusammen:

> »Das einmal gebaute Haus dient als ewiger Rechtstitel auf einen bestimmten Bruchteil der gesellschaftlichen Arbeit, wenn auch der wirkliche Wert des Hauses längst schon mehr als genügend in der Form des Mietzinses an den Besitzer gezahlt wurde. So kommt es, dass ein Haus, welches z.B. vor 50 Jahren gebaut wurde, während dieser Zeit in dem Ertrag seines Mietzinses zwei-, drei-, fünf, zehnmal usw. den ursprünglichen Kostenpreis deckte.«[54]

Engels führt die laufenden Unterhaltskosten, das Leerstandsrisiko, den Wertverlust im Zeitverlauf und auch den Grundrentenbetrag auf das Grundstück an, um die vereinfachende Sicht auf die Ökonomie des Wohnungsmarkts zurückzuweisen:

> »Erstens wird vergessen, dass die Hausmiete nicht nur die Kosten des Hausbaus zu verzinsen, sondern auch Reparaturen und den durchschnittlichen Betrag schlechter Schulden, unbezahlter Mieten sowie des gelegentlichen Leerstehens der Wohnung zu decken und endlich das in einem vergänglichen, mit der Zeit unbewohnbar und wertlos werdenden Hause angelegte Baukapital in jährlichen Raten abzutragen hat. Zweitens wird vergessen, dass die Wohnungsmiete ebenfalls den Wertauf-

54 Ebd., S. 216f.

schlag des Grundstücks, auf dem das Haus steht, mit zu verzinsen hat, dass also eine Teil davon in Grundrente besteht. [...] endlich übersieht er, dass es sich bei dem ganzen Geschäft gar nicht darum handelt, dem Eigentümer das Haus abzukaufen, sondern nur dessen Nießbrauch für eine bestimmte Zeit.«[55]

Im Kern benennt Engels in seiner Polemik gegen Mülberger die auch aktuell für eine Kostenmietberechnung in der Wohnungswirtschaft gängigen Kostenpunkte. So werden etwa in den wohnungswirtschaftlichen Kalkulationen bis heute Instandsetzungsrücklagen, Verwaltungskostenpauschalen, Mietausfallwagnis und eine Abschreibung für den Wertverlust berechnet, um die notwendigen Kosten für die Bewirtschaftung eines Wohnhauses zu berechnen.[56] Das Ziel der wohnungswirtschaftlichen Investitionen sei, so Engels, eine Verzinsung des eingesetzten Kapitals. Zumindest in langfristiger Perspektive sollten dafür die Mieteinnahmen über der Summe von Zinszahlungen und der Tilgung des Fremdkapitals, den beschriebenen Bewirtschaftungskosten und den fälligen Steuerzahlungen liegen.

Der Gedanke von Wohnungen als zinstragendem Kapital ist 100 Jahre später von der kritischen Wohnforschung in der Bundesrepublik wieder aufgegriffen worden. In einem relativ breit angelegten Forschungsprojekt am Institut für Wohnen und Umwelt in Darmstadt mit dem schönen Titel »Ökonomische und politische Determinanten der Wohnversorgung« wurde Mitte der 1970er-Jahre eine Reihe grundlegender Überlegungen zur Wohnungswirtschaft veröffentlicht, die leider heute sowohl in der etablierten Wohnungsmarktforschung als auch in den aktuellen wohnungspolitischen Debatten weitgehend in Vergessenheit geraten sind.[57]

55 Ebd., S. 217.

56 Stefan Kofner: Wohnungsmarkt und Wohnungswirtschaft, München/Wien 2004, S. 58.

57 Barbara Dietrich: Grundrente und Wohnungsfrage, in: Kritische Justiz 3/1974, S. 251–273; Helmut Brede/Bernhard Kohaupt/Hans-Joachim Kujath: Ökonomische und politische Determinanten der Wohnungsversorgung, Frankfurt a. M. 1975; dies.: Politische Ökonomie des Bodens und Wohnungsfrage, Frankfurt a.M. 1976.

Aus einer ökonomischen Perspektive, so die Forscherinnen und Forscher damals, sind Immobilien zinstragendes Kapital – vergleichbar mit einer Finanzanlage.[58] Wegen der hohen Erstellungskosten von Wohnungen oder auch Bürogebäuden zirkuliert der Wert von Immobilien in »eigentümlicher Weise«.[59] Anders als beim Verkauf eines Autos oder einer Waschmaschine wird der Wert nicht auf einmal und vollständig, sondern allmählich und stückweise übertragen. Dadurch bleibt das investierte Kapital über lange Zeit in den gebauten Strukturen fixiert – und kann dadurch eben nicht sofort wieder investiert werden. Diese zeitliche Verzögerung des Kapitalumschlags wird durch Zinsen ausgeglichen, die sich letztendlich in der Logik von Mietzahlungen widerspiegeln. Diese Überlegungen klingen ähnlich verstaubt wie die Bezeichnungen »Zinshaus« oder »Mietzinshaus«, wenn von vermieteten Wohngebäuden die Rede ist – dabei könnten gerade die aktuellen Diskussionen zur Finanzialisierung der Wohnungswirtschaft von einer Rückbesinnung auf diese analytischen Zugänge gewinnen.

> »Die Verzinsung ist es, die sich der Hauseigentümer von der Wohnungsvermietung erhofft und die ihn deshalb zum Bau oder Kauf des Hauses veranlasst hat. Die Höhe dieses Zinses ist von zwei Faktoren abhängig: von der Größe des vorgeschossenen Kapitals und von dem Zinssatz, der auf dem Wohnungsmarkt erzielt werden kann.«[60]

Der »Zinssatz, der auf dem Wohnungsmarkt erzielt werden kann«, ist letztendlich der Mietertrag, mit dem Eigentümer unter den jeweiligen Bedingungen rechnen können. Engels sah in seinen Analysen zur Wohnungswirtschaft im 19. Jahrhundert drei Elemente der Preisbestimmung:

> »Die Bau- und Unterhaltskosten des Hauses [...] kommen zuerst in Anrechnung; der durch die mehr oder weniger günstige Lage

58 Brede et al.: Ökonomische und politische Determinanten, S. 24f.

59 Karl Marx: Das Kapital. Zweiter Band, in: MEW, Bd. 24, S. 161.

60 Brede et al.: Ökonomische und politische Determinanten, S. 25.

> des Hauses bedingte Bodenwert kommt in zweiter Linie; der augenblickliche Stand des Verhältnisses zwischen Nachfrage und Angebot entscheidet schließlich.«[61]

Mit anderen Worten: Die Höhe der Wohnkosten wird in der Logik der kapitalistischen Stadtentwicklung nicht von den Bedürfnissen oder der Zahlungsfähigkeit der Bewohnerinnen und Bewohner bestimmt, sondern von den Erstellungs- und Finanzierungskosten, den Bodenpreisen und der Marktlage. Dass unter diesen Umständen soziale Aspekte der Wohnversorgung keine Rolle spielen, liegt auf der Hand.

Engels im wohnungspolitischen Getümmel

Ein dritter Grund für die bis heute anhaltende Attraktivität von Friedrich Engels für wohnungspolitische Bewegungen ist neben den historisch konkreten Analysen zur Wohnungsfrage und seinen Überlegungen zum ökonomischen Charakter der Ware Wohnung sein Selbstverständnis, sich öffentlich einzumischen. Getreu dem Motto von Marx, die Welt nicht zur zu interpretieren, sondern auch zu verändern,[62] schaltete sich auch Engels aktiv in die politischen Debatten seiner Zeit ein und verband seine Analysen mit Überlegungen zur politischen Mobilisierung und der Bewertung verschiedener wohnungspolitischer Positionen. Geprägt sind seine Wortmeldungen durch eine holistische Perspektive, die Ablehnung kleinbürgerlicher Reformversuche und eine illusionslose Haltung gegenüber der besitzenden Klasse.

Gesamtgesellschaftlicher Blick aufs Wohnungselend

Engels' konkrete Vorschläge im Bereich Wohnungspolitik sind aus heutiger Sicht ernüchternd. Weil er nicht an eine Lösung des Wohnungsproblems innerhalb der kapitalistisch organisierten Wirtschaft glaubte, setzte er auf den ganz großen Wurf einer sozialistischen Revolution:

61 Engels: Wohnungsfrage, MEW, Bd. 18, S. 216.

62 Karl Marx: Thesen über Feuerbach, in: MEW, Bd. 3, S. 5–8, hier S. 7.

> »Um dieser Wohnungsnot ein Ende zu machen, gibt es nur ein Mittel: die Ausbeutung und Unterdrückung der arbeitenden Klasse durch die herrschende Klasse überhaupt zu beseitigen.«[63]

Diese Haltung ist die Konsequenz einer hauptsächlich an den Produktionsverhältnissen ausgerichteten Gesellschaftsanalyse. So wie der ökonomische Determinismus des frühen Marxismus koloniale Ausbeutung, Ungleichheiten zwischen den Geschlechtern oder den Raubbau an den natürlichen Ressourcen als abgeleitete Probleme des Hauptwiderspruchs zwischen Kapital und Arbeit konzipierte, verstand auch Engels die Wohnungsfrage als eine Art Nebenfolge des Kapitalismus. Seine Zurückhaltung gegenüber einer partiellen Politisierung der Wohnungsfrage begründete er mit dem fehlenden Klassenbezug und der aus seiner Sicht nachgeordneten Wohnungsmarktökonomie.

> »Die Wohnungsnot der Arbeiter und eines Teils der Kleinbürger unserer modernen großen Städte ist einer der zahllosen kleineren, sekundären Übelstände, die aus der heutigen kapitalistischen Produktionsweise hervorgehen. Sie ist durchaus nicht eine direkte Folge der Ausbeutung des Arbeiters, als Arbeiter, durch den Kapitalisten. Diese Ausbeutung ist das Grundübel, das die soziale Revolution abschaffen will, indem sie die kapitalistische Produktionsweise abschafft.«[64]

Diese Rangfolge von »Grundübel« und »sekundären Übelständen« ist typisch für die Denkweise eines orthodoxen Marxismus, der alle gesellschaftlichen Widersprüche auf das Verhältnis von Kapital und Arbeit im Produktionsprozess zurückführt. Die Vorstellung der historischen Entwicklung als einer Geschichte von Klassenkämpfen prägt die marxistische Perspektive auf den Kapitalismus. Im 1848 veröffentlichen »Manifest der Kommunistischen Partei« formulieren Marx und Engels ihre Geschichtsauffassung, nach der sich der Antagonismus von Bourgeoisie und Proletariat zuspitzen werde.

63 Engels: Wohnungsfrage, MEW, Bd. 18, S. 213.

64 Ebd., S. 214.

> »Unsere Epoche, die Epoche der Bourgeoisie, zeichnet sich jedoch dadurch aus, dass sie die Klassengegensätze vereinfacht hat. Die ganze Gesellschaft spaltet sich mehr und mehr in zwei große feindliche Lager, in zwei große, einander direkt gegenüberstehende Klassen: Bourgeoisie und Proletariat.«[65]

Entsprechend steht der Konflikt zwischen Kapital und Arbeit im Zentrum der Klassenkämpfe, die Marx und Engels vorhersagten und unterstützten. Auf der Seite der Arbeit sahen sie im Industrieproletariat den Kern der potenziell revolutionären Klasse und werteten andere »Mittel- und Übergangsstufen« der Klassengesellschaft als Vertuschung der wahren Verhältnisse.[66] Analog betrachtete Engels die Konflikte um die Wohnverhältnisse, die für die Organisierung des Proletariats keine Rolle spielen würden und überflüssig seien. Obwohl er in der Wohnungsfrage einen Ausdruck der sozialen Verhältnisse sah, sei das Wohnelend ein mit anderen Klassen geteiltes Leiden und »keineswegs eine ausschließliche Arbeiterfrage«.[67] Es stehe deshalb nicht im Zentrum der Klassenkämpfe.

> »Die sogenannte Wohnungsnot, die heutzutage in der Presse eine so große Rolle spielt, besteht nicht darin, dass die Arbeiterklasse überhaupt in schlechten, überfüllten, ungesunden Wohnungen lebt. Diese Wohnungsnot ist nicht etwas der Gegenwart Eigentümliches; sie ist nicht einmal eins der Leiden, die dem modernen Proletariat, gegenüber allen früher unterdrückten Klassen, eigentümlich sind; im Gegenteil, sie hat alle unterdrückten Klassen aller Zeiten ziemlich gleichmäßig betroffen.«[68]

Während soziale Bewegungen heute explizit darauf verweisen, dass Fragen der Wohnversorgung nicht nur für die Ärmsten der Gesellschaft ein Problem darstellen, sondern für breite

65 Karl Marx/Friedrich Engels: Manifest der Kommunistischen Partei, in: MEW, Bd. 4, S. 459–493, hier S. 463.

66 Karl Marx: Das Kapital. Dritter Band, in: MEW, Bd. 25, S. 892.

67 Engels: Wohnungsfrage, MEW, Bd. 18, S. 215.

68 Ebd., S. 213.

Schichten der Bevölkerung, ging es Engels um etwas anderes, um die Frage, wie die Arbeiterklasse mobilisiert werden könnte. Mieter als Mieter waren für Engels kein Subjekt der Revolte, da sie mit ihren spezifischen Forderungen nicht die Grundlagen der Gesellschaft infrage stellten.

Mit dieser Fokussierung auf das (Industrie-)Proletariat nahm Engels auch die Konkurrenz des Anarchismus ins Visier. Stellvertretend für anarchistische Ansichten, die – ausgehend von Proudhons Schrift »Eigentum ist Diebstahl« – die Eigentumsverhältnisse im Bereich Grundbesitz und Wohnungen als ursächlich für das Elend in den Städten ansahen, nahm sich Engels Artur Mülberger vor und polemisierte gegen jedwede Analogie des Verhältnisses von Mieter und Eigentümer zu dem von Kapital und Arbeit:

> »Es sind vorzugsweise diese der Arbeiterklasse mit andern Klassen, namentlich dem Kleinbürgertum, gemeinsamen Leiden, mit denen sich der kleinbürgerliche Sozialismus, zu dem auch Proudhon gehört, mit Vorliebe beschäftigt. Und so ist es durchaus nicht zufällig, dass unser deutscher Proudhonist [gemeint ist Mülberger, d.Verf.] sich vor allem der Wohnungsfrage, die, wie wir gesehn haben, keineswegs eine ausschließliche Arbeiterfrage ist, bemächtigt und dass er sie, im Gegenteil, für eine wahre, ausschließliche Arbeiterfrage erklärt. ›Was der Lohnarbeiter gegenüber dem Kapitalisten, das ist der Mieter gegenüber dem Hausbesitzer.‹ Dies ist total falsch.«[69]

Marx und Engels wären heutzutage unbequeme Bündnispartner in sozialen Bewegungen. Um die Polemik gegen Mülberger, Proudhon und andere zu verstehen, hilft ein Blick auf die Analyse von Ausbeutung und Abhängigkeit im Kapitalismus, die nach Marx und Engels davon geprägt sind, durch Arbeit »fremdes Eigentum zu schaffen« und »fremde Arbeit durch Eigentum zu kommandieren«.[70]

69 Ebd., S. 215.

70 Karl Marx: Grundrisse der Kritik der Politischen Ökonomie, in: MEW, Bd. 42, S. 164.

Statt Ausbeutung und Abhängigkeit haben wir es nach Engels im Wohnungswesen »mit einem ganz gewöhnlichen Warengeschäft zwischen zwei Bürgern zu tun, und dieses Geschäft wickelt sich ab nach den ökonomischen Gesetzen, die den Warenverkauf überhaupt regeln, und speziell den Verkauf der Ware: Grundbesitz«.[71] In diesem »ganz gewöhnlichen Warengeschäft« trete der »Mieter – selbst, wenn er Arbeiter ist – als vermögender Mann auf, er muss seine ihm eigentümliche Ware, die Arbeitskraft, schon verkauft haben, um mit ihrem Erlös als Käufer des Nießbrauchs einer Wohnung auftreten zu können«.[72]

Das Kerngeschäft der Ausbeutung ist demnach schon abgeschlossen, wenn es um Wohnungskäufe oder Miethöhen geht. Im Gegensatz zum proudhonschen Diktum »Eigentum ist Diebstahl«[73] sieht Friedrich Engels im Bereich des Wohnens keine systematische Ausbeutung auf der Basis von Besitz.

Das mag zunächst verwundern, denn im »Manifest« betonen Marx und Engels, der kommunistische Teil der Arbeiterbewegung zeichne sich gegenüber anderen Strömungen dadurch aus, dass sie in »allen diesen Bewegungen [...] die Eigentumsfrage, welche mehr oder minder entwickelte Form sie auch angenommen haben möge, als die Grundfrage der Bewegung hervor[heben]«.[74]

Gemeint ist aber hier vor allem das Eigentum an Produktionsmitteln, das als Grundlage der Ausbeutung im Kapitalismus die Arbeiterinnen und Arbeiter, die fürs Überleben gezwungen sind, ihre Arbeitskraft zu verkaufen, unter das Kommando des Kapitals zwingt. Der Antagonismus der Klassen, den Marx und Engels als Triebkraft ihres historischen Subjekts ausgemacht haben, sei durch drei Kriterien gekennzeichnet: Erstens geht der Gegensatz unmittelbar aus den ökonomischen Bedingungen einer ungleichen Verteilung von

71 Engels: Wohnungsfrage, MEW, Bd. 18, S. 216.

72 Ebd.

73 Pierre-Joseph Proudhon: Was ist Eigentum? Untersuchungen über den Ursprung und die Grundlagen des Rechts und der Herrschaft [1840], Münster 2018, S. 21.

74 Marx/Engels: Manifest, MEW, Bd. 4, S. 493.

Eigentum hervor, zweitens begründen diese Eigentumsverhältnisse ungleiche Machtpositionen und drittens reproduziert sich der Widerspruch zwischen den Klassen im ökonomischen Prozess beständig.

Trotz Engels' Kritik lassen sich die genannten Kriterien durchaus auf das Verhältnis von Mieter und Eigentümer beziehen. Die fundamentalen Interessengegensätze gehen auf die Eigentumsrechte an Grundstücken und Häusern zurück, die zur Abschöpfung der Grundrente berechtigen und eine wechselseitige Abhängigkeit von Mietzahlung und Mietertrag konstituieren. Die Eigentumstitel begründen – zweitens – ebenfalls ungleiche Machtverhältnisse zwischen Mietern und Vermietern. Schließlich reproduzieren sich durch die permanenten Mietzahlungen die sie begründenden Ungleichheiten, weil höhere Mietzahlungen das Vermögen der einen wachsen lassen, während sie die verfügbaren Einkommen der anderen schmälern.

Recht haben Marx und Engels aber ganz unbenommen mit ihrer Auffassung, dass die Abschaffung von Zinsen oder Grundrenten – wie sie etwa Proudhon forderte – nur zu einer Umverteilung des den Arbeiterinnen und Arbeitern vorenthaltenen Mehrwerts unter der Klasse der Besitzenden führen würde. In einer Art Einführungskurs »Das Kapital – kurz erklärt« erinnert Engels am Anfang seiner Schrift »Zur Wohnungsfrage« an das Prinzip des Kapitalismus und begründet, warum er das Wohnelend nur als einen »sekundären Übelstand«[75] begreift:

> »Der Eckstein der kapitalistischen Produktionsweise aber ist die Tatsache: dass unsere jetzige Gesellschaftsordnung den Kapitalisten in den Stand setzt, die Arbeitskraft des Arbeiters zu ihrem Wert zu kaufen, aber weit mehr als ihren Wert aus ihr herauszuschlagen, indem er den Arbeiter länger arbeiten lässt, als zur Wiedererzeugung des für die Arbeitskraft gezahlten Preises nötig ist. Der auf diese Weise erzeugte Mehrwert wird verteilt unter die Gesamtklasse der Kapitalisten und Grundeigentümer,

75 Engels: Wohnungsfrage, MEW, Bd. 18. S. 214

> nebst ihren bezahlten Dienern, vom Papst und Kaiser bis zum Nachtwächter und darunter. Wie diese Verteilung sich macht, geht uns hier nichts an; so viel ist sicher, dass alle, die nicht arbeiten, eben nur leben können von Abfällen dieses Mehrwerts, die ihnen auf die eine oder andere Art zufließen.«[76]

An anderer Stelle führt Engels den Gedanken fort und führt genauer aus, wie die »eine oder andere Art« der Verteilung des Mehrwerts verstanden werden kann.

> »Dies Geschäft zwischen Kapitalist und Arbeiter ist es, das all den Mehrwert erzeugt, der nachher in Gestalt von Grundrente, Handelsprofit, Kapitalzins, Steuern usw. auf die verschiedenen Unterarten von Kapitalisten und ihren Dienern sich verteilt.«[77]

Da Aneignung fremder Arbeit das Wesen der kapitalistischen Ökonomie ausmacht, standen für Marx und Engels andere Widersprüche, die sie zu ihren Lebzeiten beobachten konnten, an zweiter Stelle ihrer Analysen und auch politischen Aufmerksamkeit. Mehr noch: Sie betrachteten politische Auseinandersetzungen jenseits der Arbeitswelt eher als Störung der notwendigen Klassenkämpfe oder als Ablenkung von den »wirklich wichtigen« Fragen. Das hat Konsequenzen für die gesellschaftlichen Utopien des historischen Materialismus: Sie bekommen an dieser Stelle Glaubenscharakter, weil die Lösung von vielen Alltagsproblemen auf die Zeit nach der Revolution verschoben wird. Wenn alle sozialen und ökologischen Probleme »in letzter Instanz« auf den gesamtgesellschaftlich prägenden Widerspruch zwischen Kapital und Arbeit zurückgeführt werden können, hat das zwar eine erhebliche Erklärungswucht – kann aber wie im Fall der Wohnungsfrage auch zu einer Lähmung von Mobilisierungen in Teilbereichen führen, die als abgeleitete Widersprüche angesehen werden. Auf der anderen Seite erinnert uns Engels mit seiner holistischen Sicht auf die Wohnungsfrage bis heute daran,

76 Ebd.

77 Ebd., S. 223.

dass Wohnungsnot, Spekulation, Verwerfungen in der Stadtentwicklung und der Raubbau an den natürlichen Ressourcen im Kern auf die Prinzipien der kapitalistischen Ökonomie zurückzuführen sind.

Gegen die Kumpanei mit dem Kleinbürgertum

Ein wiederkehrendes Element in den wohnungspolitischen Wortmeldungen von Engels' Debatten ist seine strikte Zurückweisung von Scheinlösungen zugunsten kleinbürgerlicher Interessen. Schon der Aufbau seiner Artikelserie von 1872/73 macht deutlich, welchen Stellenwert Engels der Auseinandersetzung mit anderen »linken« Positionen beimaß. Den Auftakt bildete eine 20-seitige Polemik gegen die wohnungspolitischen Vorschläge von Jean-Pierre Proudhon und seine Unterstützer in Deutschland, genauer: gegen eine Reihe von Veröffentlichungen, die Artur Mülberger, einem Parteigänger Proudhons, zugeschrieben werden kann. Dabei ging es Engels nicht um die Wohnungsfrage selbst, sondern um eine grundsätzliche Abrechnung mit dem Proudhonismus. Die Artikelserie sei »der erste Versuch, die Schule Proudhons nach Deutschland zu verpflanzen«.[78]

Mit dem französischen Sozialisten Proudhon hatte sich Marx – anlässlich der Veröffentlichung von dessen Schrift »System der ökonomischen Widersprüche oder: Philosophie des Elends«[79] – bereits in den 1840er-Jahren eine heftige intellektuelle Auseinandersetzung geliefert. In »Das Elend der Philosophie« (1848) nahm sich Marx akribisch Proudhons Thesen vor und entfaltete seine Überzeugung, dass sich die gesellschaftliche Entwicklung entlang von konkreten Produktionsverhältnissen und nicht entlang von Ideen vollziehe, und führte in die Welt der Tausch- und Gebrauchswerte, der Arbeitswerttheorie und in die Dialektik historischer Entwicklungen ein.[80]

78 Ebd., S. 213.

79 Pierre-Joseph Proudhon: System der ökonomischen Widersprüche oder: Philosophie des Elends [1846], Berlin 2003.

80 Karl Marx: Das Elend der Philosophie. Antwort auf Proudhons »Philosophie des Elends«, in: MEW, Bd. 4, S. 63–182.

Als Beispiel für Proudhons ökonomisches Unverständnis zitierte Marx diesen mit der Aussage: »Der Ursprung des Grundeigentums ist, sozusagen, außerökonomisch: Er beruht in Erwägungen der Psychologie und Moral, die nur sehr entfernten Bezug auf die Produktion der Reichtümer haben«, um dann klarzustellen: »Somit erklärt sich Herr Proudhon unfähig, den ökonomischen Ursprung von Grundeigentum und Rente zu begreifen.«[81]

Weil Proudhon Elend und Armut mit moralischen Appellen und intellektueller Einsicht überwinden wollte, ohne die Produktionsverhältnisse grundlegend zu verändern, wurde er von Marx und Engels im »Manifest« als Vertreter eines »Bourgeoisiesozialismus« verspottet:

> »Ein Teil der Bourgeoisie wünscht den sozialen Missständen abzuhelfen, um den Bestand der bürgerlichen Gesellschaft zu sichern. Es gehören hierher: Ökonomisten, Philanthropen, Humanitäre, Verbesserer der Lage der arbeitenden Klassen, Wohltätigkeitsorganisierer, Abschaffer der Tierquälerei, Mäßigkeitsvereinsstifter, Winkelreformer der buntscheckigsten Art. [...] Unter Veränderung der materiellen Lebensverhältnisse versteht dieser Sozialismus aber keineswegs Abschaffung der bürgerlichen Produktionsverhältnisse, die nur auf revolutionärem Wege möglich ist, sondern administrative Verbesserungen, die auf dem Boden dieser Produktionsverhältnisse vor sich gehen, also an dem Verhältnis von Kapital und Lohnarbeit nichts ändern, sondern im besten Fall der Bourgeoisie die Kosten ihrer Herrschaft vermindern und ihren Staatshaushalt vereinfachen.«[82]

Die Auseinandersetzung mit Proudhon in den 1840er-Jahren erfolgte im Wesentlichen in französischsprachigen Veröffentlichungen. Sowohl das »Elend der Philosophie« (1848) als auch einen ausführlichen Brief an den Verleger Paul Wassiljewitsch

81 Ebd., S. 165.

82 Marx/Engels: Manifest, MEW, Bd. 4, S. 488f.

Annenkow (1846) schrieb Marx auf Französisch.[83] Diese Texte wurden zum Teil erst Jahrzehnte später übersetzt und haben daher in den Debatten der deutschen Sozialistinnen und Sozialisten keinen großen Widerhall gefunden. Für Marx und Engels jedoch galt die Auseinandersetzung mit Proudhon als abgeschlossen. Dieser sei »von Kopf bis Fuß Philosoph, Ökonom des Kleinbürgertums«[84] und könne daher kein Bezugspunkt für eine sozialistische Politik in ihrem Sinne sein: »Von dem Wunsch beseelt, die Widersprüche zu versöhnen, stellt sich Herr Proudhon nicht einmal die Frage, ob nicht eigentlich die Grundlage dieser Widersprüche umgewälzt werden muss.«[85]

Umso überraschter war Friedrich Engels dann offenbar, als Artur Mülberger 1871/72 seine von Proudhon inspirierten Ideen zur Wohnungsfrage im *Volksstaat* präsentierte und ihn zu einem zweiten Aufguss längst geführter Debatten reizte: »Sollte man glauben, dass [es ...] Jahre, nachdem Marx den Proudhonismus [...] so kurz und schlagend gezeichnet [hat], möglich wäre, noch dergleichen konfuses Zeug in deutscher Sprache drucken zu lassen?«[86]

Besonders angetan hatte es Engels eine Passage zur moralisch begründeten Rechtsidee, um das Wohnungselend zu beenden, in der sich Mülberger ganz explizit auf Proudhon bezog und »strenge Anforderungen der Gerechtigkeit« für alle Mietfragen forderte.[87] Engels hielt das Ausblenden der ökonomischen Verhältnisse für abwegig.

83 In seinem Brief an Annenkow kokettiert Marx mit seinen angeblich fehlenden Sprachkenntnissen. Im Postskriptum heißt es: »Sie werden fragen, warum ich in schlechtem Französisch statt in gutem Deutsch an Sie schreibe? Weil ich mit einem französischen Autor zu tun habe. Ich wäre Ihnen sehr dankbar, wenn Sie mit Ihrer Antwort nicht zu lange warteten, damit ich weiß, ob Sie mich unter dieser Hülle eines barbarischen Französisch verstanden haben.« (Brief von Marx an P.W. Annenkow, 28.12.1946, in: MEW, Bd. 4, S. 557)

84 Ebd.

85 Ebd., S. 555.

86 Engels: Wohnungsfrage, MEW, Bd. 18, S. 218.

87 »Es wäre natürlich im Interesse dieser Gesellschaft, wenn alle diese Umsetzungen [von Mietverträgen] von einer Rechtsidee durchdrungen wären, d.h. allenthalben nach den strengen Anforderungen der Gerechtigkeit durchgeführt würden. Mit einem Wort, das ökonomische Leben der Gesellschaft muss sich, wie Proudhon sagt, zur Höhe eines ökonomischen Rechtes emporschwingen. In Wahrheit findet bekanntlich das gerade Gegenteil statt.« (Mülberger, zit. nach: ebd.)

> »Was heißt denn dieser Galimathias[88]? Nichts, als dass die praktischen Wirkungen der ökonomischen Gesetze, die die heutige Gesellschaft regeln, dem Rechtsgefühl des Verfassers ins Gesicht schlagen, und dass er den frommen Wunsch hegt, die Sache möge sich so einrichten lassen, dass dem abgeholfen werde. – Ja, wenn die Kröten Schwänze hätten, wären sie eben keine Kröten mehr! Und ist denn die kapitalistische Produktionsweise nicht ›von einer Rechtsidee durchdrungen‹, nämlich von der ihres eigenen Rechts auf Ausbeutung der Arbeiter?«[89]

In einer Mischung aus Polemik und oberlehrerhafter Attitüde spult Engels die marxistische Argumentation ab und ordnet die Wohnungsfragen als »sekundären Übelstand« ein, der ohne eine Infragestellung der kapitalistischen Produktionsweise eben nicht zu lösen sei.

> »Und jetzt kommt unser Proudhonist und glaubt, wenn man einer einzigen Unterart von Kapitalisten, und zwar von solchen Kapitalisten, die direkt gar keine Arbeitskraft kaufen, also auch keinen Mehrwert produzieren lassen, verböte, Profit resp. Zins zu machen, so sei man einen Schritt weiter! Die Masse der der Arbeiterklasse abgenommenen unbezahlten Arbeit bliebe genau dieselbe, auch wenn den Hausbesitzern die Möglichkeit, Grundrente und Zins sich zahlen zu lassen, morgen genommen würde.«[90]

Hinter der von Proudhon und seinen Anhängern vorgeschlagenen »Abschaffung der Mietwohnung«[91] verberge sich, so Engels, nur kleinbürgerliches Eigentumsinteresse am eigenen Häuschen. Er zitiert Mülberger mit einer Passage, in der dieser

88 »Galimathias« war im 19. Jahrhundert ein gebräuchlicher Begriff zur Bezeichnung von »Unsinn«, »wirres/verworrenes Geschwätz/Gerede«, »Kauderwelsch«, »Verdrehung«.

89 Ebd., S. 218f.

90 Ebd., S. 224.

91 Engels zitiert in seinem Text Mülberger mit folgender Aussage: »Die Abschaffung der Mietwohnung ist somit eine der fruchtbarsten und großartigsten Bestrebungen, welche dem Schoße der revolutionären Idee entstammt und eine Forderung ersten Ranges vonseiten der sozialen Demokratie werden muss.« (Ebd.)

die Abschaffung der Mietwohnung als Notwendigkeit proklamiert und »die Verwandlung jedes Mieters in den Eigentümer seiner Wohnung« fordert:

> »Die Mietwohnung wird abgelöst ... Dem bisherigen Hausbesitzer wird der Wert seines Hauses bis auf den Heller und Pfennig bezahlt. Statt dass, wie bisher, der bezahlte Mietzins den Tribut darstellt, welchen der Mieter dem ewigen Rechte des Kapitals bezahlt, stattdessen wird von dem Tage an, wo die Ablösung der Mietwohnung proklamiert ist, die vom Mieter bezahlte, genau geregelte Summe die jährliche Abschlagszahlung für die in seinen Besitz übergegangene Wohnung ... Die Gesellschaft ... wandelt sich auf diesem Wege in eine Gesamtheit unabhängiger freier Besitzer von Wohnungen um.«[92]

Nichts fanden Marx und Engels lächerlicher, als revolutionäre Überlegungen mit den Interessen der Mittelklasse zu verbinden.[93] Wenn sich moralisch begründete Rechtsideen und der Aufruf zu mehr Gerechtigkeit letzten Endes als Vorschlag für eine Verwandlung von Mietern in Eigentümer entpuppen, wundert Engels' abschließendes Urteil über Mülberger nicht: »Ganz die Marktschreierei des Meisters Proudhon selbst, bei dem das Gegacker auch stets im umgekehrten Verhältnisse zu der Größe der gelegten Eier steht.«[94]

Keine Illusion gegenüber der besitzenden Klasse

Auch gegenüber den besitzenden Klassen erlaubte sich Engels keine Illusionen: Sie würden immer versuchen, ihren Besitz möglichst gewinnbringend zu bewirtschaften.

> »Die Verteilung des durch die Arbeiterklasse erzeugten und ihr ohne Bezahlung abgenommenen Mehrwerts unter die nicht arbeitenden Klassen wickelt sich ab unter höchst erbaulichen

92 Mülberger, zit. nach: ebd., S. 223.

93 Anne Kockelkorn: Tausendundeine Theorie 0241: Theorie des Eigentums, Proudhon, 1866, in: Arch+ 221, 2015, S. 64f., hier S. 64.

94 Engels: Wohnungsfrage, MEW, Bd. 18, S. 224.

> Zänkereien und gegenseitger Beschwindelung; soweit diese Verteilung auf dem Wege des Kaufs und Verkaufs vor sich geht, ist einer ihrer Haupthebel die Prellerei des Käufers durch den Verkäufer, und dies ist im Kleinhandel, namentlich in den großen Städten, jetzt eine vollständige Lebensbedingung für den Verkäufer geworden.«[95]

Prellerei und Betrug gehörten für Engels offensichtlich zur Normalität beim Verkauf von Waren und er überträgt diese Beobachtungen auf das Geschäft mit der Vermietung von Wohnungen. An diesen kleinen Betrügereien des Kapitalismus lässt Engels kein gutes Haar, aber im Vergleich zur Ausbeutung der Arbeitskraft erscheinen sie ihm nachrangig, da sie ausdrücklich nicht dem Klassengegensatz selbst entspringen:

> »Wenn aber der Arbeiter von seinem Krämer oder Bäcker am Preis oder an der Qualität der Ware betrogen wird, so geschieht ihm das nicht in seiner spezifischen Eigenschaft als Arbeiter. [...] Die Prellerei mag ihn, wie überhaupt die ärmere Klasse, härter treffen als die reicheren Gesellschaftsklassen, aber sie ist nicht ein Übel, das ihn ausschließlich trifft, das seiner Klasse eigentümlich ist.«[96]

Diese Nachsicht gegenüber den Strategien von Eigentümern bei der Vermietung von Wohnraum überrascht, da an anderer Stelle die Grundeigentümer mit ihren Einkommen aus der Grundrente durchaus zu den »großen Klassen« der kapitalistischen Gesellschaft gezählt werden. Im dritten Band des »Kapitals« etwa formuliert Marx recht eindeutig:

> »Die Eigentümer von bloßer Arbeitskraft, die Eigentümer von Kapital und die Grundeigentümer, deren jeweilige Einkommensquellen Arbeitslohn, Profit und Grundrente sind, also Lohnarbeiter, Kapitalisten und Grundeigentümer, bilden die

95 Ebd., S. 214.

96 Ebd., S. 214f.

drei großen Klassen der modernen, auf der kapitalistischen Produktionsweise beruhenden Gesellschaft.«[97]

Möglicherweise haben Marx und Engels mit ihrer Konzentration auf die Arbeitswelt des Kapitalismus die Rolle des Grundeigentums auch nicht zu Ende gedacht. Der Abschnitt »Die Klassen« im dritten Band des »Kapitals« bleibt jedenfalls unvollendet und bricht nach anderthalb Seiten abrupt ab: »{Hier bricht das Ms. ab.}«[98]

Weder Marx noch Engels wollten oder konnten den ökonomischen Prinzipien der Grundrente und den sich daraus ergebenden sozialen Verhältnissen auf den Grund gehen. Im Gegensatz zu ihrer kritischen Analyse der Produktionsverhältnisse und ihrer Arbeitswerttheorie bleiben ihre Überlegungen zu Zins und Grundrente überwiegend in den Bahnen der klassischen politischen Ökonomie, deren Kritik Marx und Engels sich ja eigentlich auf ihre Fahnen geschrieben hatten.

Gleichwohl ist »in letzter Instanz« Engels' Auffassung vom Primat der Produktion richtig: »Nicht die Lösung der Wohnungsfrage löst zugleich die soziale Frage, sondern erst durch die Lösung der sozialen Frage, d.h. durch die Abschaffung der kapitalistischen Produktionsweise, wird zugleich die Lösung der Wohnungsfrage möglich gemacht.«[99] Denn selbst wenn es gelänge, alle Menschen mit angemessenen, leistbaren und bedarfsgerechten Wohnungen zu versorgen, wären damit die sozialen Ungleichheiten, die ja auf einer ungleichen Verteilung von Einkommen und Vermögen beruhen, nicht aufgehoben, sondern lediglich um ihrer Auswirkungen auf die Wohnversorgung beschnitten. Selbst eine konsequente Begrenzung von Miete und Zins habe »nicht die Produktionsverhältnisse, sondern die Zirkulationsverhältnisse zum Gegenstand«.[100]

Von dieser grundsätzlichen Kritik einmal abgesehen, bezweifelte Engels, dass moralische Appelle, auf mögliche

97 Marx: Kapital III, MEW, Bd. 25, S. 892.
98 Ebd., S. 893.
99 Engels: Wohnungsfrage, MEW, Bd. 18, S. 243.
100 Ebd., S. 281.

Gewinne aus der Wohnungsvermietung zu verzichten, Erfolg haben könnten. Schließlich zielten ja auch die Investitionen in Wohnhäuser unter den gegebenen Produktionsverhältnissen auf eine möglichst hohe Verzinsung des eingesetzten Kapitals. Daher werde es einen permanenten Druck geben, die »höchste und beste Nutzung« durchzusetzen. Engels verweist in diesem Zusammenhang auf Experimente des Fabrikwohnungsbaus mit halbwegs günstigen und besser ausgestatteten Wohnungen, die für die Belegschaften errichtet wurden und von den Familien für die Dauer der Anstellung in den Fabriken gemietet werden konnten. Diese Bespiele zeigten, dass »die Anlage von Arbeiterwohnungen, selbst wenn nicht alle Gesetze der Gesundheitspflege mit Füßen getreten wurden, sich kapitalistisch rentiert«.[101] Engels fragt, warum sich diese Form der Stadtentwicklung nicht für alle durchgesetzt hat. Seine Antwort ist simpel, hat aber bis heute Gültigkeit: »Der Grund, weshalb nicht mehr darin angelegt wird als geschieht, ist der, dass teurere Wohnungen sich dem Eigentümer noch besser rentieren.«[102] Solange es also gewinnträchtigere Anlagemöglichkeiten gibt, wird der Bau von günstigen Wohnungen immer nur die zweite Wahl für Investitionen sein.

Am Beispiel des Fabrikwohnungsbaus erläutert Engels zudem seine Skepsis gegen die bis heute wiederkehrenden Glücksversprechungen des Eigenheimbesitzes. Schon im 19. Jahrhundert habe sich die bürgerliche Philanthropie eine Lösung der Wohnungsfrage von der »Übertragung des Eigentums der Wohnung an die Arbeiter« versprochen.[103] Engels begründet seine Ablehnung nicht nur im Hinblick auf die Finanzierungsmöglichkeit, die weite Teile der arbeitenden Klassen ausschließen würde, sondern damit, dass das Wohnen Teil der Lebenshaltungskosten sei. Eine dauerhafte und allgemeine Verringerung der Wohnkosten würde die Kosten zur Reproduktion der Arbeitskraft verringern – und damit auch den Preis der Arbeit. Geringere Wohnkosten für alle würden, so Engels, auch

101 Ebd., S. 250.

102 Ebd., S. 249.

103 Sax, zit. nach: ebd., S. 239.

geringere Löhne für alle zur Folge haben. Deshalb begegnet er sozialen Reformen im Bereich des Wohnens skeptisch:

> »Entweder werden sie allgemein, und dann folgt ihnen eine entsprechende Lohnherabsetzung, oder aber sie bleiben ganz vereinzelte Experimente, und dann beweist ihr bloßes Dasein als einzelne Ausnahme, dass ihre Durchführung im Großen mit der bestehnden kapitalistischen Produktionsweise unvereinbar ist.«[104]

Eine Wechselwirkung von Wohnkosten und Einkommen ist auch heute noch festzustellen. Während hohe Wohnkosten in vielen Städten mit dem ebenfalls hohen Einkommensniveau erklärt werden, zeigt die wirtschaftliche Entwicklung Berlins in den 2000er-Jahren, dass umgekehrt auch die Wohnkosten einen Effekt auf die gezahlten Löhne haben können. Eine Analyse der Deutschen Bank beispielsweise machte neben anderen Gründen die günstigen Mieten für den Aufstieg Berlins zur europäischen Start-up-Metropole aus:

> »Berlin [hatte] ein äußerst niedriges Mietniveau, welches auch heute im Vergleich zu anderen europäischen Metropolen weit unterdurchschnittlich ist. Dieses riesige Mietgefälle bot eine exzellente Grundlage für junge dynamische Menschen und war wohl eine wesentliche Basis für ein neues Unternehmertum und die Berliner Start-up-Szene.«[105]

Der Immobilienökonom und Gründungsdirektor der Bundesstiftung Bauakademie, Guido Spars, spricht mit Blick auf Berlin ebenfalls von »impliziten Wohnkosten in den Löhnen«:

> »Betrachtet man dies von der Kostenseite, so wird deutlich, dass die Wohnkosten, die die Mitarbeiter am Standort für vergleich-

104 Ebd., S. 241.

105 Deutsche Bank Research: Berliner Wohnungsmarkt. Mietendeckel dürfte wirtschaftlichen Superzyklus und Immobilienzyklus für einige Jahre entkoppeln, Berlin 2020, S. 2.

> bare Angebote zu entrichten haben, sich indirekt auf die vom Unternehmen zu zahlende Lohnhöhe auswirken. [...] Erhält man heute ein Arbeitsangebot aus München, so weiß man, dass man hier – zumindest in bestimmten Berufen und Positionen – ein höheres Gehalt fordern kann, um die verglichen mit vielen Standorten höheren Lebenshaltungs- und insbesondere auch Wohnkosten zu kompensieren.«[106]

Auch wenn die Preisbildung für Wohnungen und Löhne noch von weiteren Rahmenbedingungen bestimmt wird, bestätigen die »impliziten Wohnkosten in den Löhnen« die von Marx und Engels formulierte Annahme innerhalb der besitzenden Klassen tobenden Verteilungskämpfe um die durch Ausbeutung der Arbeit geschaffenen Mehrwerte. Bis heute gibt es Industrieunternehmen, die Forderungen nach Mietbegrenzungen begrüßen, und Wohnungsbauverbände, die eine Begrenzung der Grundstückspreise fordern. Solche Haltungen sind nicht als solidarische Empathie mit den Armen und Ausgegrenzten misszuverstehen, sondern haben vor allem ökonomische Interessen im Blick. Spätestens mit der eigenen Investition in den Immobiliensektor verschieben sich diese Interessen in Richtung einer möglichst ungehinderten Bewirtschaftung von Wohnungen. In günstige Wohnungen wird immer nur dann investiert, wenn »prächtige Renten [...] aus der Anlage von Arbeiterwohnungen« erwartet werden können.[107]

Der Druck, die Wohnungsfrage zu lösen, entspringt für die Bourgeoise nicht aus der Einsicht in die schrecklichen Wohnverhältnisse der von ihr ausgebeuteten Klasse und auch nicht einer moralischen Selbstverpflichtung, soziale Ungerechtigkeiten zu beseitigen, sondern speist sich allein aus der Angst um die eigene Existenz. Engels benennt ein solches »indirektes Interesse« des Großbürgertums an der Lösung der Wohnungsfrage.

106 Guido Spars: Der Berliner Wohnungsmarkt – ein Standortvorteil, Wuppertal 2009, S. 9.

107 Engels: Wohnungsfrage, MEW, Bd. 18, S. 248.

»Die moderne Naturwissenschaft hat nachgewiesen, dass die sogenannten ›schlechten Viertel‹, in denen die Arbeiter zusammengedrängt sind, die Brutstätten aller jener Seuchen bilden, die von Zeit zu Zeit unsre Städte heimsuchen. Cholera, Typhus und typhoide Fieber, Blattern und andre verheerende Krankheiten verbreiten in der verpesteten Luft und dem vergifteten Wasser dieser Arbeiterviertel ihre Keime; sie sterben dort fast nie aus, entwickeln sich, sobald die Umstände es gestatten, zu epidemischen Seuchen, und dringen dann auch über ihre Brutstätten hinaus in die luftigeren und gesunderen, von den Herren Kapitalisten bewohnten Stadtteile. Die Kapitalistenherrschaft kann nicht ungestraft sich das Vergnügen erlauben, epidemische Krankheiten unter der Arbeiterklasse zu erzeugen; die Folgen fallen auf sie selbst zurück, und der Würgeengel wütet unter den Kapitalisten ebenso rücksichtslos wie unter den Arbeitern.«[108]

Aus aktuellen Erfahrungen im Umgang mit der COVID-19-Pandemie wissen wir allerdings, dass die potenzielle Selbstgefährdung kein Grund dafür ist, wirtschaftliche Einschränkungen einfach hinzunehmen. Heute wie damals reagiert die herrschende Klasse mit Scheinaktivitäten, die mögliche Reaktionen auf die Gesundheitsgefahren mit anderen Interessen abwägen. Engels hat den »edlen Wetteifer« der besitzenden Klassen wie folgt beschrieben: »Gesellschaften wurden gestiftet, Bücher geschrieben, Vorschläge entworfen, Gesetze debattiert und dekretiert, [...] Regierungskommissionen wurden ernannt«[109] Selbst »mehr oder weniger scharf eingreifende Gesetze« hatten die durch die kapitalistische Wirtschaftsweise erzeugten Missstände nicht beheben können, da sich das eigene ökonomische Interesse nicht durch eine Selbstregulierung aufheben lasse.[110]

Egal, ob wir auf Pandemien, Klimakrise oder auch die Wohnungsfrage schauen, die Antwort von Engels auf die Wohnungsfrage ist bis heute – nicht nur bezogen auf das Klima –

108 Ebd., S. 233.
109 Ebd.
110 Ebd., S. 234.

richtig: »System Change, not Climate Change«. Gerade in der Umkehr des Slogans wird die Notwendigkeit von grundsätzlichen Veränderungen deutlich. Auch wenn Engels für seinen Dogmatismus oft kritisiert wurde – eine wirkliche Alternative zur »Abschaffung der kapitalistischen Produktionsweise« und der »Aneignung aller Lebens- und Arbeitsmittel durch die Arbeiterklasse selbst«[111] gibt es auch in den aktuellen gesellschaftlichen Krisen nicht.

Dem Modus der Krisenlösung des Kapitals hat Friederich Engels – in Bezug auf die Wohnungsfrage – einen Namen gegeben: »Methode Haussmann«. Baron Haussmann hatte 1853 im Auftrag von Napoleon III. die Funktion des Präfekten von Paris übernommen und durfte, mit Sonderbefugnissen ausgestattet, knapp 20 Jahre die städtebauliche Umgestaltung der französischen Hauptstadt koordinieren. Die »spezifisch-bonapartistische Manier« des Stadtumbaus beschrieb Engels als Strategie, »lange, gerade und breite Straßen mitten durch die eng gebauten Arbeiterviertel zu brechen und sie mit großen Luxusgebäuden an beiden Seiten einzufassen«.[112] Damit solle der Barrikadenkampf erschwert, die Metropole »in eine reine Luxusstadt« verwandelt werden.[113] Für Engels ist die »Praxis des Breschelegens in die Arbeiterbezirken« nur eine Scheinlösung, weil sie die den schlechten Wohnverhältnissen zugrundeliegenden Probleme nicht beseitigt.

Ob die massiven Abrissorgien »nun durch Rücksichten der öffentlichen Gesundheit und der Verschönerung oder durch Nachfrage nach großen zentral gelegenen Geschäftslokalen oder durch Verkehrsbedürfnisse, wie Eisenbahnanlagen, Straßen usw., veranlasst worden« sind – das Resultat sei überall dasselbe: »Die skandalösesten Gassen und Gässchen verschwinden unter großer Selbstverherrlichung der Bourgeoisie von wegen dieses ungeheuren Erfolges, aber – sie erstehn anderswo sofort wieder.«[114]

111 Ebd., S. 263.
112 Ebd., S. 260.
113 Ebd.
114 Ebd., S. 261.

Mit Beispielen der Abrisssanierung in Manchester, die immer nur in einzelnen Stadtlagen zu einer Verbesserung führten, belegt Engels die Begrenztheit dieser Strategie: »Die Brutstätten der Seuchen, die infamsten Höhlen und Löcher, worin die kapitalistische Produktionsweise unsre Arbeiter Nacht für Nacht einsperrt, sie werden nicht beseitigt, sie werden nur – verlegt!«[115]

Auch wenn unzumutbare hygienische Wohnbedingungen heute in vielen Städten Westeuropas und Nordamerikas weitgehend der Vergangenheit angehören, hat doch das Prinzip der Verlegung von Problemen bis heute Bestand. Dies zeigt sich etwa in der Vertreibung von Wohnungslosen aus bestimmten Stadtzonen oder bei der polizeilichen Auflösung von Umschlagorten des Drogenhandels, die in der Regel dazu führen, dass Wohnungslosigkeit und Drogenhandel andere Plätze in den Städten finden.

Deswegen will Engels die »Methode Haussmann« auch nicht nur als Namen für eine – zum Scheitern verurteilte – städtebauliche Intervention verstanden wissen, sondern als Sammelbegriff für alle Versuche, Probleme »so zu lösen, dass die Lösung die Frage immer wieder von Neuem erzeugt«.[116]

Wie würde Engels die Wohnungsfrage lösen?

Für konkrete Lösungen der Wohnungsfrage scheint es ohne Überwindung des Kapitalismus bei Engels wenig Spielräume zu geben. Doch ganz so perspektivlos lässt er uns nicht zurück. In seinen Texten zur Wohnungsfrage finden sich verschiedene Hinweise, wie auf die Wohnungsprobleme reagiert werden kann. Engels hat dabei Marktmechanismen, Umverteilungspotenziale sowie die Überwindung des Stadt-Land-Gegensatzes im Blick – und selbstverständlich in letzter Instanz den Umsturz der herrschenden Verhältnisse.

Zunächst präsentiert Engels einen ökonomischen Ansatz, der der Logik des marktwirtschaftlichen Wettbewerbs entspricht: »Wie ist nun die Wohnungsfrage zu lösen? In der heu-

115 Ebd., S. 263.

116 Ebd., S. 260.

tigen Gesellschaft gerade, wie eine jede andere gesellschaftliche Frage gelöst wird: durch die allmähliche ökonomische Angleichung von Nachfrage und Angebot.«[117]

Wie beschränkt eine solche Perspektive ist, hat Engels in seinen Texten ausführlich geschildert. Insbesondere fehlt es für eine Überproduktion an Wohnungen, die dann zu einer Absenkung der Mietpreise führen würde, an den marktwirtschaftlichen Anreizen für solche Investitionen. Die Hoffnung, der Markt selbst könne das regeln, trüge. Die Angleichung von Angebot und Nachfrage produziere das Problem immer nur von Neuem, sei also keine Lösung.

Wie recht Engels damit hatte, belegt ein kurzer Blick auf die Berliner Stadtentwicklung nach 1990. Angetrieben durch euphorische Bevölkerungsprognosen nach der Wiedervereinigung der Stadthälften und befeuert von massiven Steueranreizen im Rahmen der Sonder-Abschreibungsbedingungen für Investitionen in Ostdeutschland wurden in den 1990er-Jahren fast 180 000 Wohnungen fertiggestellt. Da der erwartete Zuzug ausblieb und die Bevölkerungszahl in der neuen Hauptstadt nicht nur stagnierte, sondern gar leicht rückläufig war, entspannte sich der Berliner Wohnungsmarkt. Die Zahl der Wohnungen lag über der Zahl der Haushalte und wohnungswirtschaftliche Expertinnen und Experten diskutierten den Leerstand als größte Herausforderung für die Stadtentwicklung. Da unter diesen Bedingungen die Mieten auf einem vergleichsweise niedrigen Niveau stagnierten, gab es weder für öffentliche noch für private Wohnungsunternehmen einen Anreiz für weitere Neubauprojekte. Die Zahl der jährlichen Baufertigstellungen sackte von zeitweise fast 30 000 Wohnungen auf einen Tiefststand von nur noch knapp über 3000 Wohnungen pro Jahr in den 2000er-Jahren. Da sich die Attraktivität von Berlin ganz unabhängig von der Hauptstadtfunktion entfaltete und einen kontinuierlichen Zuzug aus anderen Städten, Regionen und Ländern auslöste, war die Überproduktion schnell aufgebraucht und spätestens seit Mitte der 2000er-Jahre bestimmt der Mangel an Wohnungen

117 Ebd., S. 226.

die Berliner Marktsituation. Steigende Mieten haben sich seither als beständige Begleiterscheinung der Berliner Stadtentwicklung etabliert.[118] Die Angleichung von Angebot und Nachfrage bot nur eine zeitweilige Entlastung und bestätigte die über 100 Jahre alte These von Engels, dass die marktförmigen Lösungsversprechen der Neubaufraktionen eine Lösung aufzeigen, die keine Lösung ist. Angesichts der klimapolitischen Herausforderungen sollten sich zudem Vorschläge, die auf eine Entlastung der Mieten durch ungezügelten Neubau setzen, heutzutage eigentlich von selbst verbieten.

Als zweite Option zur Lösung der Wohnungsfrage schlägt Engels eine bessere Verteilung der bereits existierenden Wohnungsbestände vor. Er geht dabei davon aus, »dass schon jetzt in den großen Städten hinreichend Wohngebäude vorhanden sind, um bei rationeller Nutzung derselben jeder wirklichen ›Wohnungsnot‹ sofort abzuhelfen«.[119] Die regional ungleiche Verteilung von Wohnungsnachfrage und Leerstand bestätigt die These von Engels ebenso wie der seit vielen Jahrzehnten steigende Wohnflächenverbrauch. Der mittlere Pro-Kopf-Verbrauch an Wohnfläche in Westdeutschland ist von 19 (1960) auf über 48 Quadratmeter (2019) gestiegen. Auch der Wohnflächenverbrauch in Ostdeutschland hat in den letzten 30 Jahren deutlich zugelegt und befindet sich mit 44 Quadratmeter inzwischen fast schon auf Westniveau.[120] Gute Gründe also anzunehmen, dass Wohnungsnot rein rechnerisch vor allem ein Verteilungsproblem ist. Der Wirtschaftswissenschaftler Daniel Fuhrhop arbeitet im Bereich der Ökologischen Ökonomie und hat unter dem programmatischen Titel »Verbietet das Bauen!« eine Streitschrift gegen Spekulation, Abriss und Flächenfraß vorgelegt,[121] eine fulminante Sammlung für eine

118 Andrej Holm: Berlin: Mehr Licht als Schatten. Wohnungspolitik unter Rot-Rot-Grün, in: Dieter Rink/Björn Egner (Hrsg.): Lokale Wohnungspolitik. Beispiele aus deutschen Städten, Baden-Baden 2020, S. 43–64, hier S. 46.

119 Engels: Wohnungsfrage, MEW, Bd. 18, S. 226.

120 Statistisches Bundesamt: Deutschland in Zahlen: Wohnfläche je Einwohner – Quadratmeter, 2020, www.deutschlandinzahlen.de/tab/deutschland/infrastruktur/gebaeude-und-wohnen/wohnflaeche-je-einwohner.

121 Daniel Fuhrhop: Verbietet das Bauen! Streitschrift gegen Spekulation, Abriss und Flächenfraß, München 2015.

sozialere und ökologische Verteilung des vorhandenen Wohnraums. Auch wenn in seinem Buch »100 Werkzeuge für Wohnraum und mehr Platz im Bestand« präsentiert werden, ist auch ihm klar, dass die Umverteilung von vorhandenen und meist belegten Wohnflächen nicht nur auf Basis von Überzeugung und Freiwilligkeit erfolgen wird. Entsprechend hat der Autor in einer neuen Ausgabe des Buches auch auf die Berliner Sozialisierungsinitiative von »Deutsche Wohnen & Co. enteignen!« Bezug genommen.[122]

Diese hätte sicherlich auch Friedrich Engels erfreut, für den es für Umverteilung des hinreichenden Wohnungsbestandes nur einen Weg gab: »Dies kann natürlich nur durch Expropriation der heutigen Besitzer [...] geschehen, und sobald das Proletariat die politische Macht erobert hat, wird eine solche durch das öffentliche Wohl gebotenen Maßregel ebenso leicht ausführbar sein, wie andere Expropriationen [...] durch den heutigen Staat.«[123] Von der politischen Macht des Proletariats ist man gegenwärtig weit entfernt, aber für eine Umverteilung des Wohnungsbestands reicht ja vielleicht auch ein erfolgreicher Volksentscheid.

Die Ablehnung von Vergesellschaftungsforderungen ist keineswegs neu und bedarf keiner Erinnerung an frühere Diktaturen. Bereits vor 150 Jahren – also vor den ernüchternden und gescheiterten Erfahrungen des real existierenden Sozialismus sowjetischer Prägung – gab es massiven Widerstand gegen Umverteilungsforderungen. Das im »Manifest« berühmt gewordene »Gespenst des Kommunismus« spielt auf die ideologisch begründete Ablehnung an, die sozialistischen Ideen entgegenschlägt – bis heute. Deswegen gilt es, die ökonomischen Interessen einer solchen Ablehnung zu dekonstruieren und sich gerade nicht auf moralische Bewertungen zur Legitimation der bestehenden Verhältnisse einzulassen. Wenn grundsätzliche Veränderungen notwendig sind, müssen in

122 Daniel Fuhrhop: Im brennenden Haus: Neue Inhalte im »Buch zur Bauscham«, der erweiterten Neuauflage von »Verbietet das Bauen!« 2020, in: Verbietet das Bauen. Der Blog gegen die Bauwut, 2020, www.verbietet-das-bauen.de/bauscham-neuauflage-verbietet-das-bauen-2020/.

123 Engels: Wohnungsfrage, MEW, Bd. 18, S. 226f.

den meisten Fällen auch grundsätzliche Veränderungen erfolgen. Das gilt für die Umverteilung von Wohnungen ebenso wie für die Aufhebung der bestehenden Eigentumsverhältnisse:

> »Ihr entsetzt euch darüber, dass wir das Privateigentum aufheben wollen. Aber in eurer bestehenden Gesellschaft ist das Privateigentum für neun Zehntel ihrer Mitglieder aufgehoben; es existiert gerade dadurch, dass es für neun Zehntel nicht existiert. Ihr werft uns also vor, dass wir ein Eigentum aufheben wollen, welches die Eigentumslosigkeit der ungeheuren Mehrzahl der Gesellschaft als notwendige Bedingung voraussetzt.«[124]

Der dritte Vorschlag, den Engels zur Lösung der Wohnungsfrage einbringt, betrifft die Aufhebung des Stadt-Land-Gegensatzes. Weil er die Konzentration von Arbeit und Bevölkerung in den großen Städten als eine Ursache der Stadtentwicklungsprobleme ausmacht, setzt Engels auf »eine möglichst gleichmäßige Verteilung der Bevölkerung über das ganze Land« und eine »innige Verbindung der industriellen mit der ackerbauenden Produktion, nebst der dadurch nötig werdenden Ausdehnung der Kommunikationsmittel«, um die negativen Seiten der kapitalistischen Urbanisierung zu überwinden.[125] Engels, der in seinem Text sonst sehr sparsam mit Lob für andere ist, bezieht sich positiv auf die Projekte der utopischen Sozialisten, namentlich auf Owen und Fourier:

> »In ihren Mustergebäuden existiert der Gegensatz von Stadt und Land nicht mehr. [...] Die Wohnungsfrage lösen wollen und die modernen großen Städte forterhalten wollen, ist ein Widersinn. Die modernen großen Städte werden aber beseitigt erst durch die Abschaffung der kapitalistischen Produktionsweise, und wenn diese erst in Gang gebracht, wird es sich um ganz andere Dinge handeln, als jedem Arbeiter ein ihm zu eigen gehörendes Häuschen zu verschaffen.«[126]

124 Marx/Engels: Manifest, MEW, Bd. 4, S. 477.
125 Engels: Wohnungsfrage, MEW, Bd. 18, S. 280.
126 Ebd., S. 243.

Neben den beengten Wohnverhältnissen in den dicht besiedelten Städten verweist Engels auch auf die Umweltschäden, die als Folge der Verstädterung das gesellschaftliche Naturverhältnis bestimmen. So beschreibt er die stetig anwachsende Menge an Abfällen und Fäkalien, die »Tag für Tag unter Aufwendung ungeheurer Kosten – in die See geschüttet wird, und welche kolossalen Anlagen nötig werden, um zu verhindern, dass [...] ganz London vergiftet« wird. »Selbst das verhältnismäßig unbedeutende Berlin erstinkt seit mindestens dreißig Jahren in seinem eigenen Dreck.«[127] Die Zusammenballung von Menschen in den Städten habe auch für den Ackerbau in den ländlichen Regionen weitreichende Konsequenzen, weil der Dung aus den menschlichen Fäkalien dem Kreislauf der natürlichen Regeneration entzogen wird. So unbedeutend die Verschiebungen des natürlichen Düngekreislaufs erscheinen, wenn wir aus heutiger Perspektive auf die verheerenden Folgen der Verstädterung schauen – es ist ein historisch früher Versuch, das Verhältnis von Produktionsweise, räumlicher Ordnung und Natur zu thematisieren.

Knapp 100 Jahre nach der Veröffentlichung der Artikelserie »Zur Wohnungsfrage« erschien das Buch »Die Revolution der Städte« von Henri Lefebvre, in dem er die Zusammenhänge der Industrialisierung und Verstädterung als spezifischen Urbanisierungsprozess beschreibt und die ungleiche Entwicklung von geografischen Räumen nicht nur als Folgeerscheinung, sondern auch als Voraussetzung der kapitalistischen Produktions- und Lebensweise analysiert.[128] Mit seiner These der vollständigen Urbanisierung der Gesellschaft wirbt Lefebvre für ein Verständnis der Stadt nicht als Ort, sondern als spezifischer Typus von Vergesellschaftung. Mit der Herausbildung der Industriestädte habe sich die zuvor bestehende Symbiose zwischen Stadt und Land aufgelöst. Die ökonomischen, politischen und kulturellen Entwicklungen der Gesellschaften würden nicht länger von Knappheiten der natürlichen Umwelt bestimmt, sondern die Natur selbst werde

127 Ebd., S. 280.

128 Henri Lefebvre: Die Revolution der Städte, München 1972, S. 40ff.

dem kapitalistischen Akkumulationsprozess unterworfen. Diese Domestizierung der Natur finde in den Städten ihren deutlichsten Ausdruck. Um unabhängig von den natürlichen Rahmenbedingungen überleben zu können, beschleunige der Städtewachstum den Raubbau an natürlichen Ressourcen. Weil umliegende Äcker nicht mehr ausreichen, um die wachsende Bevölkerung zu ernähren, müssten Straßen und andere Transportwege in die Natur geschlagen werden. Weil die Städte selbst ihren Müll nicht bewältigen könnten, würden bisherige Weide-, Wiesen- und Ackerflächen in Müllberge verwandelt. Weil der wachsende Versorgungsbedarf der Stadtbevölkerung mit den traditionellen Bewirtschaftungsweisen nicht gedeckt werden könne, kämen chemische Dünger, Insektizide und industrielle Landwirtschaftsmethoden verstärkt zum Einsatz, bis die Böden völlig ausgezehrt sind.

Die von Marx und Engels skizzierten Stadt-Land-Gegensätze sind vor allem gesellschaftliche Naturverhältnisse, die auf einem rücksichtslosen Ressourcenverbrauch basieren und die natürlichen Lebensgrundlagen der Menschheit zerstören. Eine Aufhebung dieser Gegensätze wird nicht mit einer »gleichmäßigen Verteilung der Bevölkerung« gelingen und lässt sich auch nicht mit utopischen Pilotprojekten des utopischen Sozialismus bewältigen, sondern setzt die Abschaffung der kapitalistischen Produktionsweise und die Entwicklung einer neuen Lebensweise voraus: »Die Aufhebung des Gegensatzes zwischen Stadt und Land ist nicht mehr und nicht minder eine Utopie als die Aufhebung des Gegensatzes zwischen Kapitalisten und Lohnarbeitern.«[129]

Als vierten Lösungsansatz präsentiert Engels deshalb die sozialistische Revolution. »Um dieser Wohnungsnot ein Ende zu machen, gibt es nur ein Mittel: die Ausbeutung und Unterdrückung der arbeitenden Klasse durch die herrschende Klasse überhaupt zu beseitigen.«[130] Engels' Position ist ganz vom Geschichtsoptimismus des frühen Marxismus durchdrungen: Die mit der industriellen Revolution gesteigerte Produk-

129 Engels: Wohnungsfrage, MEW, Bd. 18, S. 279.

130 Ebd., S. 213.

tivkraft biete die Möglichkeit, »bei vollständiger Verteilung der Arbeit unter alle nicht nur genug für die reichliche Konsumtion aller Gesellschaftsmitglieder und für einen ausgiebigen Reservefonds hervorzubringen, sondern auch jedem einzelnen hinreichend Muße zu lassen«.[131]

Die These, dass eine Lösung der Wohnungsfrage nur möglich sei, wenn die kapitalistische Produktionsweise überwunden wird, begründet Engels sowohl mit den spezifischen Arbeitsverhältnissen als auch mit der Art der Bewirtschaftung von Immobilien und Wohnungen im Kapitalismus.

Im Zentrum seiner Argumentation steht zunächst die Ausbeutung in den Fabriken und die Überzeugung, dass schlechte Wohnverhältnisse die Folge der Produktionsverhältnisse sind und es deshalb kein Interesse der besitzenden Klasse an einer Verbesserung gebe. Die Wohnungsnot ist für Engels »ein notwendiges Erzeugnis der bürgerlichen Gesellschaftsform«; eine Gesellschaft, in der die große Mehrheit der Menschen zum eigenen Überleben auf den Verkauf ihrer Arbeitskraft angewiesen ist, könne nicht ohne Wohnungsnot bestehen. Eine Produktionsweise, die auf permanentes Wachstum ausgelegt ist, löse einen beständigen Zustrom von Arbeitskräften aus, die ihr Glück in den Städten suchen müssen. Zugleich sortiere das System der kapitalistischen Produktion fortwährend Beschäftigte aus, etwa wenn durch technologische Entwicklungen menschliche Arbeitskraft durch Maschinen ersetzt werden kann oder in Reaktion auf konjunkturelle Schwankungen des Absatzes Massenentlassungen erfolgen. So entstehe eine »zahlreiche Reservearmee von unbeschäftigten Arbeitern«, die »massenhaft in den großen Städten zusammengedrängt werden, und zwar rascher, als unter den bestehenden Verhältnissen Wohnungen für sie entstehn«, sodass sich selbst »für die infamsten Schweineställe [...] Mieter finden«.[132] Die schlechten Wohnbedingungen sind unter diesen Umständen eine unmittelbare Folge der Arbeitsbedingungen.

Daneben verweist Engels auch auf die Rolle des Hausbe-

131 Ebd., S. 220f.

132 Ebd., S. 236.

sitzers, der »in seiner Eigenschaft als Kapitalist, nicht nur das Recht, sondern [...] auch gewissermaßen die Pflicht hat, aus seinem Hauseigentum rücksichtslos die höchsten Mietpreise herauszuschlagen«.[133]

> »In einer solchen Gesellschaft ist die Wohnungsnot kein Zufall, sie ist eine notwendige Institution, sie kann mitsamt ihren Rückwirkungen auf die Gesundheit usw. nur beseitigt werden, wenn die ganze Gesellschaftsordnung, der sie entspringt, von Grund aus umgewälzt wird.«[134]

So nachvollziehbar die Argumentation zur notwendigen Aufhebung der kapitalistischen Produktionsverhältnisse auch ist, ob und wie nach einer Umwälzung der Eigentums- und Produktionsverhältnisse eine Wohnversorgung für alle gelingen kann, wird bei Engels nicht ausformuliert. Bis auf die Hinweise auf die in der Praxis gescheiterten Modellsiedlungen des Frühsozialismus und die angestrebte Überwindung der Stadt-Land-Gegensätze gibt es keine konkreten Utopien, wie das Wohnen anders organisiert werden kann. Und dass sich das nicht von selbst ergibt, das ist eine Erfahrung mit dem sozialistischen Experiment im 20. Jahrhundert, über die Engels nicht verfügte.

133 Ebd.

134 Ebd.

3 — Politische Ökonomie des Wohnens

Die Politische Ökonomie ist zu einem Schlagwort geworden, das in akademischen und öffentlichen Diskussionen häufig unmittelbar mit Ansätzen einer marxistischen Theoriebildung verbunden wird und für viele einen Beigeschmack von sozialistischer Tristesse in der DDR hat.[1] Doch diesem schlechten Ruf zum Trotz haben in den letzten Jahren politökonomische Ansätze wieder verstärkt Einzug in die wohnungspolitischen Auseinandersetzungen gehalten.

Neben einer Reihe von internationalen Veröffentlichungen, die für die Wiederentdeckung des Marxismus in der Stadt- und Wohnforschung stehen,[2] waren es in der deutschsprachigen Debatte vor allem Beiträge aus der Kritischen Geographie und der Wohnforschung, die zu einer Wiederbelebung von politökonomischen Analysen beigetragen haben.[3] Die Besonder-

1 Seit den 1950er-Jahren mussten alle Studierenden an DDR-Hochschulen obligatorisch ein gesellschaftswissenschaftliches Grundstudium absolvieren, mit 90 Stunden Politische Ökonomie als Pflichtprogramm; vgl. Ilko-Sascha Kowalczuk: Die »Hochschulfront ist eine Kampffront«. Die SED-Parteiorganisationen an den Universitäten und Hochschulen in der SBZ/DDR 1946–1961, in: Zeitschrift des Forschungsverbundes SED-Staat 13/2003, S. 61–77, hier S. 73.

2 Andy Marryfied steht mit seinen Büchern »Dialectical Urbanism« (2002), »Metromarxism« (2002) und »The New Urban Question« (2014) für diesen Trend ebenso wie Monografien, Schwerpunkthefte internationaler Zeitschriften und eine Reihe von Artikeln, die unmittelbaren Bezug auf Engels' Arbeit »Zur Wohnungsfrage« nehmen; vgl. z.B. David Madden/Peter Marcuse: In Defense of Housing, London/ New York 2016; The Housing Question Revisited – Themed Section. in: ACME. International Journal for Critical Geographies 3/2016, S. 580–683; Stuart Hodkinson: The return of the housing question, in: Ephemera 12/2012, S. 423–444; Manuel Aalbers/Brett Christophers: Wohnen ins Zentrum der politischen Ökonomie stellen, in: Sebastian Schipper/Lisa Vollmer (Hrsg.): Wohnungsforschung. Ein Reader, Bielefeld 2020, S. 39–72.

3 Bernd Belina: Kapitalistischer Wohnungsbau. Ware, Spekulation, Finanzialisierung, in: Barbara Schönig/Justin Kadi/Sebastian Schipper (Hrsg.): Wohnraum für alle? Perspektiven auf Planung, Politik und Architektur, Bielefeld 2017, S. 31–45; ders.: Wenn Geldkapital eine sichere Bank sucht. Theorie und die politökonomischen Grundlagen der aktuellen Wohnungsfrage in Deutschland, in: PROKLA. Zeitschrift für Kritische Sozialwissenschaft 48, 2018, S. 187–203; Heinz-Josef Bontrup: Wohnst du noch ...? Immobilienwirtschaft und Mieten kritisch betrachtet, Hamburg 2018; Werner Heinz/Bernd Belina: Die kommunale Bodenfrage, hrsg.

heit dieser Perspektive ist es, in einer ganzheitlichen Betrachtungsweise die »geschichtliche Gewordenheit des jeweils bestehenden gesellschaftlichen Regimes der Wohnraumversorgung« zu analysieren.[4]

»Geschichtliche Gewordenheit« und »ganzheitliche Betrachtung« sind eigentlich naheliegend, wenn wir über Wohnen nachdenken. Doch die aktuellen Debatten der Wohnungspolitik machen schnell klar, dass dies eben keine Selbstverständlichkeit ist. Die gängigen Analysen zur Wohnversorgung basieren auf ökonomischen Modellannahmen und versuchen, Mietentwicklungen und Wohnungsmarktdynamiken allein aus Angebots- und Nachfragemodellen zu erklären. Politisch bestimmte und staatlich gesetzte Rahmenbedingungen werden als empfindliche Störungen des reinen Marktmechanismus angesehen und abgelehnt.

Doch selbst die radikalsten Verfechter der Marktlogik wissen, dass es den Markt nicht ohne Staat und Gesellschaft gibt. Auf die soziale Blindheit und die wiederkehrenden Mangelerscheinungen angesprochen, verweisen sie regelmäßig auf die negativen Auswirkungen der staatlichen Eingriffe: Der Markt hätte sich einfach noch nie richtig entfalten können, um seine Wohlfahrtsversprechen ungehindert einzulösen. Die Dogmatikerinnen und Dogmatiker des Markts erinnern in solchen Argumentationen an die dogmatischen Sozialistinnen und Sozialisten, die die katastrophale Bilanz des Staatssozialismus relativieren, weil das ja noch nicht der »echte Sozialismus« gewesen sei.

Dabei gibt es in der Geschichte der Wirtschaftswissenschaften genügend Hinweise darauf, dass der »freie Markt« eine Illusion ist, alle Märkte immer gesellschaftlich eingebettet sind und auch nur in einer Gesamtbetrachtung verstanden

von der Rosa-Luxemburg-Stiftung, Studien 2/2019, Berlin 2019, www.rosalux.de/fileadmin/rls_uploads/pdfs/Studien/Studien_2-19_Bodenpolitik.pdf; Andrej Holm: Wohnung als Ware. Zur Ökonomie und Politik der Wohnungsversorgung, in: Widersprüche 121, 2011, S. 9–20.

4 Schipper/Vollmer: Wohnungsforschung, S. 12. Vgl. auch Heinrich Bortis: Zurück zur Politischen Ökonomie. 250 Jahre bewegte Geschichte der Wirtschaftstheorie, Münster 2017, S. 5f.

werden können. Der inzwischen emeritierte Schweizer Wirtschaftsprofessor Heinrich Bortis hat auf die Überlegungen des französischen Ökonomen François Quesnay aus der Mitte des 18. Jahrhunderts verwiesen, um zu belegen, dass das Grundprinzip einer politökonomischen Perspektive älter ist als das marxistische Denken. In seinem »Tableau économique« – einem Gedankenmodell zu den wirtschaftlichen Effekten von Staatsausgaben – kann Quesnay zeigen, dass der »Staat und die Gesellschaft die Beschäftigung und die Verteilung bestimmen«, nicht der Markt.[5]

Die Politische Ökonomie bricht mit der Vorstellung von quasi freischwebenden ökonomischen Prinzipien des Markts. Dass die von sozialen Beziehungen getragenen, von politischen Rahmenbedingungen bestimmten und von kulturellen Wertschätzungen beeinflussten Akte von Produktion und Verteilung frei von gesellschaftlichen Zusammenhängen sein könnten, erscheint aus der Perspektive der Politischen Ökonomie völlig absurd.

Die neoklassischen Vorstellungen begreifen den Markt nicht als gesellschaftliches Produkt, sondern entkoppeln die Marktmechanismen von anderen gesellschaftlichen Strukturprinzipien und betrachten jegliche staatliche Eingriffe als Störfaktoren der »freien Marktkräfte«. Aufgrund der Ausblendung der gegebenen gesellschaftlichen Rahmenbedingungen von Märkten sind sie nur begrenzt realitätstauglich. Nina Baur bezeichnet diese Argumentationsweise treffend als »Modellplatonismus«: »Statt ihre Modellannahmen zu ändern, fordern sie, dass sich reale Märkte – und mit ihnen die Gesellschaft – an ideale Märkte anzupassen hätten.«[6]

Der Wohnungsmarkt, der in vielen wohnungspolitischen Diskussionen als feststehende Tatsache und scheinbar natürliche Rahmenbedingung von Wohnverhältnissen und Stadtentwicklungsdynamiken angesehen wird, hat sich erst im 19. Jahrhundert im Zuge der Urbanisierung als »dominieren-

5 Ebd., S. 11.

6 Nina Baur: Markt, in: dies./Hermann Korte/Martina Löw/Markus Schroer (Hrsg.): Handbuch Soziologie, Wiesbaden 2008, S. 273–294, hier S. 275.

der Mechanismus der Wohnversorgung« etabliert.[7] Sozialhistorisch ist die Herausbildung von Wohnungsmärkten mit der Aufhebung der traditionellen Gewohnheitsrechte und der Privatisierung des Gemeindelandes[8] verbunden. Mit der Verwandlung von Grund und Boden in Privatbesitz und handelbare Waren wurde damals die wesentlichen Voraussetzungen für die kapitalistischen Produktionsverhältnisse gelegt. Mit der Konzentration von Reichtum entstanden Investitionsmittel und mit der Einschränkung der ruralen Subsistenzgrundlagen wurde die bisherige Landbevölkerung zum Verkauf ihrer Arbeitskraft gezwungen.[9] Das historisch mit Gewalt durchgesetzte Prinzip des Privateigentums, die Verwandlung von Existenzgrundlagen in Waren sowie die damit einhergehende Logik der Akkumulation prägen die wirtschaftlichen und sozialen Verhältnisse bis heute.

Die Stadtforscher Manuel Aalbers und Brett Christophers begründen die Besonderheiten einer politökonomischen Analyse zunächst unabhängig von marxistischen Theorien. Sie verstehen die Politische Ökonomie als integrierenden Ansatz, der die untersuchten ökonomischen Prozesse konsequent in die sozialen und politischen Kontexte einbettet und über die sektorale Betrachtung der klassischen Ökonomie hinausgeht.[10]

Da »ganzheitliche Betrachtung« ebenso wie die »Einbettung in soziale und politische Kontexte« alles Mögliche bedeuten kann, schlagen Aalbers und Christophers vor, für ein Programm der Politischen Ökonomie des Wohnens in Anlehnung an die marxistische Theorie »drei Modalitäten des Kapitals« ins Zentrum der Überlegungen zu stellen: den Kreislauf der Kapitalverwertung, das Kapital als soziales Verhältnis und das Kapital als Ideologie.[11]

7 Sybille Münch: Die Entwicklung des modernen Wohnens, Darmstadt 2005, www.schader-stiftung.de/themen/stadtentwicklung-und-wohnen/fokus/wohnen/artikel/die-entwicklung-des-modernen-wohnens.

8 Sabine Nuss: Keine Enteignung ist auch keine Lösung. Die große Wiederaneignung und das vergiftete Versprechen des Privateigentums, Berlin 2019, S. 55.

9 Ellen Meiksins Wood: Der Ursprung des Kapitalismus. Eine Spurensuche, Hamburg 2015, S. 128ff.

10 Aalbers/Christophers: Wohnen ins Zentrum, S. 40.

11 Ebd., S. 39.

Wohnen in der Zirkulation des Kapitals

Obwohl schon der Begriff Wohnungsmarkt darauf hindeutet, dass Bau und Bereitstellung von Wohnungen unter den gegebenen gesellschaftlichen Umständen von wirtschaftlichen Logiken des Kapitalismus bestimmt werden, ist eine Einordnung der Ökonomie des Wohnens in die Zirkulation des Kapitals alles andere als banal.

Denn der einfache Kreislauf des Kapitals – bei dem Geld für die Produktionsmittel und die Arbeitskraft eingesetzt wird, um im Produktionsprozess durch die Aneignung fremder Arbeit einen Mehrwert zu erzielen und durch den Verkauf der so hergestellten Waren einen höheren Ertrag erbringt, als ursprünglich eingesetzt wurde – lässt sich nicht einfach auf das Wohnen übertragen. Bis auf den Bau der Gebäude wird beim Verkauf und bei der Vermietung von Wohnungen keine Arbeitskraft ausgebeutet; die Zahlung der Mieten erfolgt nicht auf einen Schlag, sondern in regelmäßigen Abständen über einen langen Zeitraum und auch die Preisbildung erfolgt weitgehend unabhängig von den Herstellungskosten. Das Geschäft mit dem Wohnen ist aber auf sehr verschiedenen Ebenen in die Zirkulation von Kapital eingebunden. Bernd Belina und Susanne Heeg sehen im produktiven Kapital, in der Grundrente und im zinstragenden Kapital drei Aspekte, in denen die Ökonomie des Wohnens mit Kreisläufen des Kapitals verbunden ist.

Produktives Kapital

Betrachten wir zunächst das produktive Kapital. Wie bei der Produktion anderer Waren sind auch für den Wohnungsbau Investitionen für den Kauf von Baumaterialien, Maschinen und Arbeitskraft die Voraussetzung für die Herstellung. Wie bei allen anderen Waren ist davon auszugehen, dass der Wert eines Gebäudes durch die gesellschaftlich notwendige Arbeitszeit bestimmt wird, die zu seiner Herstellung aufgewendet werden muss – Preisschwankungen durch Angebot und Nachfrage eingeschlossen. Doch anders als bei den meisten Waren der Güterproduktion erfolgen Nutzung und Zahlung oft über lange Zeiträume, in denen sich zudem der Wert eines Gebäudes durch Modernisierung oder Verschleiß verändern kann.

Der Begriff Immobilien verweist auf eine weitere Besonderheit der Ware Wohnung: Anders als andere Waren ist sie ortsgebunden und muss dort verbraucht werden, wo sie errichtet wurde. Der Gebrauchswert von Wohngebäuden ist dadurch stärker als der anderer Waren von möglichen Veränderungen der Umgebung abhängig. Ein ruhiges Häuschen am Stadtrand kann sich durch den Bau einer Autobahn in einer sehr unbeliebten Wohnlage wiederfinden, ohne dass sich die »Kosten« des Baus dadurch verändern. Für andere langfristige Investitionen wie etwa Maschinen oder Produktionsanlagen hat Marx den Begriff des »fixen Kapitals« verwendet, um herauszustellen, dass es – anders als Materialien oder Arbeitskraft – nicht kurzfristig im Produktionsprozess verbraucht, sondern über einen langen Zeitraum genutzt wird:

> »Der im fixen Kapital ausgelegte Wertteil des produktiven Kapitals ist ganz, auf einmal vorgeschossen worden, für die ganze Funktionsdauer desjenigen Teils der Produktionsmittel, woraus das fixe Kapital besteht. Dieser Wert wird also auf einmal vom Kapitalisten in die Zirkulation geworfen; er wird aber der Zirkulation nur stückweis und allmählich wieder entzogen durch die Realisierung der Wertteile, die das fixe Kapital den Waren stückweis zusetzt.«[12]

So wie beim Kauf eines Autos oder eines Brots nicht bei jedem Kauf die ganze Produktionsanlage oder die ganze Bäckerei bezahlt werden muss, sondern in jedem Produkt ein kleiner Anteil des für seine Herstellung notwendigen fixen Kapitals enthalten ist, wird auch beim Mietwohnen nicht der ganze Preis für den Bau der Häuser auf einen Schlag gezahlt, sondern gestreckt über einen langen Zeitraum. Auch beim Wohnen im selbstgenutzten Eigentum werden die hohen Kosten für den Erwerb eines Hauses einer möglichst langen Nutzungsdauer

12 Karl Marx: Das Kapital. Zweiter Band, in: ders./Friedrich Engels: Werke, Berlin 1956ff. [MEW], Bd. 24, S. 168.

gegenübergestellt, damit sich die hohen Ausgaben beim Kauf zumindest langfristig lohnen sollen. Gebäude und Infrastrukturen gelten in der marxistischen Ökonomie als Teil des zweiten Kapitalkreislaufes und weisen damit für die Zirkulation des Kapitals ähnliche Eigenschaften wie Produktionsmittel auf.

Da die Rückzahlung der Investition »stückweis und allmählich« erfolgt, steht das in den Anlagen und Baukörpern fixierte Kapital für andere Investitionen nicht zur Verfügung. Produkte, die durch »Einverleibung mit dem Boden lokalisiert sind«,[13] hat der Geograf David Harvey als Investitionen in einen »zweiten Kapitalkreislauf« betrachtet. Im Unterschied zu den Investitionen in den ersten Kreislauf der Waren- und Güterproduktion, die mit relativ kurzzeitigen Kapitalumschlägen kalkuliert werden, sind Investitionen in »die gebaute Umwelt« für lange Zeit gebunden.[14] Ähnlich wie Marx es für die Investitionen in die Analgen der Produktion beschreibt, wird »ein Bestandteil des produktiven Kapitals fixiert [und] auf einmal der Zirkulation entzogen, um dem Produktionsprozess für ihre ganze Funktionsdauer einverleibt zu werden«.[15] Auch das in Wohngebäuden investierte Kapital steht über mehrere Jahrzehnte für andere Ausgaben nicht zur Verfügung.

Diese Besonderheit hat verschiedene Konsequenzen: Zum einen setzen die Investitionen in Infrastrukturen und Gebäude einen relativ großen Überschuss an Kapital voraus, um die hohen Ausgangsinvestitionen zu finanzieren, zum anderen bremsen sie die Innovationen von Produktionsanlagen und auch den Bau von Wohn- und Nutzgebäuden aus. Weil eine Maschine oder auch ein Haus möglichst lange – für die »ganze Funktionsdauer« – genutzt werden müssen, bis sich die Inves-

13 Ebd., S. 212.

14 David Harvey: The Limits to Capital, Oxford 1982.

15 Marx: Kapital II, MEW, Bd. 24, S. 168. – »Der im fixen Kapital ausgelegte Kapitalwert durchläuft den Kreislauf seiner Formen während der Funktionsdauer der Produktionsmittel, worin er existiert, nicht stofflich, sondern nur für seinen Wert, und auch das nur teilweise und allmählich. D. h., ein Teil seines Werts wird fortwährend als Wertteil der Ware zirkuliert und in Geld verwandelt, ohne sich aus Geld in seine ursprüngliche Naturalform rückzuverwandeln. Diese Rückverwandlung des Gelds in die Naturalform des Produktionsmittels findet erst statt am Schluss seiner Funktionsperiode, wenn das Produktionsmittel gänzlich verbraucht ist.« (Ebd., S. 168f.)

titionen rentieren, können sie bei technologischen Entwicklungssprüngen nicht einfach durch bessere und effizientere Varianten ersetzt werden. Weil das »fixe Kapital« für einen langen Zeitraum gebunden ist, würde die vorzeitige Ersetzung einer Entwertung des eingesetzten Kapitals gleichkommen. Während andere hochwertige Güter wie Computer oder Autos eine überschaubare Nutzungsdauer haben, sodass sie nach Ablauf der Nutzungsfrist ohne Wertverlust durch die dann jeweils aktuellen Produkte auf dem neuesten technischen Stand ersetzt werden können, müssen Produktionsanlagen ebenso wie Häuser oft über einen sehr langen Zeitraum von mehreren Jahrzehnten genutzt werden.

Das Instrument der Abwrackprämien für Fahrzeuge zeigt, dass es in einigen Bereichen sogar staatliche Interventionen gibt, um die Nutzungszeit von Produkten zu verkürzen und den Restnutzwert zu kompensieren. Doch auch ohne Abwrackprämie gilt in den meisten Fällen: Ein Haus steht länger, als ein Auto fährt.

Auch im Streit um die Ausstiegsfristen bei Atommeilern oder Kohlekraftwerken zeigen sich gerade anschaulich die mit einer langen Nutzungsdauer verbundenen Probleme. Weil durch einen vorfristigen Ausstieg die ursprünglichen Investitionen noch nicht zurückgeflossen sind, verlangen die Energieunternehmen hohe Entschädigungssummen. Auch bei Gebäuden und Infrastrukturen im Bereich der Stadtentwicklung gibt es vergleichsweise lange Nutzungszeiträume. Stellt sich wenige Jahre nach dem Bau eines Hauses heraus, dass es eine deutlich effizientere und umweltschonendere Heizungstechnik gibt, kann die nicht ohne Wertverlust eingebaut werden, ehe nicht die alte Anlage abgeschrieben ist. Produktionsanlagen sind die Voraussetzung für die Produktionsprozesse ebenso wie Gebäude die Voraussetzung für die Stadtentwicklung sind. Sie beschränken jedoch zugleich die Weiterentwicklung von Produktion und Städten, wenn der Bestand nicht mehr den aktuellen Anforderungen entspricht, aber noch nicht ersetzt werden kann, weil die ursprünglich eingesetzten Investitionen noch nicht refinanziert wurden.

Harvey spricht im Zusammenhang von solchen räumlich gebundenen langfristigen Investitionen von einem »spatial fix« und meint damit nicht nur die räumliche Fixierung oder die Anlage in »fixes Kapital«, das, einmal gebunden, der Güter- und Warenproduktion nicht mehr zur Verfügung steht, sondern auch einen Mechanismus der Reparatur (»to fix«) für die regelmäßigen Krisen der Überproduktion des Kapitalismus.[16] Harvey beschreibt in seinen historischen Analysen das Potenzial der gebauten Umwelt, Mehrwertüberschüsse zu absorbieren, die sich im ersten Kapitalkreislauf nicht mehr gewinnbringend investieren lassen.[17] Wenn die endlose Akkumulation des Kapitals das Wesen des Kapitalismus ausmacht, wenn also Überschüsse aus den Produktionsprozessen immer wieder neu in Produktionskreisläufe eingespeist werden müssen, entsteht ein System des beständigen Wachstums. Wenn dabei Marktprinzipien von Angebot und Nachfrage wirken, löst die Konkurrenz der Unternehmen, die jeweils versuchen, möglichst viele ihrer Produkte zu verkaufen, auch einen Preiskampf aus, der die erwarteten Gewinne je verkaufter Einheit reduziert.

> »Um Kapital anzuhäufen, müssen die Erzeuger Gewinne aus ihren Geschäften erzielen. Wirklich bedeutende Gewinne sind jedoch nur möglich, wenn der Hersteller das Produkt für wesentlich mehr als die Produktionskosten verkaufen kann. In einer Situation des perfekten Wettbewerbs ist es absolut unmöglich, signifikante Gewinne zu erzielen. Wenn es einen perfekten Wettbewerb gibt (d. h. eine Vielzahl von Verkäufern, eine Vielzahl von Käufern und allgemein verfügbare Informationen über Preise), wird jeder intelligente Käufer von Verkäufer zu Verkäufer gehen, bis er einen findet, der mit einem Cent über den Produktionskosten verkauft, wenn nicht sogar unter den Produktionskosten.«[18]

16 Felix Wiegand: David Harveys urbane Politische Ökonomie, in: Emanzipation 2/2013, S. 35–56, hier S. 41.

17 David Harvey: Globalization and the »Spatial Fix«, in: geographische revue 2/2001, S. 23–30, hier S. 28.

18 Immanuel Wallerstein: Crisis of the Capitalist System. Where Do We Go from Here?, in: Monthly Review Online, 12.11.2009, unter https://mronline.org/2009/11/12/crisis-of-the-capitalist-system-where-do-we-go-from-here/.

Stehen weitergehende Gewinne durch Investitionen nicht mehr in Aussicht, stellt sich die Frage, wo die Überschüsse als Kapital eingesetzt werden können. Investitionen in den Wohnungsbau und Infrastrukturen sind da eine willkommene Alternative. Da Rückflüsse aus langlebigen Infrastrukturen und Gebäuden über einen langen Zeitraum kalkuliert werden, kann der zweite Kapitalkreislauf die ökonomischen Risiken des Wachstums zumindest zeitweilig auffangen. Weil damit nicht nur Kapital in baulichen Anlagen in konkreten Orten geparkt wird, sondern auch für einen bestimmten Zeitraum, spricht David Harvey auch vom »spatio temporal fix«.[19]

Eine weitere Besonderheit der Bauwirtschaft ist der hohe Anteil von variablem Kapital im Produktionsprozess. Der Bau von Infrastrukturen und Häusern erfolgt weitgehend unter Einsatz von menschlicher Arbeitskraft. Bis auf wenige Ausnahmen des seriellen und modularisierten Bauens ist die Bauwirtschaft im Vergleich zu anderen Branchen noch von einer eher handwerklichen Produktionsweise geprägt, bei der verschiedene Gewerke unabhängig voneinander verschiedene Aufgaben erfüllen. Oder anders: Trotz der inzwischen verstärkten Monopolisierung durch große Baufirmen ist die Bauwirtschaft nach wie vor von einer »niedrigen organischen Zusammensetzung des Kapitals« gekennzeichnet.[20] Die typischen Produktivitätsgewinne durch technischen Fortschritt bleiben weitgehend aus und der Einsatz digitaler Tools beschränkt sich im Wesentlichen auf die Planungsphase von Bauprojekten. In der Folge dieser Produktionsweise steigt »verglichen mit anderen Branchen der Arbeitsaufwand am einzelnen Produkt«.[21] Im Ergebnis sind Wohnungen unabhängig vom Investitionsvolumen eine »relativ teure Ware« und die Mieten übersteigen »selbst bei einfacher Ausstattung und geringer Größe [...] das

19 David Harvey: Justice, Nature and the Geography of Difference, Oxford 1996, S. 234ff.

20 Helmut Brede/Bernhard Kohaupt/Hans-Joachim Kujath: Ökonomische und politische Determinanten der Wohnungsversorgung, Frankfurt a. M. 1975, S. 31.

21 Ebd., S. 28.

Budget von Millionen von Mieter*innen oder Käufer*innen«.[22] Dass die »Bauindustrie, der teurere Wohnungen ein weit besseres Spekulationsfeld bieten, immer nur ausnahmsweise Arbeiterwohnungen«[23] baut, liegt also auch an der Art und Weise, wie Wohnungen produziert werden.

Wie jede andere Ware beruht aber auch die Herstellung von Gebäuden und Infrastrukturen auf der Ausbeutung fremder Arbeitskraft. Oder wie Bertolt Brecht die »Fragen des lesenden Arbeiters« formulierte: »Wer baute das siebentorige Theben? In den Büchern stehen die Namen von Königen. Haben die Könige die Felsbrocken herbeigeschleppt? Und das mehrmals zerstörte Babylon: Wer baute es so viele Male auf? In welchen Häusern des goldstrahlenden Lima wohnten die Bauleute?«[24]

Der Theoretiker des kommunistischen Anarchismus, Peter Kropotkin, sah in den Häusern der Städte eine zu Stein gewordenen Manifestation der Ausbeutung und bezweifelte grundsätzlich, dass »das Eigentum an den Häusern etwas Gerechtes sei«:

> »Das Haus ist nicht vom Eigentümer erbaut worden; es ist aufgerichtet, geputzt, tapeziert worden von Hunderten von Arbeitern, welche der Hunger auf die Bauplätze getrieben hat, welche das Bedürfnis, zu leben, gezwungen hat, einen verkürzten Lohn zu akzeptieren. Das von dem angeblichen Eigentümer aufgewendete Geld war nicht das Produkt seiner eigenen Arbeit. Er hatte es aufgehäuft – was der Fall bei allen Reichtümern ist –, indem er den Arbeitern zwei Drittel oder nur die Hälfte von dem, was er ihnen eigentlich schuldete, zahlte.«[25]

Grundrenten

Ein weiterer bestimmender Faktor der Ökonomie des Wohnens ist die Grundrente, die sich in Form der Bodenpreise auch unmittelbar in den Kaufpreisen und den Mieten von

22 Bernd Belina/Susanne Heeg: Wohnen mit Marx, in: Thomas Sablowski et al. (Hrsg.): Auf den Schultern von Karl Marx, Münster 2021, S. 439–453, hier S. 442.

23 Friedrich Engels: Zur Wohnungsfrage, in: MEW, Bd. 18, S. 209–287, hier S. 215.

24 Bertolt Brecht: Fragen des lesenden Arbeiters, in: ders.: Gesammelte Werke in 20 Bänden, Bd. 9, Frankfurt a. M 1967, S. 656–657.

25 Peter Kropotkin: Die Eroberung des Brotes [1892], Aschaffenburg 2021, S. 103.

Wohnungen widerspiegelt. Der Unterschied in den Baukosten kann trotz der Lohnunterschiede in Ost und West die Spreizung der Mietpreise für Neubauten zwischen Chemnitz und München nicht erklären: Während in Chemnitz Neubauwohnungen für unter 9 Euro pro Quadratmeter angemietet werden können, sind es in München über 20 Euro pro Quadratmeter.[26] Die typische Erklärung eines Immobilienmaklers wäre sicher: »Lage, Lage, Lage«. Weil München viel attraktiver ist und dort auch höhere Gehälter gezahlt werden, seien die Wohnungssuchenden auch bereit, tiefer in die Tasche zu greifen. Während andere Waren trotz der Gehaltsunterschiede nur geringe Preisunterschiede aufweisen und eine Haarklammer, ein Kühlschrank oder ein Neuwagen derselben Marke in Chemnitz und München ungefähr dasselbe kosten, verweisen die großen Mietdifferenzen auf eine Besonderheit der Ware Wohnung: Als räumlich gebundene Immobilie kann der Preis einer Wohnung nicht nur aus den Baukosten für das Gebäude abgeleitet werden, sondern beinhaltet auch die Kosten für die Nutzung des Grundstücks.

Die Kosten für die Nutzung des Bodens haben die klassischen Nationalökonomen ebenso wie Marx als Grundrente bezeichnet. Diese »stellt sich dar in einer bestimmten Geldsumme, die der Grundeigentümer jährlich aus der Verpachtung eines Stücks des Erdballs bezieht«.[27] Wie hoch diese Geldsumme für die Nutzung von Grundstücken ausfällt, wurde von den frühen Ökonomen wie Adam Smith und David Ricardo am Beispiel der landwirtschaftlichen Nutzung erklärt: Weil bestimmte Böden einen höheren Ertrag ermöglichen, wird die Differenz zu den Erträgen auf weniger fruchtbaren Böden als Grundrente veranschlagt. Der spezifische Standortvorteil wird dabei nicht von denen kapitalisiert, die die Böden bewirtschaften, sondern von denen, die die Grundstücke besitzen. »Als Bodenrente«, heißt es etwa in einer frühen Schrift des Natio-

26 Engel & Völkers: Marktbericht Top-7-Städte Deutschland (2020), Hamburg 2020, S. 30; UniCredit: Wohnimmobilien Marktbericht. Dresden, Chemnitz, Zwickau (Januar 2021), München 2021, S. 6.

27 Karl Marx: Das Kapital. Dritter Band, in: MEW, Bd. 25, S. 636.

nalökonomen David Ricardo, »wird der Teil von den Produkten des Bodens genannt, welcher dem Bodeneigentümer für die Nutzung der ursprünglichen und unzerstörbaren Kräfte des Bodens bezahlt wird«.[28]

Für ihn basiert also die Bodenrente zwar auf den »unzerstörbaren Kräften des Bodens« einer Eigenschaft, die weder vom Eigentümer noch vom Nutzer beeinflussbar ist; zugleich koppelt er die Bodenrente an die produktive Nutzung. Das heißt, Ricardo leitete den Wert des Bodens und der Grundstücke nicht aus dem Boden selbst ab, sondern nur aus seinen Nutzungsmöglichkeiten. Der Preis des Bodens setzt auch denklogisch eine potenzielle Nutzung voraus, denn für ein Grundstück, für das jedwede Nutzung ausgeschlossen ist, wird kein Preis aufgerufen, weil es kein ökonomisch begründbares Kaufinteresse gibt.

> »Es ist in der Tat der Kaufpreis, nicht des Bodens, sondern der Grundrente, die er abwirft, berechnet nach dem gewöhnlichen Zinsfuß. Diese Kapitalisierung der Rente setzt aber die Rente voraus, während die Rente nicht umgekehrt aus ihrer eignen Kapitalisierung abgeleitet und erklärt werden kann. Ihre Existenz, unabhängig von dem Verkauf, ist vielmehr hier die Voraussetzung, von der ausgegangen wird.«[29]

Dieser verschachtelte Gedanke von Marx kann uns auch heute noch helfen, die Beziehung zwischen Grundstückskosten und Mietpreisen gedanklich zu ordnen. Die steigenden Grundstückspreise gehen demnach nicht auf den Boden zurück, sondern auf die Grundrenten, die seine Nutzung versprechen. Im Kontext von Mietwohnungsgeschäften würde sich der Grundstückspreise demnach an den zu erwartenden Mieterträgen orientieren. Je höher diese ausfallen, desto teurer wird das Grundstück. Die Mietpreise sind in München nicht höher als in Chemnitz, weil die Grundstücke dort viel teurer sind, son-

28 David Ricardo: Die Grundfrage der politischen Oekonomie oder der Staatswirtschaft und der Besteuerung, Weimar 1821, S. 47.

29 Marx: Kapital III, MEW, Bd. 25, S. 636.

dern vielmehr gilt umgekehrt: Die Grundstückpreise in München sind so hoch, weil dort höhere Mieten erwartet werden können. »Der Bodenpreis repräsentiert also die kapitalisierte Grundrente, er stellt nicht den Preis des Bodens dar, sondern den Kaufpreis auf die Grundrente, die aus der ökonomischen Verwertung des Grundstücks bezogen werden kann.«[30] Die Idee der »standortbedingte Zusatzprofite« wird als »Differentialrenten-Theorie« bezeichnet.[31]

Weil Grund und Boden beschränkte Ressourcen sind, die sich nicht beliebig vermehren lassen, kann die Grundrente auch als »Monopolrente« bezeichnet werden, bei der der Preis »nur durch die Kauflust und Zahlungsfähigkeit der Käufer bestimmt ist, unabhängig von dem durch den allgemeinen Produktionspreis, wie von dem durch den Wert der Produkte bestimmten Preis«.[32] Der Grundstückspreis wird also nicht durch die Herstellungskosten der auf ihm errichteten Gebäude bestimmt, sondern von den dort erwarteten Erträgen. Umgekehrt bedeutet das auch, dass die höheren Mieten in »besseren Lagen« und »teuren Städten« im Wesentlichen als Grundrente dem jeweiligen Grundstückeigentümer zufließen. Weil diese Einnahmen auf die »unzerstörbaren Kräfte des Bodens« zurückgehen und gerade nicht auf eine eigene Leistung des Eigentümers, werden sie auch als »Tribut an die gesellschaftliche Institution des privaten Grundeigentums«, als »gesellschaftlich parasitäre Institution« oder als »leistungsloses Besitzeinkommen« beschrieben.[33]

Der russische Geograf und Anarchist Peter Kropotkin hat 1892 in seinem Buch »Die Eroberung des Brotes« den leistungslosen Gewinn für die städtischen Wohnungsmärkte aufgezeigt:

> »Endlich – und gerade hier springt die Ungeheuerlichkeit dieser Institution am klarsten in die Augen – verdankt das Haus seinen

30 Stefan Krätke: Stadt. Raum. Ökonomie. Einführung in aktuelle Problemfelder der Stadtökonomie und Wirtschaftsgeographie, Basel u.a. 1995, S. 211.

31 Ebd., S. 213.

32 Marx: Kapital III, MEW, Bd. 25, S. 783.

33 Krätke: Stadt. Raum. Ökonomie, S. 212.

> gegenwärtigen Wert einzig dem Nutzen, den der Eigentümer aus ihm ziehen kann. Und dieser Nutzen wird dem Umstande gedankt, dass das Haus in einer gepflasterten, mit Gas erleuchteten Stadt liegt, einer Stadt, die in regelmäßiger Verbindung mit anderen Städten steht, und in ihrem Busen industrielle Etablissements, Handels- und Kunstinstitute vereinigt.«[34]

Am Beispiel der exorbitanten Grundstückspreise in Paris führt er den Gedanken aus. Dass »der Wert eines Hauses in bestimmten Vierteln von Paris eine Million« beträgt, rühre nicht daher, dass »es für eine Million Arbeit enthält, sondern weil es in Paris liegt«. Der spezifische Standortvorteil einer Immobilie in Paris sei nun gerade nicht auf irgendein Zutun der Eigentümer zurückzuführen, sondern bestehe ausschließlich, »weil seit Jahrhunderten Arbeiter, Künstler, Denker, Gelehrte und Schriftsteller ihre Mühen vereinigt haben, um Paris zu dem zu machen, was es heute ist«. Kropotkin fragt aus seiner sozialmoralischen Perspektive völlig zu Recht: »Wer hat da das Recht, den kleinsten Teil dieses Terrains oder das letzte der Häuser sein Eigen zu nennen, ohne eine schreiende Ungerechtigkeit zu begehen? Wer hat da ein Recht, das kleinste Teilchen des gemeinsamen Erbteils zu verkaufen, an wen es auch sei?«[35]

Marx und Engels hätten sicher geantwortet, dass Privateigentum keine Frage des Rechtstitels sei, sondern aus den sozialen und ökonomisch bestimmten Machtverhältnissen im Kapitalismus resultiere. Wie untrennbar die Institution Eigentum mit den Prinzipien des Kapitalismus verbunden ist, zeigt sich auch darin, dass sich Privateigentum an Grundstücken und Grundrenten in der Marktökonomie als der zentrale Verteilungsmechanismus für den knappen Produktionsfaktor Boden etabliert haben. Insbesondere in wirtschaftswissenschaftlichen Ansätzen wird das Eigentum als scheinbar alternativlose und unveränderliche Rahmenbedingung der Ökonomie legitimiert.[36]

34 Kropotkin: Eroberung des Brots, S 103f.

35 Ebd., S. 104.

36 Krätke: Stadt. Raum. Ökonomie, S. 212.

Doch die zurzeit bestehende Eigentumsordnung ist keineswegs alternativlos oder ewig, sondern wurde in seiner aktuellen Form erst im 16. und 17. Jahrhundert mit der Politik der Einhegungen in England gewaltsam durchgesetzt.[37] Die Konzentration von Boden in den Händen weniger und seine Verwandlung in eine handelbare Ware waren ebenso Grundvoraussetzung für die kapitalistische Produktionsweise wie der Ausschluss der Bauern von ihren Existenzgrundlagen.[38]

Marx hat diese Prozesse der sozialen Enteignung durch Eigentumsbildung als »ursprüngliche Akkumulation« bezeichnet[39] und in ihm die wesentliche Voraussetzung für die Durchsetzung kapitalistischer Produktionsverhältnisse gesehen:

> »Zum einen versteht er [Marx] den Prozess als Konzentration von Reichtum in den Händen von wenigen, die dadurch überhaupt erst in die Lage versetzt werden, Geld in Produktionsprozesse zu investieren – zum anderen wird die ihrer Existenzgrundlage beraubte Landbevölkerung zum Verkauf ihrer Arbeitskraft gezwungen.«[40]

Doch keine Eigentumsordnung ist für immer. Wenn sich Eigentumsverhältnisse im Laufe der Geschichte verändern konnten und gewaltsam durchgesetzt werden mussten, sind sie eben keine natürlichen Prinzipien, sondern Ausdruck der politischen Machtverhältnisse. Der massenhafte Bau von Behausungen in informellen Stadtvierteln der Megastädte in Afrika, Asien und Lateinamerika, die zahlreichen Hausbesetzungen in zum Abriss vorgesehenen Altbauvierteln, die aktive Verhinderung von Zwangsräumungen in spanischen und katalanischen Großstädten oder die aktuellen Enteignungsforderungen der mietenpolitischen Bewegungen in Berlin zeigen, dass die Akzeptanz des Privateigentums an Grund und Boden

37 Wood: Ursprung, S. 128.

38 Nuss: Keine Enteignung, S. 55ff.

39 Karl Marx: Das Kapital. Erster Band, in: MEW, Bd. 23, S. 741.

40 Leon Claus/Tim Sommer: Wohnungsmarkt, in: Andrej Holm (Hrsg.): Wohnen zwischen Markt, Staat und Gesellschaft. Ein sozialwissenschaftliches Handbuch, Hamburg 2021, S. 97–122, hier S. 99.

brüchig wird, wenn die existenziellen Bedürfnisse des Wohnens im Modus der Marktwirtschaft nicht gesichert werden können.

> »Der Umstand, dass die kapitalisierte Grundrente als Bodenpreis oder Bodenwert sich darstellt, und die Erde daher wie jede andre Ware gekauft und verkauft wird, gilt einigen Apologeten als Rechtfertigungsgrund des Grundeigentums, indem der Käufer für es, wie für jede andre Ware, ein Äquivalent gezahlt, und der größte Teil des Grundeigentums in dieser Weise die Hände gewechselt habe. Derselbe Rechtfertigungsgrund gälte dann auch für die Sklaverei, indem für den Sklavenhalter, der den Sklaven bar bezahlt hat, der Ertrag von dessen Arbeit nur den Zins des in seinem Ankauf ausgelegten Kapitals darstellt. Aus dem Kauf und Verkauf der Grundrente die Berechtigung ihrer Existenz herleiten, heißt überhaupt, ihre Existenz aus ihrer Existenz rechtfertigen.«[41]

Mit anderen Worten: Nur weil mit dem Besitz von Grundstücken Geld verdient werden kann, ist dies keine Rechtfertigung für den Schutz der Eigentumstitel. Marx ging in seinen Überlegungen sogar davon aus, dass die Dysfunktionalität der Grundrente für die produktiven Seiten des Kapitalismus das Grundeigentum überhaupt infrage stellen können. Mit Blick auf dessen Besonderheiten prognostizierte er, dass »auf einer gewissen Entwicklungshöhe, selbst vom Standpunkt der kapitalistischen Produktionsweise aus, es als überflüssig und schädlich erscheint«.[42]

Am Rande einer Veranstaltung überraschte mich vor ein paar Jahren eine in Berlin aktive Bauunternehmerin mit der Aussage »Diese ganze Spekulation macht unser Geschäft kaputt«. Gemeint waren die schon damals explodierenden Grundstückspreise, die selbst einen klassisch frei finanzierten Wohnungsbau beschränkten, weil die hohen Grundrentenerwartungen zulasten der Gewinnaussichten gingen, die mit

41 Marx: Kapital III, MEW, Bd. 25, S. 637.

42 Ebd., S. 635f.

dem Bau eines Wohnhauses verknüpft waren. In Berlin wurde zwischen 2010 und 2019 der Bau von über 170 000 Wohnungen genehmigt – fertiggestellt wurden gerade einmal 105 000 Wohnungen. Der statistisch erfasste Bauüberhang ist im selben Zeitraum von etwa 10 000 auf über 65 000 nicht fertiggestellte Wohnungen angewachsen.[43] Die Gründe dafür sind unterschiedlich, aber die steigende Zahl der nicht begonnenen Bauarbeiten sind ein Indiz dafür, dass einige Grundstückseigentümerinnen und -eigentümer auf einen Weiterverkauf des durch eine Baugenehmigung veredelten Grundstücks setzen. So werden die Aussichten auf einen leistungslosen Gewinn durch einen Verkauf zu höheren Grundstückspreisen zum Hindernis einer Investition in den Wohnungsbau.

Zinslogik schlägt hier die Logik der Grundrente. Statt die zur Kapitalisierung der Grundrente notwendigen Gebäude zu errichten, setzt man auf eine Wertsteigerung des Grundstücks. Dieses Vertrauen in einen Verkauf zu höheren Erträgen ist letztendlich die Hoffnung darauf, das Risiko der materiellen Verwertung zu einem höheren Preis an andere weitergeben zu können.

Zinskreislauf

Der Zins ist die dritte Zirkulationsform des Kapitals mit einer unmittelbaren Bedeutung für den Wohnungsbau und die Wohnversorgung. Weil Investitionen in Gebäude und Infrastrukturen sehr teuer sind, sind Unternehmen für den Wohnungsbau in der Regel auf Finanzmittel von anderen angewiesen. Die Finanzierung größerer Bauprojekte erfolgt üblicherweise über das Leihen von Geld bei Banken oder anderen Kreditinstitutionen; meistens liegt der Anteil von sogenanntem Fremdkapital bei etwa 80 Prozent der Kauf- und Herstellungskosten. Für die verleihenden Institute ist die Erwartung eines Zinses die Motivation zur Vergabe des Gelds. Da am Ende der Leihe nicht nur der Ursprungsbetrag zurückgezahlt wird, sondern mit dem Zins auch dieses Geldgeschäft mit einem Gewinn versehen wird, bezeichnet Marx die so ausgereichten

43 Amt für Statistik Berlin-Brandenburg: Baufertigstellungen, Bauüberhang und Bauabgang in Berlin 2019. Statistischer Bericht F II 2 – j/19, Potsdam 2020.

Finanzmittel als »zinstragendes Kapital«. Wie bei den klassischen Kapitalinvestitionen in den Produktionsprozess erfolgt der Einsatz von Geld in Erwartung auf einen Ertrag, der über der ursprünglich eingesetzten Geldmenge liegt. Da im Unterschied zum Produktionsprozesse beim Geldverleih keine fremde Arbeit ausgebeutet werden kann, um den Mehrwert zu produzieren, geht die marxistische Ökonomie davon aus, dass der Zins letztendlich als Teil des in der Produktion erzeugten Mehrwerts anzusehen ist.[44]

> »Für den produktiven Kapitalisten, der mit geliehenem Kapital arbeitet, zerfällt der Bruttoprofit in zwei Teile, den Zins, den er dem Verleiher zu zahlen hat, und den Überschuss über den Zins, der seinen eignen Anteil am Profit bildet.«[45]

Das geliehene Geld muss durch den Zins vermehrt werden und die Erwartungen der Geldkapitalisten erfüllen. Weil die Vermehrung des geliehenen Gelds die aktive Mehrwertschöpfung im Produktionsprozess voraussetzt, nennt Marx diese Beträge »fungierendes Kapital«. Wie schon zwischen den »produktiven« Kapitalfaktionen und den grundbesitzenden Klassen kommt es auch gegenüber den geldverleihenden Kapitalfraktionen zu einer spannungsgeladenen gegenseitigen Abhängigkeit.

> »Wir haben gesehn, dass das eigentliche spezifische Produkt des Kapitals der Mehrwert, näher bestimmt der Profit ist. Aber für den Kapitalisten, der mit geborgtem Kapital arbeitet, ist es nicht der Profit, sondern der Profit minus dem Zins, der Teil des Profits, der ihm übrigbleibt nach Zahlung des Zinses.«[46]

Wenn Unternehmen der verschiedenen Industrie- und Produktionszweige in der Vergangenheit für ihre Investitionen auf Kredite angewiesen waren, erhofften sie sich möglichst günstige Zinsen, um einen umso größeren Teil des Brutto-

44 Belina/Heeg: Wohnen mit Marx, S. 443.

45 Marx: Kapital III, MEW, Bd. 25, S. 386.

46 Ebd.

profits als Gewinn zu behalten. Dagegen waren Banken und andere Finanzinstitutionen auf möglichst hohe Umsätze des Geldverleihens aus und hofften auf hohe Zinsen für die von ihnen ausgereichten Kredite.

Mit dieser historischen Konstellation der Kredite als Anschubfinanzierung für die Zirkulation des Kapitals in Produktionsprozessen hat die heutige Finanzwirtschaft fast nichts mehr zu tun. Der Handel mit Derivaten und Wertpapieren hat sich in vielen Bereichen längst von der tatsächlichen Wertschöpfung entkoppelt, und Investitionen setzen nicht mehr auf tatsächlich realisierte Mehrwerte, sondern auf Wertsteigerungen der von ihnen gehaltenen Anlagen und Wertpapiere.[47]

Statt des vollständigen Kapitalkreislaufs, bei dem Geld in Produktionsmittel verwandelt wird, um im Produktionsprozess durch die Aneignung fremder Arbeit einen Mehrwert zu produzieren, der schließlich über den Verkauf der produzierten Waren in mehr Geld verwandelt wird, erscheint der Produktionsprozess heute immer öfter als »Kreislauf des Geldkapitals«. Weil »das industrielle Kapital in seiner Geldform, als Geldkapital, den Ausgangspunkt und den Rückkehrpunkt seines Gesamtprozesses bildet«, wird der für die Ökonomie zentrale Produktionsprozess »nur als unvermeidliches Mittelglied, als notwendiges Übel zum Behuf des Geldmachens«, angesehen.[48] Da die Vermehrung des Gelds das treibende Motiv der Produktion ist, gibt es seit jeher Versuche, Gewinne auch ohne die Anstrengungen und Risiken der Produktion zu realisieren. Schon Marx wies darauf hin, dass die kapitalistische Ökonomie »periodisch von einem Schwindel ergriffen [wird], worin sie ohne Vermittlung des Produktionsprozesses das Geldmachen vollziehen« will.[49]

Die Loslösung der Geldvermehrung von der Güterproduktion ist jedoch kein »periodischer Schwindel« mehr, sondern hat sich als dominanter *modus operandi* des Finanzmarktkapitalismus im 21. Jahrhundert etabliert. Das zunehmende

47 Belina/Heeg: Wohnen mit Marx, S. 444f.

48 Marx: Kapital II, MEW, Bd. 24, S. 62.

49 Ebd.

Auseinanderklaffen zwischen der globalen Wertschöpfung und den Umsätzen der Finanzmärkte lässt sich in Zahlen fassen: Das Volumen der Devisentransaktionen entsprach 2008 dem 70-fachen des weltweiten Handels mit Gütern und Dienstleistungen, der Handel mit Zinsderivaten war sogar 100-mal höher.[50]

Da die Gewinnaussichten von meist kurzfristigen Finanztransaktionen und im Wertpapierhandel vielfach über den Profiten aus der Produktion liegen, verkehrt sich das Verhältnis zwischen Finanzierung und Waren- bzw. Güterproduktion. Waren traditionell Kredite und Finanzaktivitäten Mittel zum Zweck der Wertschöpfung in der Produktion – auch in der Bauwirtschaft –, werden ganze Wirtschaftszweige inzwischen vor allem als Anlagemöglichkeit angesehen, verwandeln sich also selbst in ein Mittel zum Zweck der Geldvermehrung. Waren Wohnungsbauunternehmen früher auf Banken und andere Kreditinstitutionen angewiesen, um ihre Investitionen zu realisieren, geraten Wohnungsbestände zunehmend in das Visier von Fonds, börsennotierten Unternehmen und Banken. Der französische Ökonom François Chesnais hat diese Entwicklungen als Übergang zu einem finanzdominierten Akkumulationsregime beschrieben und die Globalisierung der Finanzmärkte in den Mittelpunkt seiner Analysen gestellt. Transatlantische Pensionsfonds, Luxemburger Briefkastenfirmen und komplexe Eigentümerstrukturen für noch komplexere Steuersparmodelle prägen gegenwärtig die Wohnungsmärkte in vielen Städten[51] und stehen für eine zunehmende Abkoppelung der Immobilienwirtschaft von den örtlichen Bedingungen. Eine Recherche eines internationalen Investigativ-Teams hat für eine Reihe von ausgewählten Städten in Europa den Immobilienhandel der letzten Dekade rekonstruiert. Nach den Daten von Real Capital Analytics ist demnach das Handelsvolumen großer Immobilienkäufe mit einem Umfang von min-

50 Dieter Klein: Krisenkapitalismus. Wohin es geht, wenn es so weitergeht, Berlin 2008, S. 94.

51 Adrian Garcia-Landa/Christoph Trautvetter: Wem zahle ich eigentlich Miete? Den finanzialisierten Wohnungsmarkt verstehen: Ein Recherchehandbuch für Mieter*innen, hrsg. von der Rosa-Luxemburg-Stiftung, Berlin 2019.

destens fünf Millionen Euro pro Geschäft in den Jahren 2009 bis 2019 von knapp acht Milliarden auf fast 67 Milliarden Euro angewachsen. Rund die Hälfte der ausgewerteten Transaktionen ging auf das Konto von grenzüberschreitenden Investitionen.[52] Insbesondere die großen Finanzinvestmentgesellschaften wie Blackstone drängen auf die Wohnungs- und Immobilienmärkte. Im Jahr 2020 verwaltete Blackstone insgesamt ein Vermögen von mehr als 530 Milliarden Euro – 30 Prozent davon im Immobilienbereich. Den Wert des weltweit gehaltenen Immobilien-Portfolios gibt das Unternehmen mit über 300 Milliarden Euro an.[53]

Diese Finanzialisierung der Wohnungs- und Immobilienmärkte – wie auch anderer Wirtschaftsbereiche – hat verschiedene Auswirkungen. Zum einen stehen den ungeheuren Anlagevolumen keine realwirtschaftlichen Wertschöpfungsprozesse gegenüber – bei denen etwa ein Bankkredit aus dem Erlös der Warenverkäufe oder der Mieteinnahmen zurückgezahlt werden kann. »Unabhängig vom industriellen Verwertungsprozess basiert der Preis der Wertpapiere also auf Erwartungen erzielbarer Verkaufspreise und zukünftiger Erträge, die auf Finanzmärkte gehandelt werden.«[54]

Voraussetzung für dieses Geschäftsmodell mit den Ertragserwartungen sind handelbare Rechtstitel auf die Abschöpfung von möglichen Gewinnen und die kontinuierliche Auszahlung eines Zusatzertrags in Form von Zinsen oder Dividenden. Marx beschrieb den Charakter von solchen Finanzanlagen treffend als »akkumulierte Ansprüche [...] auf künftige Produktion« und den »illusorischen Kapitalwerts dieser Ansprüche«.[55]

Wenn heute die in den Unternehmen und Gebäuden angenommenen Kapitalwerte und nicht mehr die tatsächlichen Produktionsprozesse zentral für die Finanzmarktgeschäfte

52 José Miguel Calatayud/Adriana Homolova/Hendrik Lehmann/Team Cities for Rent: Wie internationale Investments den Wohnungsmarkt umwälzen, in: Tagesspiegel – Mietmarktlabor 2021, https://interaktiv.tagesspiegel.de/lab/mietmarktlabor-berlin-wie-internationales-investment-den-mietmarkt-veraendert.

53 Blackstone: Real Estate, 2021, www.blackstone.com/our-businesses/real-estate/.

54 Belina/Heeg: Wohnen mit Marx, S. 445.

55 Marx: Kapital III, MEW, Bd. 25, S. 486.

sind, kann die Geldvermehrung auf der Basis von Illusionen über mögliche zukünftige Erträge erfolgen. Immobilien eignen sich für solche Finanzanlagen in besonderer Weise, weil die den Preis der Immobilien bestimmenden Grundrenten auf ebensolchen Erwartungen von potenziellen Erträgen in der Zukunft beruhen. Die Wertbestimmung eines Grundstücks oder einer Immobilie bemisst sich nicht nach der derzeitigen Nutzung, sondern immer nach den möglichen Erträgen unter den Bedingungen des *highest and best use.* Die Explosion von Immobilienpreisen wird daher auch auf das Prinzip der »Potenzialwertermittlung« zurückgeführt.[56] Erworben wird mit dem Kauf von Grundstücken und Immobilien eben nicht in erster Linie ein Stück Erdoberfläche oder ein Gebäude, sondern vor allem ein Rechtstitel, der zur Einverleibung künftiger Erträge berechtigt.

Aus der Perspektive der Politischen Ökonomie ist das Wohnen auf dreifache Weise mit den Kapitalkreisläufen verbunden. Erstens unterliegt die Erstellung von Wohngebäuden den Bedingungen des produktiven Kapitals und kann als Produktionsprozess betrachtet werden, bei dem Baumaterialien durch menschliche Arbeitskraft unter dem Einsatz von Maschinen in Waren verwandelt werden. Besonderheiten der Ware Wohnung sind dabei die lange Nutzungsdauer und die stückweise Bezahlung durch regelmäßige Mietbeträge. Zweitens sind Gebäude als Immobilien fest mit den Grundstücken verbunden, auf denen sie stehen, und ökonomische Betrachtungen des Wohnens müssen daher das Kapital als Grundrente berücksichtigen. Der Wert des Bodens, der auch in den Kosten des Wohnens enthalten ist, wird dabei von den spezifischen Erwartungen des jeweiligen Grundstücks bestimmt. Eine dritte Verbindung zum wirtschaftlichen Kapitalkreislauf hat das Wohnen über den Zinskreislauf, da die hohen Investitionskosten für den Bau von Gebäuden und Infrastrukturen in

56 Matthew Griffins: Potential: Wertermittlung – Workshop zur Berliner Liegenschaftspolitik, 3.11.2012, www.habenundbrauchen.de/2012/10/potential-wertermittlung-workshop-zur-berliner-liegenschaftspolitik-3-november-2012-1830-uhr/.

der Regel durch Kredite finanziert werden. Die Ökonomie des Wohnens wird damit sowohl von der Bauwirtschaft als auch dem Grundstücksmarkt und dem Finanzsektor bestimmt und ist umfassend in die wirtschaftlichen Kreisläufe des Kapitalismus eingebunden.

Wohnen als soziales Verhältnis

Als zweite Perspektive in der politischen Ökonomie des Wohnens haben Manuel Aalbers und Brett Christophers das Verständnis von Kapital als soziales Verhältnis hervorgehoben. Dabei geht es weniger um soziale Beziehung zwischen einzelnen Individuen, sondern um die »vielfältig in den ökonomischen Prozess eingebundenen sozialen Beziehungen [...] zwischen den Menschen, die Häuser bauen, besitzen, vermieten und in ihnen leben«.[57]

Wenn in der klassischen Wohnforschung von sozialen Verhältnissen die Rede ist, sind meist Fragen der soziodemografischen Zusammensetzung gemeint oder die spezifischen Formen des sozialen Zusammenhalts und der sozialen Beziehungen in einzelnen Nachbarschaften.[58] Aus der Perspektive der Politischen Ökonomie sind »soziale Zusammensetzung«, »soziale Beziehungen« und »soziale Verhältnisse« keine Synonyme. Während sich die »soziale Zusammensetzung« auf die jeweils spezifische Konstellation der Bewohnerschaft nach sozialen Kriterien bezieht und »soziale Beziehungen« als konkrete und einzigartige Interaktionen zwischen Menschen verstanden werden, beschreibt ein »soziales Verhältnis« im Verständnis der Politischen Ökonomie die abstrakten und durch gesellschaftliche Macht und ökonomische Strukturen verbundene Konstellation sozialer Klassen.

Die zentrale Klassenbeziehung in kapitalistischen Gesellschaften ist durch den Gegensatz von Kapital und Arbeit bestimmt und kann als ein Verhältnis von Ausbeutung und

57 Aalbers/Christophers: Wohnen ins Zentrum, S. 49.

58 Heidede Becker/Karl-Dieter Keim: Gropiusstadt – Soziale Verhältnisse am Stadtrand. Soziologische Untersuchung einer Berliner Großsiedlung, Stuttgart 1977; Olaf Schnur: Nachbarschaft und Quartier, in: Frank Eckardt (Hrsg.): Handbuch Stadtsoziologie, Wiesbaden 2012, S. 449–474.

Abhängigkeit beschrieben werden. Ausbeutung bedeutet dabei, durch Arbeit »fremdes Eigentum zu schaffen« und »fremde Arbeit durch Eigentum zu kommandieren«.[59] Im Unterschied zur Zwangsarbeit beruht die Ausbeutung im Kapitalismus auf scheinbar freiwilliger Vertragsbasis.[60] Tatsächlich bleibt allerdings denen, die lediglich ihre Arbeitskraft zu verkaufen haben, nur die »Unterwerfung unter die Diktate des Kapitals«.[61]

Soziale Verhältnisse bestehen also unabhängig von der situativen Ausgestaltung interpersoneller Beziehungen zwischen konkreten Personen, sie basieren auf der ungleichen Verteilung von Eigentum und Macht:

> »Der kapitalistische Produktionsprozess, im Zusammenhang betrachtet oder als Reproduktionsprozess, produziert also nicht nur Ware, nicht nur Mehrwert, er produziert und reproduziert das Kapitalverhältnis selbst, auf der einen Seite den Kapitalisten, auf der andren den Lohnarbeiter.«[62]

Soziale Verhältnisse in der Perspektive der politischen Ökonomie haben demnach drei Merkmale: Sie sind antagonistische Konstellationen, die unmittelbar aus den ökonomischen Bedingungen hervorgehen, sie basieren auf Machtpositionen, die sich aus der ungleichen Verteilung von Eigentum ergeben, und sie reproduzieren sich im ökonomischen Prozess beständig neu.

Können diese Merkmale, die in der Arbeitswelt bis heute gelten, auf den Bereich des Wohnens übertragen werden? Friedrich Engels hat diesen Gedanken zurückgewiesen und die Beziehung zwischen Hausbesitzer und Mieter als »ganz gewöhnliches Warengeschäft zwischen zwei Bürgern« bezeichnet.[63]

59 Karl Marx: Grundrisse der Kritik der Politischen Ökonomie, in: MEW, Bd. 42, S. 164.

60 Marx: Kapital I, MEW, Bd. 23, S. 562.

61 Ebd., S. 665.

62 Ebd., S. 604.

63 Engels: Wohnungsfrage, MEW, Bd. 18, S. 216.

Manuel Aalbers und Brett Christophers pochen demgegenüber darauf, dass auch im Bereich des Wohnens soziale Ungleichheiten auf der ungleichen Verteilung von Eigentum basieren und im Prozess der Kapitalverwertung beständig reproduziert werden. Die Konstellation zwischen Eigentümer und Mieter ist unmittelbar auf die ökonomischen Bedingungen zurückzuführen und auch in Bezug auf Wohnungen gilt: Zwischen denen, die sie haben, und denen, die sie brauchen, besteht ein ungleiches gesellschaftliches Verhältnis, das durch den beständigen Zahlungsfluss in Mietverhältnissen die Zahlung des einen in einen Ertrag und ein Vermögen des anderen verwandelt. Im typischen Fall, wo die Refinanzierung von Krediten zum Kauf oder zum Bau von Wohnungen über die Mietzahlung erfolgt, trifft sogar der Aspekt zu, dass durch Mietzahlungen »fremdes Eigentum geschaffen wird«, weil ja erst mit der vollständigen Rückzahlung der Kredite die vollen Eigentumsrechte auf die Haus- und Immobilieneigentümer übergehen.

Zudem sehen Aalbers und Christophers die Wohnung als zentralen Ort der sozialen Reproduktion und begreifen den »Zugang zu erschwinglichem Wohnraum [als] zwingende Voraussetzung für die Reproduktion des Kapitalismus selbst«.[64] Sie schreiben dem Wohnen damit eine wichtige »Rolle bei der Aushandlung der sozialen Verhältnisse des Kapitals« zu und erklären so, warum staatliche Eingriffe immer wieder darauf zielten, die Wohnverhältnisse im Interesse einer reibungslosen Reproduktion von Arbeitskraft zu pazifizieren. Wohnraum ist jedoch nicht nur »Vermögensspeicher, Reproduktionsvoraussetzung oder Umverteilungsinstrument«, sondern auch »Ort und Mittel sozialer Ausbeutung«.[65]

Anders als das soziale Verhältnis zwischen Kapital und Arbeit sind die Verhältnisse des Wohnens jedoch nicht in den Produktionsverhältnissen begründet, sondern entstehen in der Sphäre der Warenzirkulation. Eine Ausbeutung im Sinne der unmittelbaren Aneignung fremder Arbeitskraft findet

64 Aalbers/Christophers: Wohnen ins Zentrum, S. 50f.

65 Ebd., S. 51.

beim Wohnen nicht statt, vielmehr wird ein erheblicher Teil des gesellschaftlich produzierten Mehrwerts abgeschöpft, um die Gewinne von Haus- und Immobilienbesitzenden zu ermöglichen. In einer solchen Konstellation müssen auch vorschnelle Schlussfolgerungen, bei dem Verhältnis von Vermieter und Mieter handele es sich um eine Klassenverhältnis, zurückgewiesen werden. In seiner Kritik an Artur Mülberger hat Engels dessen Einschätzung »Was der Lohnarbeiter gegenüber dem Kapitalisten, das ist der Mieter gegenüber dem Hausbesitzer« als »total falsch« bezeichnet.[66]

Doch auch wenn Mieterinnen und Mieter keine eigenständige »Klasse gegenüber dem Kapital« bilden, erfüllen sie als soziale Bewegung eine Reihe von Bedingungen, die als typisch für die Konstitution einer »Klasse für sich selbst« gelten.[67] Michael Vester erinnert daran, dass Klassen eben nicht nur von den ökonomischen Verhältnissen hervorgebracht werden, sondern auch eine gemeinsam geteilte Einschätzung der Situation und kollektive Interessen voraussetzen und sich in aktiven sozialen Auseinandersetzungen zusammenfinden. Das heißt, »dass die Klasse nicht nur erzeugt wird, sondern sich durch Kämpfe, Koalierung und Gegenmachtbildung auch selbst erzeugt«.[68]

Ansätze dieser Selbsterzeugung als Klasse für sich werden in den aktuellen Mobilisierungen im Kampf um bezahlbare Mieten sichtbar und haben eine »eigenständige Mieter:innenbewegung« hervorgebracht.[69] Begreift man das Klassenverhältnis als eine spezifische Form sozialer Verhältnisse, dann ist Wohnen aus der analytischen Perspektive der Politischen Ökonomie keine Klasse, sondern ein einfaches soziales Verhältnis, aber es kann in seinen praktischen Folgen zu einem Klassenverhältnis heranwachsen.

66 Engels: Wohnungsfrage, MEW, Bd. 18, S. 215.

67 Karl Marx: Das Elend der Philosophie, in: MEW, Bd. 4, S. 63–182, hier S. 181.

68 Michael Vester: Klasse an / für sich, in: LuXemburg. Gesellschaftsanalyse und linke Praxis, Januar 2018, www.zeitschrift-luxemburg.de/klasse-an-und-fuer-sich/.

69 Lisa Vollmer/Dieter Rink: Mietenwahnsinn stoppen! Netzwerke und Mobilisierungen der Mieter:innenbewegung in deutschen Großstädten, in: Forschungsjournal Soziale Bewegungen 3/2019, S. 337–349, hier S. 346.

Im Rückgriff auf die Klassentheorien ist die erstarkende Bewegung von Mieterinnen und Mietern eine *Klasse für sich selbst*, ohne *Klasse an sich* zu sein.[70] Die aktuellen Auseinandersetzungen um die Wohnungsfrage können als ein Klassenkampf ohne Klassen begriffen werden.

Wohnen und die Ideologie des Kapitals

Kapital ist nicht nur ökonomische Zirkulation und soziales Verhältnis, sondern immer auch Ideologie. Die hegemonialen Vorstellungen über das Wohnungswesen haben sich für die Ideologie des Kapitalismus als effektive »Überzeugungssysteme« mit gesellschaftlicher Relevanz etabliert.[71] Die gängigen Vorstellungen über das Wohnen können als Verkörperung und Stütze der kapitalistischen Ideologie gewertet werden: zum einen, weil die »Wohnideologie von heute geradezu ein Sinnbild der kapitalistischen Ideologie im Allgemeinen« darstellt, zum anderen, weil »im und durch den Wohnungssektor [...] ein großer Teil der politischen Arbeit geleistet wird, mit der die Ideologie des Kapitals reproduziert und gefestigt wird«.[72]

Insbesondere die alltäglichen Erfahrungen mit einer marktförmigen Organisation des Wohnens prägen die gängigen Vorstellungen von basalen Konzepten der kapitalistischen Ideologie; deren zentrale Merkmale sind das Privateigentum als Zentrum bei allen kapitalistischen Aktivitäten, der Vorrang der Märkte als überlegener Allokationsmechanismus und der Imperativ der Akkumulation als beständiger Prozess der Kapitalverwertung.[73]

Idealisierung des Privateigentums

Das Privateigentum ist die grundlegende Institution im Kapitalismus, ist »sowohl der Ausgangspunkt als auch der Endpunkt

70 Andrej Holm/Kaspar Metzkow: Wohnen als Soziales Verhältnis, in: Andrej Holm (Hrsg.): Wohnen zwischen Markt, Staat und Gesellschaft. Ein sozialwissenschaftliches Handbuch, Hamburg 2021, S. 151–171, hier S. 165.

71 Vgl. Rahel Jaeggi: Kritik von Lebensformen, Frankfurt a. M. 2013, S. 268.

72 Aalbers/Christophers: Wohnen ins Zentrum, S. 55.

73 Ebd.

allen kapitalistischen Handelns«[74] und ist in den gesellschaftlichen Normen und Institutionen fest verankert. Die Prinzipien der Zuordnung von »mein« und »dein« werden beim Streit um die Schaufel im Sandkasten ebenso selbstverständlich verinnerlicht wie bei den aus den Eigentumstiteln abgeleiteten Rechten des Hausbesitzes. Eigentum ist keine natürliche Eigenschaft, sondern ein soziales Verhältnis, das in unserer Gesellschaft rechtlich kodifiziert ist. Privates Eigentum ist vor allem ein gesellschaftlich sanktionierter Anspruch auf Verfügungsgewalt über eine Sache, der das Recht beinhaltet, andere von der Nutzung auszuschließen.[75]

In der Bundesrepublik hat das Eigentum Verfassungsrang. In Artikel 14 des Grundgesetzes heißt es: »Das Eigentum und das Erbrecht werden gewährleistet. Inhalt und Schranken werden durch die Gesetze bestimmt.« Die Gewährleistung des Eigentums steht in der Verfassung vor der Verpflichtung, dass der Gebrauch des Eigentums dem Wohle der Allgemeinheit dienen soll.

So ehrlich diese Rangfolge ist, die gedankliche Verknüpfung von individuellem Eigentum und dem Wohl der Allgemeinheit ist die wohl größte ideologische Leistung des Kapitalismus. Der kapitalistische Produktionsprozess erzeugt eine Weltsicht, die ausgerechnet die Quelle von Ausbeutung und Ungleichheit als Kollektivgut erscheinen lässt, und reproduziert diese Überzeugung immer wieder aufs Neue, weil wir uns in der bunten Warenwelt des entwickelten Kapitalismus und seinen individuellen Glücksverheißungen eine Welt ohne Privateigentum kaum vorstellen können. .

Doch das private Eigentum ist keine unveränderliche Konstante der menschlichen Existenz, sondern das Ergebnis gesellschaftlicher Entwicklungen. Die Juraprofessorin Katharina Pistor von der Columbia University in New York hat in ihrem Buch »Der Code des Kapitals« detailliert beschrieben, wie das Recht historisch und im globalen Maßstab als Instru-

74 Vgl. David Harvey: The Art of Rent. Globalization, Monopoly and the Commodification of Culture, in: Socialist Register 38/2002, S. 93–110, hier S. 97.

75 Vgl. Nuss: Keine Enteignung, S. 9f.

ment eingesetzt wurde, um Reichtum und Ungleichheit zu schaffen,[76] wie die scheinbar ewigen und allgemeingültigen Marktprinzipien durch eine rechtliche Rahmung überhaupt erst zur Entfaltung kommen konnten. Die Entwicklung des Kapitalismus, so Pistor, wäre ohne die rechtliche Absicherung des Eigentums und einer komplexen Kodifizierung des Kapitals nicht möglich gewesen. Vom Vertragsrecht und Gesellschaftsrecht über das Kreditsicherungsrecht bis hin zum Insolvenzrecht benennt Pistor eine Reihe von »Kerninstitutionen des Privatrechts«:

> »Jahrhundertelang haben Rechtsanwälte an diesen rechtlichen Modulen gefeilt, sie an verschiedene Güter angepasst und damit den Wohlstand ihrer Mandanten gemehrt. Und die Staaten haben die Codierung des Kapitals dadurch unterstützt, dass sie ihre juristischen Zwangsmittel für die Durchsetzung der gesetzlichen Rechte, die dem Kapital eingeräumt wurden, zur Verfügung gestellt haben.«[77]

Dass das Recht als »mächtiges Werkzeug für die Ordnung des Sozialen« konsequent »in den Dienst des Kapitals gestellt«[78] wurde und die Bedingungen für handelbares Eigentum und den Markt geschaffen hat, belegt, dass die scheinbare Alternativlosigkeit der gegenwärtigen Bedingungen eine Fiktion ist, von der wir überzeugt sind, weil wir an sie glauben und uns Alternativen kaum noch vorstellen können.

Folgen wir dem französischen Wirtschaftswissenschaftler Thomas Piketty, kann Ideologie »als Gefüge von Ideen und Diskursen« verstanden werden, »die auf grundsätzlich plausible Weise beschreiben wollen, wie die Gesellschaft zu organisieren sei«.[79] Eigentum und Markt sind solche plausiblen Beschreibungen.

76 Katharina Pistor: Der Code des Kapitals. Wie das Recht Reichtum und Ungleichheit schafft, Berlin 2020.

77 Ebd., S. 9.

78 Ebd., S. 10.

79 Thomas Piketty: Kapital und Ideologie, München 2020, S. 17.

Ideologien zielen darauf ab, die jeweils eigenen Überzeugungen und Werte zu propagieren, die ihnen zugrundeliegenden Annahmen zu universalisieren (sodass sie keiner Überprüfung mehr bedürfen), konkurrierende Ansätze zu verunglimpfen und gesellschaftliche Realitäten zu verschleiern.[80]

In Reaktionen auf das Volkbegehren »Deutsche Wohnen & Co. enteignen!« in Berlin wurde versucht, die Forderung nach Vergesellschaftung großer Wohnungsbestände zu kriminalisieren. Trotz der verfassungsrechtlichen Verankerung der Sozialisierungsoption in Artikel 15 des Grundgesetzes und gesetzlich festzulegenden Entschädigungsmodalitäten lehnte die Berliner FDP diese Möglichkeit mit Slogans wie »Bauen statt klauen« und »Du sollst nicht stehlen …« ab. Statt Sachargumente für Strategien zur Lösung der Wohnungsnot in den Städten vorzubringen, verunglimpfte sie die alternative Position als »Linkspopulismus« und als »ideologisch getriebene Enteignungsdebatten«.[81] Auch die Kritik des Grünen-Politikers Anton Hofreiter an der umweltpolitisch katastrophalen Versiegelung des Bodens durch den Bau von Eigenheimen wurde als Verbotsdebatte und als »reine Ideologie«[82] diffamiert. Damit wurde zugleich der ideologische Charakter der eigenen Auffassung von Markt und Eigentum verschleiert. Der britische Literaturtheoretiker Terry Eagleton kannte die Berliner FDP noch nicht, hat aber deren aktuelle Strategie schon in den 1990er-Jahren mit einem schönen Bonmot auf den Punkt gebracht: »Ideologie ist wie Mundgeruch, immer das, was die anderen haben.«[83]

Die feste Überzeugung der Liberalen und vieler anderer, dass privates Eigentum geschützt werden muss, erstaunt angesichts

80 Vgl. Terry Eagleton: Ideologie. Eine Einführung, Stuttgart/Weimar 1993, S. 12.

81 Christian Lindner nennt Debatte über Enteignungen linkspopulistisch, ZeitOnline, 26.4.2019, www.zeit.de/politik/film/2019-04/fdp-parteitag-url-fdp-parteitag-christian-lindner-enteignung; »Gift für die Zukunft der Stadt«. Interview mit Sebastian Czaja, in: Der Tagesspiegel, 19.2.2019, unter www.tagesspiegel.de/berlin/enteignung-in-berlin-gift-fuer-die-zukunft-der-stadt/24010144.html.

82 Kritik an Äußerungen von Anton Hofreiter zu Einfamilienhäusern, ZeitOnline, 13.2.2021, www.zeit.de/politik/deutschland/2021-02/wohnungsnot-anton-hofreiter-neubau-einfamilienhaeuser-kritik-cdu.

83 Eagleton: Ideologie, S. 8.

der recht wechselvollen Geschichte von Eigentumsordnungen, in der sich Inhalte und Grenzen des Eigentumsrechts beständig verändert haben. So galten etwa die Eigentumsrechte Ende des 18. Jahrhunderts in den USA auch für den Besitz von Sklavinnen und Sklaven und endeten erst mit der Aufhebung der Sklaverei.[84] Der Schutz des Eigentums an Grundstücken und Gebäuden hingegen, der heute als gesellschaftlicher Standard gilt, hat sich erst mit der Entwicklung der modernen kapitalistischen Ökonomien und der sie begleitenden Aufhebung der alten Feudalgesellschaften durchgesetzt. Bis dahin musste die Verfügungsmacht über Flächen, Ländereien und Ansiedlungen nicht formal mit dem Eigentumsstatus begründet werden. Piketty hat berichtet, welche Schwierigkeiten die sachgerechte Neuverteilung der Eigentumsrechte bereitete nach der Abschaffung der Privilegien von Adel und Klerus durch die Französische Revolution im Jahr 1789.[85] Auch Karl Marx hat im »Kapital« im Kapitel über die »ursprüngliche Akkumulation« dargelegt, dass die Durchsetzung der kapitalistischen Verhältnisse an die Einhegung von Grund und Boden und an deren eigentumsrechtliche Zuordnung gebunden war, da die Landnutzung bis dahin sehr unterschiedlich organisiert war und vielfältige Formen des gemeinschaftlichen Grundbesitzes umfasste.[86]

Diese historische Vielfalt von Landnutzungsrechten zeigt: »Die Struktur des Grundbesitzes ist nicht natürlich, sondern eine Frage des Rechts und der Gewohnheit und daher von Natur aus politisch. Im Vergleich zum Besitz anderer Vermögenswerte, wie etwa Gold, erfordert die Kontrolle von Land ein hohes Maß an gesellschaftlicher Akzeptanz.«[87]

Die unterschiedliche Verteilung von Grundbesitz ist der zentrale Mechanismus zur Aufrechterhaltung und Reproduktion von Strukturen der sozialen Ungleichheit. Piketty spricht

84 Howard Zinn: Eine Geschichte des amerikanischen Volkes [1980], Berlin 2007, S. 169f.

85 Piketty: Kapitel und Ideologie, S. 140.

86 Marx: Kapital I, MEW, Bd. 23, S. 744ff.

87 Josh Ryan-Collins/Toby Lloyd/Laurie MacFarlaine: Rethinking the Economics of Land and Housing, London 2017, S. 20.

deshalb im Zusammenhang mit dem »Proprietarismus« (Ideologie des Eigentums) von einer Ideologie zur Rechtfertigung eines Ungleichheitsregimes: »Jede menschliche Gesellschaft muss ihre Ungleichheiten rechtfertigen. [...] Jedes Zeitalter [bringt] eine Reihe von Diskursen und Ideologien hervor, um Ungleichheiten [...] zu legitimieren. [...] In den heutigen Gesellschaften übernimmt diese Rolle vor allem die proprietarische und meritokratische, den Unternehmergeist beschwörende Erzählung.«[88] Solange das Eigentum selbst nicht infrage gestellt wird, da es als quasi natürlicher Teil der gesellschaftlichen Ordnung wahrgenommen wird, gelten auch die aus den Marktprozessen erwachsenen Ungleichheiten als gerecht und alternativlos.

Marktvorrang

Die Überzeugung, eine marktförmige Struktur von Wirtschaft und Gesellschaft sei ein überlegener Mechanismus zur gesellschaftlichen Distribution und Organisation, ist die zweite ideologische Prämisse in kapitalistischen Gesellschaften, die eng mit dem Wohnen verknüpft ist. In Anlehnung an die Überlegungen von Adam Smith zur Koordination arbeitsteiliger Prozesse wird der Markt regelmäßig als »unsichtbare Hand«[89] dargestellt, die den Effekt habe, das Streben nach individuellem Eigennutz in Allgemeinwohl zu überführen und so den größtmöglichen Wohlstand für die Gesellschaft hervorzubringen. Begründet wird diese Auffassung durch die inzwischen dominierenden Modelle der neoklassischen Ökonomie, die davon ausgehen, dass rationale Handlungen ein durch Preise vermitteltes Gleichgewicht zwischen Angebot und Nachfrage hervorbringen und so eine optimale Verteilung von Gütern und Dienstleistungen in der Gesellschaft sicherstellen. Empirische Befunde, die das Gegenteil dieser Versprechungen des Markts belegen, werden in neoliberalen Argumentationen in der Regel auf Störungen durch staatliche Eingriffe und Regu-

88 Piketty: Kapital Und Ideologie, S. 13.

89 Adam Smith: Der Wohlstand der Nationen. Eine Untersuchung seiner Natur und seiner Ursachen [1776], München 1974, S. 371.

lationen zurückgeführt. Staatliche Eingriffe sollten sich demnach allein auf solche Maßnahmen beschränken, die »zu einer besseren Allokation der Kosten und damit zur Wiederherstellung des Marktes« führen.[90]

Im Bereich des Wohnens wird die Ideologie des *Marktvorrangs* sowohl als dominante Perspektive auf die Wohnversorgung als auch in Form konkreter politischer Strategien sichtbar. Im Alltag wie in wissenschaftlichen Konzeptionen wird der Begriff Wohnungsmarkt als Synonym für Wohnungsbestand und Wohnungswesen verwendet. Beschäftigten sich wohnungswirtschaftliche Standardwerke noch in den 1990er-Jahren zentral mit den Fragen der »Wohnungswirtschaftspolitik« und der »Wohnung als Sozialgut«,[91] herrscht in aktuellen Veröffentlichungen zur Ökonomie des Wohnens fast ausschließlich die Marktperspektive vor.[92] Und in der politischen Praxis der letzten 25 Jahre sind die umfangreichen Privatisierungen von öffentlichen Wohnungsbeständen ein Beispiel für den Vorrang von Marktprozessen.[93]

Die durch den Abbau von Fördermitteln für den Sozialen Wohnungsbau sowie die Stärkung sogenannter Subjektförderungen gekennzeichnete Liberalisierung der staatlichen Eingriffe bezeichnet der Politikwissenschaftler Björn Egner treffend als einen Übergang »von der Wohnungspolitik zur Wohnungsmarktpolitik«.[94]

Die Abkoppelung des Markts von der Gesellschaft[95] und die neoliberale »Idealisierung des Markts« beschreiben für immer mehr Menschen eine Welt, »die nicht existiert und die

90 Max Meyer: Liberaldemokratie. Wohlstand zwischen Freiheit und autokratischer Führung, Wiesbaden 2020, S. 33.

91 Helmut Jenkis: Kompendium der Wohnungswirtschaft, München 1996.

92 Vgl. Lidwina Kühne-Büning/Volker Nordalm/Lieselotte Steveling: Grundlagen der Wohnungs- und Immobilienwirtschaft, Frankfurt a. M. 2005.

93 Vgl. Jan Glatter: Die Privatisierung der kommunalen Wohnungsbestände in Dresden, in: Raum-Planung 131, 2007, S. 79–84; Sebastian Klus: Die europäische Stadt unter Privatisierungsdruck. Konflikte um den Verkauf kommunaler Wohnungsbestände in Freiburg, Wiesbaden 2013.

94 Björn Egner: Wohnungspolitik seit 1945, in: Bundeszentrale für politische Bildung (Hrsg.): Gesucht! Gefunden? Alte und neue Wohnungsfragen, Bonn 2019, S. 94–100, hier S. 98.

95 Vgl. Baur: Markt, S. 276ff.

sich radikal von der Welt unterscheidet, in der wir leben«.[96] Genau diese Ausblendung von Alltagserfahrungen ermöglicht die Anerkennung des Markts als zentralen Mechanismus der wirtschaftlichen und gesellschaftlichen Entwicklung. Der ideologische Erfolg des Marktvorrangs überrascht angesichts des Umstands, dass es bislang »den Ökonomen nicht oder nur sehr unzureichend gelungen [ist], das Zusammenwirken der verschiedenen Koordinationsleistungen, die sich hinter dem Begriff der ›unsichtbaren Hand‹ verbergen, hinreichend zu erklären und sie zu einer sinnvollen marktwirtschaftlichen Theorie zusammenzufassen«.[97] Die marxistische Ökonomin Grace Blakeley verweist zudem darauf, dass der angeblich »freie Markt« eine Fiktion ist, die selbst von den Unternehmen in ihrer eigenen Praxis unterlaufen wird. Betrachtet man etwa die technologischen Voraussetzungen und die Binnenkomplexität internationaler Konzerne, so wird »ein großer Teil der Weltwirtschaft [...] dieser Tage eher von rationaler Planung als vom Markt beherrscht«.[98] Investitionspläne, Personalentwicklungspläne, Refinanzierungspläne, strategische Planung, operative Planung, Budgetplanung – eine zeitgemäße Unternehmensführung erfolgt im Wesentlichen als kybernetischer Regelkreis, bei dem die Marktbeziehungen, die ja eigentlich das System des Kapitalismus bestimmen, als Planungsrisiko und Umweltfaktor angesehen werden.[99] Sobald aber eine Regulierung der Mieten oder der Benzinpreise gefordert wird, ist der Aufschrei groß, weil der Markt eingeschränkt werden soll und die Rückkehr der Planwirtschaft drohe.

Der Kapitalismus verbindet über die beiden zentralen Institutionen Unternehmen und Staat die Prinzipien von Ordnung

96 Lee Boldeman: The cult of the market. Economic fundamentalism and it's discontents, Canberra 2007, S. X.

97 Stefan Hopp: Die unsichtbare Hand – und vier Versuche, sie sichtbar zu machen. Eine kritische Analyse der allgemeinen Gleichgewichtstheorie und ausgewählter ideengeschichtlicher Vorläufer, Dissertation, Otto-Friedrich-Universität Bamberg, 2004, S. 1.

98 Grace Blakeley: Stolen. So retten wir die Welt vor dem Finanzkapitalismus, Berlin 2021, S. 23.

99 Vgl. auch Timo Daum/Sabine Nuss: Die unsichtbare Hand des Plans. Koordination und Kalkül im digitalen Kapitalismus, Berlin 2021.

und Chaos: Nach innen operieren die Unternehmen mit strikten Kontroll- und Kommandomechanismen – nach außen setzt der Staat die Rahmenbedingungen für einen scheinbar archaischen Wettbewerb der Wirtschaftsaktivitäten.

> »Unternehmen und Staat arbeiten zusammen, um ein Wirtschaftssystem zu schaffen, das auf Herrschaft basiert und doch den Anschein von Freiheit erweckt. [...] Und dieses gesamte, kontrollierte und zugleich chaotische System aus Freiheit und Zwang dient nur einem Zweck: der Gewinnmaximierung der Reichsten der Gesellschaft.«[100]

Ganz so, wie Piketty es für die Eigentumsideologie herausgearbeitet hat, dient auch die Marktideologie in der Konsequenz der Legitimation von Ungleichheit. Obwohl sämtliche Indikatoren eine wachsende Ungleichheit in den kapitalistischen Gesellschaften belegen, hält sich die Erzählung vom Markt als bestes aller Koordinations- und Verteilungssysteme hartnäckig. Ob es um Neubauversprechungen geht, die als einziger Weg dargestellt werden, um den steigenden Mieten in angespannten Marktsituationen zu begegnen, oder um befürchtete Desinvestitionsreaktionen auf zu strenge Mietenregulierungen: Die angeblich unveränderbaren Mechanismen des Markts prägen das Alltagswissen und auch die wohnungspolitischen Diskussionen.

Indem die Überlegenheit der Märkte in gesellschaftlichen Diskussionen und politischen Entscheidungen als alternativlose Rahmenbedingung akzeptiert und gleichzeitig andere Mechanismen der Steuerung gesellschaftlicher und wirtschaftlicher Prozesse aus den Überlegungen ausgeschlossen werden, wird diese Überzeugung zur Ideologie.

Imperativ der Akkumulation

Neben Privateigentum und Marktvorrang sehen Aalbers und Christophers im Imperativ der *Akkumulation* das dritte Ele-

100 Ebd., S. 25.

ment einer mit dem Wohnen verknüpften Ideologie des Kapitalismus. Kapital wird dabei nicht statisch als Geld- oder Vermögensmenge verstanden, sondern als Prozess der erweiterten Mehrwertschöpfung, in dem Gewinne aus der Produktion immer wieder neu zur Erzeugung weiterer Gewinne eingesetzt werden. Die Akkumulation von neuem Kapital beschreibt Marx als die fortlaufende »Rückverwandlung von Mehrwert in Kapital«.[101] Der Zweck wirtschaftlicher Aktivitäten im Kapitalismus ist nicht die Befriedigung konkreter Bedürfnisse, sondern die Mehrung der Gewinne selbst. Wenn Produktionsprozesse einen Mehrwert generieren und diese Gewinne erneut im Produktionsprozess eingesetzt werden, dann sei, so die Behauptung, ein ständiges Wachstum der Wirtschaftsaktivitäten und Gewinne das logische Ergebnis.[102]

Obwohl dieses Wachstum in erster Linie den Interessen der Gewinnsteigerung einer zahlenmäßig kleinen Gruppe folgt, ist die Wachstumsorientierung gesellschaftlich fest verankert. Konjunkturprognosen, wirtschaftliche Wachstumsraten und das Bruttoinlandsprodukt gelten längst als Seismografen für die gesellschaftliche Entwicklung. Vor allem in Krisenzeiten finden umfangreiche Staatsausgaben zur Rettung der Wirtschaft für gewöhnlich breite Unterstützung. Die gedankliche Verknüpfung des eigenen Lebensstandards mit dem beständigen ökonomischen Wachstum steht für die erfolgreiche Umdeutung privater Gewinne als öffentliches Interesse.

Im Bereich des Wohnens tritt die Ideologie der Akkumulation in zwei Varianten auf: als Logik der beständigen Preissteigerungen und als Primat des Neubaus. Insbesondere in wohnungspolitischen Diskussionen, aber auch in der Formulierung von Mietrecht und Förderprogrammen werden regelmäßige Mietsteigerungen und steigende Hauspreise als unausweichliche Entwicklung angesehen. Im Gegensatz zu fast allen anderen Waren, die mit der zeitbedingten Abnutzung an Wert verlieren, gelten steigende Mietpreise als öko-

101 Marx: Kapital I, MEW, Bd. 23, S. 605.

102 Vgl. Ulrike Herrmann: »Das Kapital« und seine Bedeutung, in: Aus Politik und Zeitgeschichte 19–20/2017, S. 17–22, hier S. 17f.

nomisch gesetzt, und selbst in schrumpfenden Regionen mit einem Überangebot an Wohnungen bleiben Mietabsenkungen die Ausnahme.[103] Ähnliche Entwicklungen sind bei Boden- und Hauspreisen zu beobachten. Vor allem in wachsenden städtischen Regionen steigen die Preise seit vielen Jahren.[104] Anders kann die Renditeerwartung bei langfristigen Investitionen in die bebaute Umwelt nicht realisiert werden. Die Logik der Akkumulation bedeutet im Bereich des Wohnens eine scheinbar immerwährende Steigerung des allgemeinen Preisniveaus.

Einen zweiten Ausdruck findet die Akkumulationslogik im Primat der Neubauorientierung in wohnungspolitischen Debatten. In Abwandlung des »Trickle-down-Mythos«,[105] demzufolge Gewinne für wenige Wohlfahrtseffekte für viele zeitigen, wird auch teuren Neubauten ein soziales Versorgungspotenzial zugeschrieben. Durch die Umzüge in die neuen Wohnungen würden preiswertere Wohngelegenheiten frei werden und könnten zu günstigeren Konditionen genutzt werden, so die dominante Erzählung.

Sowohl im Argument der unvermeidbaren Preissteigerungen als auch in der ungebrochenen Neubauorientierung offenbart sich der ideologische Charakter der Akkumulationslogik, weil es gelingt, Wachstum und Preissteigerungen als nahezu gesetzmäßige Erscheinungen der Ökonomie zu verankern und private Gewinninteressen zu verschleiern.

Die Grundmotive der kapitalistischen Ideologie bestimmen die grundlegenden Vorstellungen, wie das Wohnen in unserer Gesellschaft organisiert wird. Das Privateigentum als quasinatürliche Ordnung, der Markt als alternativlose Rahmenbedingung und die Logik der Akkumulation als gesetzmäßige Konstante stärken und reproduzieren die scheinbare Unvermeidlichkeit des Kapitalismus. Zum einen werden Bedingun-

103 Vgl. Kristof Dascher: Eine kleine Politische Ökonomie der Wohnungsmieten und -leerstände in Ostdeutschland, in: Wirtschaftsdienst 7/2010, S. 487–491, hier S. 487f.

104 Vgl. Hans-Jochen Vogel: Mehr Gerechtigkeit! Wir brauchen eine neue Bodenordnung – nur dann wird auch Wohnen wieder bezahlbar, Freiburg u.a. 2019, S. 9ff.

105 Heinz Wolfgang Arndt: The »Trickle-down« Myth, in: Economic Development and Cultural Change 1/1983, S. 1–10.

gen des Wohnens von diesen ideologischen Leitplanken der kapitalistischen Ökonomie bestimmt, zum anderen werden ebendiese ideologischen Vorstellungen im alltäglichen Reden und Schreiben über den Wohnungsmarkt, die Logik von Angebot und Nachfrage, die Bedeutung von Investitionen oder auch die tragende Rolle von privaten Wohnungsunternehmen für die Wohnversorgung immer wieder aufs Neue reproduziert.

Insgesamt bietet die Politische Ökonomie mit ihrem Fokus auf die Kapitalkreisläufe, die sozialen Verhältnisse und die Ideologie eine Perspektive, das Wohnen ganzheitlich zu betrachten und eben nicht nur als einfache Ware zu verstehen, die den Modellannahmen von Angebot und Nachfrage unterliegt.[106]

Im Blickpunkt der Politischen Ökonomie stehen dabei nicht nur die wirtschaftlichen Aspekte wie etwa die Produktion, die Bedeutung von Grundrenten und die Zinszirkulation, sondern die Produktionsverhältnisse, also die gesellschaftlichen Bedingungen, die die Art und Weise zu produzieren überhaupt erst hervorbringen und ermöglichen und zugleich von ihnen immer wieder reproduziert werden.

> »Der kapitalistische Produktionsprozess im Zusammenhang betrachtet oder als Reproduktionsprozess, produziert also nicht nur Ware, nicht nur Mehrwert, er produziert und reproduziert das Kapitalverhältnis selbst, auf der einen Seite den Kapitalisten, auf der andren den Lohnarbeiter.«[107]

Auf das Wohnen bezogen fragt die Politische Ökonomie demnach auch nach den sozialen Verhältnissen, die sich in der Art, wie Wohnungen gebaut und bewirtschaftet werden, reproduzieren. Der dabei entstehende Interessengegensatz zwischen denen, die Eigentum verwerten wollen, und denen, die dafür zahlen müssen, um ein Dach über dem Kopf zu haben, lässt sich als Gegensatz von Tauschwert- und Gebrauchswertorientierung beschreiben. »Während für Immobilienbesit-

106 Aalbers/Christophers: Wohnen ins Zentrum, S. 39f.

107 Marx: Kapital II, MEW, Bd. 24, S. 604.

zer:innen vor allem die Verwertung des Wohnkapitals relevant ist, sind Bewohner:innen am Gebrauchswert des Wohnens interessiert.«[108]

Der dritte Ebene der Politischen Ökonomie des Wohnens umfasst die idiologischen Aspekte, die mit dem Wohnen verbunden sind. Die für den Kapitalismus zentrale Stellung des Privateigentums, der Marktvorrang bei der Erstellung und Bewirtschaftung von Waren und auch die Wachstumslogik bestimmen die gängigen Vorstellungen des Wohnens. Die Bedeutung von Eigentumstiteln an Grundstücken und Immobilien, die hegemoniale Vorstellung, dass die Wohnversorgung über einen Wohnungsmarkt zu erfolgen hat, und auch der weitverbreitete Glaube, dass steigende Neubauzahlen ein Zeichen für Fortschritt und Entwicklung seien, zeigen, wie stark die Grundlagen des Kapitalismus auch unser Alltagsbewusstsein in Bezug auf die Wohnverhältnisse durchdringen.

108 Bafta Sarbo/Lukas Wolf: Politische Ökonomie des Wohnens, in: Andrej Holm (Hrsg.): Wohnen zwischen Markt, Staat und Gesellschaft, Hamburg 2021, S. 83–96, hier S. 90.

4 — Wohnungspolitik zwischen Revanche, Reform und Revolution

Weil sich in der Wohnungsfrage die Interessen derer, die ein gutes und sicheres Zuhause wollen, und die jener, die aus ihren Immobilien vor allem einen ökonomischen Gewinn erwirtschaften wollen, gegenüberstehen, gibt es widerstreitende Positionen zur Wohnungspolitik. Und weil Wohnen eine zentrale soziale Frage ist, die ganz offensichtlich vom Markt nicht angemessen beantwortet werden kann, ist das Wohnungswesen in den letzten 150 Jahren zum Gegenstand von staatlichen Regulierungen geworden.

In aktuellen Debatten werden Forderungen nach Wohngeld, Mietpreisbegrenzungen und Baukindergeld ebenso erhoben wie die nach Milieuschutzsatzungen, nach der Wiedereinführung einer Wohnungsgemeinnützigkeit oder nach einer Enteignung großer Wohnungskonzerne und der Ausweitung der sozialen Wohnbauförderung.

Im bunten Potpourri der Vorschläge und Instrumente ist es nicht immer leicht, den Überblick zu behalten und den Charakter der vorgeschlagenen Instrumente einzuordnen. Bei der Beurteilung konkurrieren zudem verschiedene Maßstäbe: Welche Maßnahmen helfen schnell, wenn es akute Probleme gibt? Was sind mögliche Nebenwirkungen regulierender Eingriffe? Welche langfristigen Effekte haben Gesetze oder Förderprogramme? Leisten die vorgeschlagenen Instrumente einen Beitrag zur Transformation der Gesellschaft und zur Überwindung des Kapitalismus?

In politikwissenschaftlichen Forschungsarbeiten besteht Konsens darüber, dass Wohnungspolitik »alle politischen und verbandlichen Aktivitäten sowie staatlichen Maßnahmen« umfasst, »die sich mit der Wohnraumversorgung der Bevölkerung, dem Neubau, der Modernisierung und der Erhaltung von

Wohnungen befassen«.[1] Darüber hinaus gibt es fast so viele Systematisierungen von wohnungspolitischen Instrumenten, wie es Forschungsarbeiten gibt. Während die einen die Wohnungspolitik nach Zielgruppen und Steuerungsmedien differenzieren, unterscheiden andere nach Implementierungsmechanismen und Steuerungsmodi und dritte nach Zuständigkeitsebenen, Wohnungsmarktsegmenten und Eingriffsintensität.[2]

Solche Systematisierungen sind kein bloßer akademischer Selbstzweck, sondern lassen sich nutzen, um einzelne Instrumente oder Konzepte im Bereich der Wohnungspolitik politisch einzuordnen. Die Frage nach den Zielgruppen etwa hilft uns, im Dickicht der immer wieder vorgeschlagenen Instrumente wie dem Baukindergeld, dem Wohngeld oder auch Steueranreizen für Investitionen die jeweils von der Politik begünstigte Gruppe zu identifizieren. Eine Analyse der Steuerungsmedien legt offen, ob in bestimmten Phasen die wohnungspolitischen Ziele eher mit Geld für Förderprogramme, mit rechtlichen Instrumenten oder über das öffentliche Eigentum an Grundstücken und Wohnungen verfolgt wurden. Die Mechanismen der Implementierung lassen sich als Gesetze, Verordnungen, Leitlinien, Programme, Förderrichtlinien, Stadtentwicklungspläne oder Vereinbarungen unterscheiden und zeigen uns, wie der Staat versucht, die jeweiligen Ziele zu erreichen. Bei den Steuerungsmodi geben die Instrumente darüber Auskunft, ob sie eher über Anreize, Gebote, Verbote oder Auflagen wirksam werden sollen.

Die Zuständigkeitsebenen – etwa Bund, Länder und Kommunen – zeigen, welche Teile des Staatsapparats für welche Fragen die Verantwortung tragen und auf welchen Ebenen politischer Druck erzeugt werden muss, um konkrete Ziele zu erreichen; die Überführung des verfassungsgerichtlich

1 Klaus Schubert/Martina Klein: Das Politiklexikon. Begriffe, Fakten, Zusammenhänge, hrsg. von der Bundeszentrale für politische Bildung, Schriftenreihe 1174, Bonn 2011, S. 332.

2 Burkhard Hintzsche: Kommunale Wohnungspolitik, in: Helmut Wollmann/Roland R. Roth, (Hrsg.): Kommunalpolitik, Opladen 1999, S 801–820, hier S. 811; Danielle Gluns: Wohnungspolitik als alte neue Herausforderung des Sozialstaats, in: Matthias Freise/Annette Zimmer (Hrsg.): Zivilgesellschaft und Wohlfahrtsstaat im Wandel, Wiesbaden 2019, S. 257–284, hier S. 268; Andrea Kunnert/Josef Baumgartner: Instrumente und Wirkungen der österreichischen Wohnungspolitik, Wien 2012.

gescheiterten Mietendeckels in Berlin in die Forderung nach einem bundesweiten Mietdeckel ist ein typisches Beispiel für die Bedeutung der Zuständigkeitsebenen. Die Differenzierung nach Wohnungsmarktsegmenten macht vor allem Sinn, wenn es gilt, die Wohnungspolitik in Stadtentwicklungsprozesse einzuordnen. So scheiterte etwa die Erfüllung des Versorgungsziels des DDR-Wohnungsbauprogramms an der einseitigen Ausrichtung auf den industrialisierten Neubau und der gleichzeitigen Vernachlässigung der innerstädtischen Altbaubestände.[3] In der BRD hatte die Freigabe der Fördermittel des Sozialen Wohnungsbaus für die Altbaumodernisierung in den 1970er-Jahren ebenfalls einen nicht unerheblichen Effekt auf die Stadtentwicklung, weil sich nun auch die Sanierung und nicht nur der Abriss und Neubau lohnte. Viele Altbaugebiete blieben erhalten, die sonst wohl abgerissen worden wären. Mit einer idealtypischen Skala der Eingriffsintensität schließlich – von keinem Eingriff über Regulierungen und Subventionierungen bis hin zu vollständig von öffentlichen Trägern errichteten und verwalteten Wohnbauten – lässt sich das jeweilige Verhältnis von Staat und Markt bestimmen.[4]

Der britische Wohnforscher Brian Lund unterscheidet Wohnungspolitiken über diese eher forschungspragmatischen Systematisierungen hinaus nach ihren normativen Grundprinzipien und ordnet wohnungspolitische Programme zum Beispiel der Laisser-faire-Ökonomie, einem Sozialreformismus oder der marxistischen Politökonomie zu.[5]

Mit diesen akademischen Herangehensweisen der Wohnforschung wurden Hunderte Fallstudien, historische Einordnungen und internationale Vergleiche erstellt, die einen tiefen Einblick in die Entwicklung der Wohnungspolitik geben und die Wirkungsweisen verschiedener Instrumente empirisch belegen. Aber wie vielen anderen sozialwissenschaftlichen Stu-

3 Joachim Tesch: Wurde das DDR-Wohnungsbauprogramm 1971/1976 bis 1990 erfüllt?, in: UTOPIE kreativ, Sonderheft 2000, S. 50–58.

4 Kunnert/Baumgartner: Instrumente und Wirkungen, S.13ff.

5 Brian Lund: Understanding housing policy. Understanding welfare: Social issues, policy and practice, Bristol 2017, S. 3ff.

dien fehlt es solchen Arbeiten oft an einer gesellschaftlichen Einbettung ihrer Analysen. Die Wohnforschung verliert in ihrem Selbstbezug einer ausgeprägten Gegenstandsorientierung oft die gesellschaftlichen Verhältnisse aus den Augen, in denen die Wohnungspolitik verortet werden muss. Fast wie die neoklassische Ökonomie die wirtschaftlichen Dynamiken aus sich selbst zu erklären versucht, hat auch die Wohnforschung eine Tendenz zur obsessiven Überhöhung des sie konstituierenden Themenfelds.

Friedrich Engels hingegen teilt die Wohnungspolitik nach Maßgabe konsequent nach Maßgabe der Machtverhältnisse der kapitalistischen Klassengesellschaft, die er für grundlegend erachtet. In seinen Texten »Zur Wohnungsfrage« skizziert er drei Perspektiven: Erstens fragt sich Engels, wie die Bourgeoisie die Wohnungsfrage löst, zweitens beschäftigt er sich mit den kleinbürgerlichen Reformideen und setzt ihnen drittens seine Vorstellungen einer revolutionären Veränderung entgegen. Diese Unterscheidung zwischen Revanchismus, Reformismus und Revolution kann bis heute bei der Einordnung von Wohnungspolitiken helfen.

Wohnungspolitik als Revanche

Für Engels war die »Methode Haussmann« der Kern bürgerlicher Wohnungspolitiken. Der Abriss der Wohngebiete der arbeitenden Klassen und die Errichtung der Prachtboulevards in Paris dienten ihm dabei als Metapher für eine kaum verhüllte Klassenpolitik, bei der die Interessen der Besitzenden gegen die der Besitzlosen durchgesetzt wurden. Die »spezifisch bonapartistische Manier [...], lange, gerade und breite Straßen mitten durch die eng gebauten Arbeiterviertel zu brechen und sie mit großen Luxusgebäuden an beiden Seiten einzufassen«, war in Paris verbunden mit dem »strategischen Zweck der Erschwerung des Barrikadenkampfes« und begleitet von »einer Selbstverherrlichung der Bourgeoisie von wegen dieses ungeheuren Erfolges«.[6]

6 Friedrich Engels: Zur Wohnungsfrage, in: Karl Marx/Friedrich Engels: Werke, Berlin 1956ff. [MEW], Bd. 18, S. 209–287, hier S. 260f.

Auch wenn der Umbau der Städte nach den Wünschen des Kapitals vielerorts nicht mehr mit der Abrissbirne durchgesetzt wird – die umfassende Verdrängung der bisherigen Bewohnerinnen und Bewohner wird immer noch regelmäßig in Kauf genommen und rhetorisch gerechtfertigt. So träumte etwa Hanno Klein, ein höherer Beamter der Berliner Stadtentwicklungsverwaltung, kurz nach der Vereinigung in Berlin mit Blick auf die Ostberliner Altbauviertel von einer neuen Gründerzeit mit »Markanz und Brutalität« und freute sich über das rege Interesse von Banken, Consulting-Firmen und anderen Investmentunternehmen, die »sich in eine positive Entwicklung des Prenzlauer Bergs hineindenken«. Statt Schutzmechanismen gegen Verdrängung setzte Klein auf eine »Stadtplanung als gut organisierte Verdrängung« und sah die Zukunft der Alteingesessenen in den Großsiedlungen am Stadtrand, etwa in Hellersdorf und Marzahn, die wie »Staubsauger« die umgepflügten Innenstadtnachbarschaften aufnehmen sollten.[7]

Die Logik der Verdrängung, eine rücksichtslose Vorgehensweise und die Überzeugung, damit alles richtig zu machen, begleiten die Stadtpolitik der herrschenden Klasse seit über 150 Jahren. Neil Smith, kritischer Geograf aus New York, bezeichnete die auch von polizeilichen Repressionen gegen Wohnungslose und Minderheiten begleiteten Gentrifizierungsprozesse als Ausdruck einer revanchistischen Stadtpolitik.[8] Mit dem Begriff Revanchismus nimmt er Bezug auf die Geschichte der reaktionären politischen Strömungen in Frankreich und Deutschland, die jeweils nach den verlorenen Kriegen die Friedensverträge auflösen wollten und für eine Rückeroberung der »verlorenen« Gebiete mobilisierten.[9] Auch in geschichtspolitischen Debatten wird Revanchismus als eine »politisch-geistige Haltung« verstanden, »die aus einer Nie-

7 Markant und brutal, in: Der Spiegel 14/1991, unter www.spiegel.de/politik/markant-und-brutal-a-4ed4c362-0002-0001-0000-000013487482.

8 Neil Smith: The New Urban Frontier. Gentrification and the Revanchist City, New York 1996.

9 Neil Smith: Rächen und Renovieren: Vergeltung bei der Renaissance der Stadt, in: Volker Eick/Jens Sambale/Eric Töpfer (Hrsg.): Kontrollierte Urbanität. Zur Neoliberalisierung städtischer Sicherheitspolitik, Bielefeld 2007, S. 375–394, hier S. 387.

derlage geboren wird und auf Vergeltung drängt, auf Wiedergutmachung der erlittenen Verluste, und meistens auch auf Bestrafung oder Schädigung dessen, der diese Verluste scheinbar oder wirklich zugefügt hat«.[10]

In Analogie zu dieser historischen Referenz kann man auch die Stadtpolitik seit den 1990er-Jahren als Revanchismus bezeichnen, weil die Aufwertungs- und Verdrängungsprozesse in den Innenstädten von einer »anti-liberalen politischen Reaktion mit einer schon fast ontologisch zu nennenden sozialen Sehnsucht einiger nach Klassenrache« verbunden sind: »Der Revanchismus der 1990er-Jahre zielte auf die Rückeroberung der Stadt mit der blanken Faust, markierte die Auflösung der liberalen städtischen Politik des 20. Jahrhunderts und beherbergte in sich die Sehnsucht nach einer neuen, entschieden urbanen Ordnung.«[11]

In aktuellen Debatten begegnen uns solche Positionen nicht nur in den Forderungen nach neuen und konsequenteren Überwachungs- und Sicherheitsstrategien in den Städten, nach Räumung von Schlafplätzen von Wohnungslosen oder in der medialen Hetze gegen missliebige Bewohnergruppen in meist migrantisch geprägten Vierteln der Großstädte, sondern auch in einem wachsenden Zynismus gegenüber Mieterinnen und Mietern, die gegen steigende Mieten aufbegehren, weil sie eine Verdrängung aus ihren Nachbarschaften fürchten. »Es gibt keine Recht auf Wohnen in der Innenstadt« hat sich in vielen wohnungspolitischen Debatten zum Bonmot entwickelt, das die Immobilienverbände gern verbreiten. Auch in zahlreichen Zeitungsartikeln wird das Argument der knappen Innenstadtlagen aufgegriffen, um die angeblich alternativlose Verdrängung von ärmeren Bevölkerungsgruppen zu rechtfertigen.[12] Dass nicht alle in denselben Innenstadtbezirken woh-

10 Helmut Lindemann: Wie steht es um den deutschen Revanchismus?, in: Gewerkschaftliche Monatshefte 7/1961, S. 401–410, hier S. 401.

11 Smith: Rächen und Renovieren, S. 376.

12 Martin Kopp: Eigentümer wehren sich gegen Mietendeckelung, in: Die Welt, 16.12.2012, www.welt.de/regionales/hamburg/article109897105/Eigentuemer-wehren-sich-gegen-Mietendeckelung.html; Bernhard Schulz: Es gibt kein Grundrecht auf Wohnen in der Stadtmitte, in: Der Tagesspiegel, 4.2.2013, www.tagesspiegel.de/berlin/gentrifizierung-in-berlin-es-gibt-kein-grundrecht-

nen können, liegt auf der Hand, dass es immer die Ärmeren sind, die wegziehen müssen, dagegen nicht. Denn grundsätzlich wären statt der Konkurrenz der Geldbeutel andere Verteilungskriterien denkbar. So könnten Wohnrechte in bestimmten Nachbarschaften ja auch nach Bedarf, nach Wohndauer oder nach der Angewiesenheit auf die jeweilige Infrastruktur bestimmt werden. Die dominante Praxis einer marktförmigen Verteilung hingegen führt in der Konsequenz zu der absurden Situation, dass in der Regel diejenigen mit dem meisten Geld und der wenigsten Zeit zur Nutzung der Nachbarschaft sich aussuchen können, wo sie wohnen, und diejenigen, die für ihren Alltag auf Hilfe und Nachbarschaftskontakte angewiesen sind, gerade nicht. »Die Reichen wohnen, wo sie wollen, die Armen, wo sie müssen.«[13]

Roger Akelius ist einer der reichsten Männer Schwedens und Gründer eines gleichnamigen Immobilienunternehmens, das weltweit bis zu 50 000 Wohnungen verwaltete. Bis zum Verkauf der Bestände an den schwedische Immobilienkonzern Heimstaden im Jahr 2021 war Akelius mit etwa 14 000 Wohnungen eines der größten privaten Wohnungsunternehmen in Berlin. Das Unternehmen war für eine besonders aggressive Strategie der Neuvermietung bekannt und setzt in ihrem Geschäftsmodell auf umfangreiche Modernisierungsmaßnahmen in frei werdenden Wohnungen und erzielt damit sehr hohe Neuvermietungspreise von durchschnittlich weit über 15 Euro je Quadratmeter (nettokalt). Von den Begrenzungen des Berliner Mietendeckels war das schwedische Unternehmen wegen dieser hohen Mieten besonders stark betroffen und musste nach eigenen Angaben für ihre insgesamt 14 000 Wohnungen in Berlin Einnahmeverluste von 23 Millionen Euro im

auf-wohnen-in-der-stadtmitte/7728666.html; Joachim Zießler: Es gibt kein Recht auf bezahlbares Wohnen in der City, in: LZ online, 17.8.2019, www.landeszeitung.de/lokales/26893-es-gibt-kein-recht-auf-bezahlbares-wohnen-in-der-city/; Johannes Bole: Es gibt kein Recht auf Wohnen neben dem KaDeWe, in: Die Welt, 17.4.2021, www.welt.de/debatte/kommentare/article230465791/Mietendeckel-Es-gibt-kein-Recht-auf-eine-Wohnung-neben-dem-KaDeWe.html.

13 Hartmut Häußermann: Ihre Parallelgesellschaften, unser Problem: Sind Migrantenviertel ein Hindernis für Integration?, in: Leviathan 4/2007, S. 458–469, hier S. 463.

Jahr 2020 hinnehmen, die auf die Beschränkung der Mieten bei Neuvermietung und auf die Absenkung von deutlich überhöhten Mietpreisen zurückgehen. In einem Interview beklagte Akelius, »die Regierung stiehlt 23 Millionen Euro Umsatz«. Obwohl das Land Berlin durch den Mietendeckel weder Wohnungen noch Geld von Akelius verlangte, sondern per Gesetz lediglich versuchte, zusätzliche Gewinne aus Mieterträgen zu kappen, verwendete Akelius in Stellungnahmen und Interviews immer wieder den moralisierenden Begriff des »Stehlens«. Er ist der festen Überzeugung, dass dem Unternehmen die Erträge aus Höchstmieten zustehen, und betrachtet alle Regulierungen als Schädigung. In Anspielung auf die Tatsache, dass er Teile des Gewinns für wohltätige Zwecke verwendet, polemisierte Akelius: »Rot-Rot-Grün stiehlt Geld von leidenden Kindern.«[14]

Diese Haltung, gesetzliche Festlegungen und wohlfahrtsstaatliche Errungenschaften als eine völlig ungerechtfertigte Einschränkung des Gewinnmachens anzusehen, ist typisch für revanchistische Positionen in der Stadtpolitik ebenso wie die moralische Überhöhung der eigenen Positionen. Doch die Kränkung von Akelius und anderen Immobilienunternehmen geht nicht nur auf die gekappten Zusatzgewinne zurück, sie speist sich auch aus der Auffassung, dass die Stadt – die ihnen ihrer Meinung nach eigentlich ganz zusteht – von Menschen bewohnt und von Parteien regiert wird, die dort nichts zu suchen haben. So wie Hanno Klein davon träumte, dass die »Staubsauger Hellersdorf und Marzahn« den Pöbel aus der Innenstadt aufnehmen würden, hatte auch Akelius seine ganz eigene Vorstellung, wo diejenigen wohnen sollten, die sich seine schönen teuren Wohnungen nicht leisten können.

> »Es ist wesentlich billiger, außerhalb zu bauen. Berlin sollte eine Schwesterstadt bauen, 20 Kilometer außerhalb für 400 000 Bewohner. Keine reine Schlafstadt, sondern mit Schu-

14 »Rot-Rot-Grün stiehlt Geld von leidenden Kindern«. Roger Akelius im Interview, in: Der Tagesspiegel, 28.4.2021, https://interaktiv.tagesspiegel.de/lab/roger-akelius-im-interview-rot-rot-gruen-stiehlt-geld-von-leidenden-kindern/.

> len, Geschäften und eigenen Gärten, alles nachhaltig zu Fuß oder mit dem Fahrrad erreichbar. Um Firmen anzuziehen, sollten dort jährlich 5000 Programmierer ausgebildet werden. Ich verspreche, ich baue zusätzlich 5000 Wohnungen und einen Campus für Immobilienwirtschaft.«[15]

Neil Smith hat solchen Revanchismus schon in den 1990er-Jahren analysiert. Er sah in ihnen »eine Reaktion gegen den angeblichen ›Diebstahl‹ der Stadt und eine verzweifelte Verteidigung einer herausgeforderten Phalanx von Privilegien – getarnt in der populistischen Sprache der bürgerlichen Moral«.[16]

Der revanchistische Gedanke der Rückeroberung, der Vergeltung und Wiedergutmachung der wahrgenommenen Verluste bezieht sich nicht nur auf konkrete Stadtviertel – er betrifft den sozialstaatlichen Konsens der Nachkriegszeit im Westen und die sozialistischen Erfahrungen im Osten als Ganzes und wird mit einer aggressiven Politik der Rückabwicklung des Wohlfahrtsstaates und seiner Umverteilungsinstrumente durchgesetzt.[17] Die Privatisierung von öffentlichen Wohnungsunternehmen, der forcierte Ausstieg aus dem Sozialen Wohnungsbau und die Abschaffung der Wohnungsgemeinnützigkeit sind typische Merkmale des neoliberalen Rollbacks in der Bundesrepublik, das den Marktvorrang überall herstellen soll.

Die weitgehende Reprivatisierung des ostdeutschen Wohnungswesens nach der Wende stellte de facto die Eigentumsverhältnisse von 1945 wieder her[18] und steht für einen Revanchismus als »Wiedergutmachung erlittener Verluste«. Die Zerschlagung von Einrichtungen und Infrastrukturen wie den Polikliniken und Kreiskulturhäusern oder auch der Abriss von baulichen Ikonen der Ostmoderne lassen sich nicht allein aus

15 Ebd.

16 Smith: New Urban Frontier, S. 207.

17 Jamie Peck/Adam Tickell: Neoliberalizing Space, in: Antipode 3/2002, S. 380–404.

18 Andrej Holm/Matthias Bernt: Veränderungen der Eigentümerstrukturen auf ostdeutschen Wohnungsmärkten nach 1990, in: Ilko-Sascha Kowalczuk/Frank Ebert/Holger Kulick (Hrsg.): (Ost-)Deutschlands Weg I, hrsg. von der Bundeszentrale für politische Bildung, Berlin/Bonn 2021, S. 509–529, hier S. 520f.

pragmatischen Politiküberlegungen und ökonomischen Interessen erklären. Sie folgten offensichtlich auch Impulsen der Rache und der Bestrafung.

Die »Methode Haussmann«, die Engels als eine Strategie beschrieben hat, die Armen aus der Stadt zu verdrängen und Luxusgebäude an die Stelle ihrer Behausungen zu setzen, um die eigenen Gewinnaussichten zu verbessern, hat einen langen Schatten und ist noch immer die von der Bourgeoisie bevorzugte »Methode, die Wohnungsfrage in *ihrer* Art zu lösen«.[19]

Reformismus als soziales Flickwerk

Die zweite Form der Wohnungspolitik, der sich Engels in seinen Arbeiten zur Wohnungsfrage widmet, sind die kleinbürgerlichen Reformansätze, die für ihn vor allem in der Anhängerschaft von Pierre-Joseph Proudhon zu finden sind. Engels lehnt Proudhons Idee, die Wohnungsfragen der arbeitenden Klassen lösen zu können, in dem man Mieter in Eigentümer verwandelt,[20] als »soziale Quacksalberei« ab.[21] Das blende die grundlegenden gesellschaftlichen Bedingungen des Kapitalismus und die Aneignung fremder Arbeitskraft aus. Marx und Engels hatten sich schon 1848 im »Kommunistischen Manifest« allen Ansätzen gegenüber skeptisch geäußert, die darauf setzten, »die Lebensbedingungen der modernen Gesellschaft« zu genießen, ohne sich mit den »notwendig daraus hervorgehenden Kämpfen und Gefahren« zu beschäftigen.[22]

Als Prototyp solcher Reformideen kritisierte Friedrich Engels den damals noch sehr jungen Ökonomen Emil Sax, der

19 Engels: Wohnungsfrage, MEW, Bd. 18, S. 260.

20 »Die Mietwohnung wird abgelöst [...]. Dem bisherigen Hausbesitzer wird der Wert seines Hauses bis auf den Heller und Pfennig bezahlt. Statt dass, wie bisher, der bezahlte Mietzins den Tribut darstellt, welchen der Mieter dem ewigen Recht des Kapitals bezahlt, stattdessen wird von dem Tage an, wo die Ablösung der Mietwohnung proklamiert ist, die vom Mieter bezahlte, genau geregelte Summe die jährliche Abschlagszahlung für die in seinen Besitz übergegangene Wohnung. [...] Die Gesellschaft [...] wandelt sich auf diesem Wege in eine Gesamtheit unabhängiger freier Besitzer von Wohnungen um.« (Mülberger, zit. nach: ebd., S. 223).

21 Friedrich Engels: Vorwort zur 2. Auflage »Zur Wohnungsfrage«, in: MEW, Bd. 18, S. 647–655, hier S. 648.

22 Karl Marx/Friedrich Engels: Manifest der Kommunistischen Partei, in: MEW, Bd. 4, S. 459–493, hier S. 488.

gerade ein Buch mit dem Titel »Die Wohnungszustände der arbeitenden Classen und ihre Reform« veröffentlicht hatte und seine Reformvorschläge mit einem offenen Bekenntnis zu den herrschenden Verhältnissen verband:

> »Wir bezeichnen mit Sozialökonomie die Volkswirtschaftslehre in ihrer Anwendung auf die sozialen Fragen, genauer ausgedrückt, den Inbegriff der Mittel und Wege, welche uns diese Wissenschaft bietet, *auf Grund ihrer ›ehernen‹ Gesetze innerhalb des Rahmens der gegenwärtig herrschenden Gesellschaftsordnung die sogenannten (!) besitzlosen Klassen auf das Niveau der Besitzenden emporzuheben.*«[23]

So wie wir heute skeptisch sein sollten, wenn uns versprochen wird, die Klimakrise könne ohne eine Veränderung unserer Lebensweise und ohne Einschnitte in das aktuelle Konsumniveau behoben werden, so skeptisch waren Marx und Engels allen Versprechungen gegenüber, eine »Veränderung der materiellen Lebensverhältnisse« ohne die »Abschaffung der bürgerlichen Produktionsverhältnisse« herbeiführen zu können. Im »Manifest der Kommunistischen Partei« bezeichnen sie die Ansätze für Reformen in kleinen Schritten und Teilbereichen ohne das Ziel, die gesellschaftlichen Verhältnisse grundlegend zu verändern, als konservativen Sozialismus oder Bourgeoisiesozialismus.

Auch in der Wohnungspolitik gibt es eine Fülle solch bürgerlicher Reformvorschläge, die auf die Milderung sozialer Missstände zielen, ohne die Rahmenbedingungen der kapitalistischen Urbanisierung selbst infrage zu stellen. Da gibt es die Eigentum Versprechenden, die den Kauf von Wohneigentum fördern wollen, weil das den besten Schutz vor Gentrifizierung biete. Da gibt es die auf das Wohngeld Setzenden, die mit ihren zielgruppengenauen Wohngeldzahlungen auch noch die ärmsten Haushalte in die Lage versetzen wollen, echte Marktpreise zu zahlen. Da sind die Genossenschaften und Hauspro-

23 Emil Sax, zit. nach: Engels: Wohnungsfrage, MEW, Bd. 18, S. 235.

jekte, die für ihre jeweils begrenzte Klientel Mitbestimmung und leistbare Wohnkosten sichern wollen, ohne die Gesamtkonstellation eines kapitalistischen Wohnungsmarkts aus den Angeln zu heben. Da ist aber auch die voll auf den Markt setzende Neubaufraktion, die so sehr an das Prinzip von Angebot und Nachfrage glaubt, dass sie die Gewinnaussicht als wesentliche Voraussetzung für eine Investitionen ausblendet. Peter Marcuse, ein in New York lebender Stadtforscher, unterscheidet bei den Ansätzen für eine veränderte Wohnungspolitik technokratische, reformistische und transformative Herangehensweisen.[24]

Die *technokratischen Reformvorschläge* waren meist pragmatisch auf Veränderungen bei der Organisation von Wohnversorgung und Stadtentwicklung ausgerichtet, ohne den Markt und die Konkurrenz selbst infrage zu stellen. Dazu gehörten Forderungen nach baurechtlichen Vorgaben und mietrechtlichen Regulierungen, um einen minimalen Wohnstandard zu sichern und die Unsicherheit der Wohnverhältnisse zu verringern. Als Dauerbrenner von marktkonformen Forderungen haben sich sogenannte Subjektförderungen wie das Wohngeld oder Baugeld etabliert. Solche öffentlichen Zahlungen sollen die Mietzahlungsfähigkeit oder die Kaufkraft erhöhen, sodass auch Haushalte mit geringeren Einkommen in die Lage versetzt werden, einen Marktpreis zu zahlen.

Reformistische Ansätze der Wohnungspolitik reflektieren die soziale Blindheit des Markts und zielen auf Einschränkungen der Verwertungslogik und auf den Ausbau von nicht profitorientierten Wohnungsangeboten, ohne jedoch die Warenlogik des Wohnungsmarkts aufzuheben. Solche Reformvorschläge reichten in der Vergangenheit vom staatlich initiierten Ausbau der Verkehrswege, um durch die Ausweitung des Angebots den Anstieg der Preise für Baugrundstücke abzufedern, über einen öffentlichen Beamtenwohnungsbau auf billigem Gemeindebauland bis hin zur Gründung von Genos-

24 Peter Marcuse: Reforms, Radical Reforms, Transformative Claims, in: Peter Marcuse's Blog, 25.3.2012, http://pmarcuse.wordpress.com/2012/03/25/11-blog-11-reforms-radical-reformstransformative-claims/.

senschaften. In die Reihe der Reforminstrumente gehören auch die Förderprogramme des Sozialen Wohnungsbaus, mit denen durch die Übernahme von Bau- oder Finanzierungskosten die Mieten gedrückt werden konnten. Solche staatliche Übernahme der »unrentierlichen Kosten« sicherte die Wirtschaftlichkeit des Sozialen Wohnungsbaus auch für private Unternehmen, denen der Staat über die Förderverträge eine fest fixierte Eigenkapitalverzinsung von bis zu 6,5 Prozent garantierte. Problem der bisherigen Förderprogramme sind die befristeten Laufzeiten der Mietpreisbindungen. Nach Ablauf der vereinbarten Förderzeiträume – meist 20 bis 30 Jahre – erlischt der Status der Sozialwohnungen und die ehemals geförderten Wohnungen können nach Marktkriterien verwertet werden.

Transformative Ansätze der Wohnungspolitik setzen meist auf eine Umverteilung und die Überwindung des Warencharakters der Wohnungen. Grundgedanke dabei ist es, die Entfremdung des Wohnens durch die Abhängigkeit von privaten Eigentümerinnen und Eigentümern mit ihren wirtschaftlichen Kalkulationen aufzuheben. Deshalb zielen die meisten transformativen Eingriffe auf die Ausweitung von kollektiven und gesellschaftlichen Eigentumsstrukturen im Wohnungsbereich. Dazu zählen die selbstverwalteten Genossenschaften und Hausprojekte, die dem Interesse ihrer Genossinnen und Genossen bzw. ihren Bewohnerinnen und Bewohnern verpflichtet sind, gemeinnützige Wohnungsunternehmen mit einem dauerhaften sozialen Versorgungsauftrag und öffentliche Wohnungsunternehmen. Alle drei Eigentumsformen richten ihre Bewirtschaftung an wohnungsbezogenen Versorgungszielen und nicht an der Erzielung von Gewinnen aus. In der Geschichte waren es vor allem Wohnungsbauprogramme, die den Anteil der Wohnungsbestände steigern sollten, die dauerhaft dem Markt entzogen sind und die Kreisläufe der Verwertung durchbrechen.

In allen drei Reformvarianten bleiben die grundlegenden ökonomischen und politischen Konstellationen des Kapitalismus unangetastet oder werden nur für überschaubare Teilbestände der Wohnversorgung aufgehoben. Wie soziale Versprechen mit reaktionären Interessen gekoppelt werden können, dafür hat die Berliner SPD in den letzten Jahren ein unrühmliches Beispiel geliefert.

Bereits Friedrich Engels hatte der Ende des 19. Jahrhunderts erstarkenden Sozialdemokratie vorgeworfen, auf einen schrittweisen Wandel statt auf Revolution zu setzen und dabei zwiespältig zu agieren.

> »In der Sozialdemokratischen Partei selbst, bis in die Reichstagsfraktion hinein, findet ein gewisser kleinbürgerlicher Sozialismus seine Vertretung. Und zwar in der Weise, dass man zwar die Grundanschauungen des modernen Sozialismus und die Forderung der Verwandlung aller Produktionsmittel in gesellschaftliches Eigentum als berechtigt anerkennt, aber ihre Verwirklichung nur in entfernter, praktisch unabsehbarer Zeit für möglich erklärt. Damit ist man denn für die Gegenwart auf bloßes soziales Flickwerk angewiesen und kann je nach Umständen selbst mit den reaktionärsten Bestrebungen [...] sympathisieren.«[25]

Wenn man sich anschaut, was die Berliner Sozialdemokratie alles aufgeboten hat, um das Volksbegehren »Deutsche Wohnen & Co. enteignen!« zu verhindern, so könnte man meinen, in den letzten 150 Jahren habe sich nur wenig verändert.

Seit der Gründung der Initiative für das Volksbegehren, bei dem es um die Vergesellschaftung großer Wohnungsbestände geht, ist zumindest das Berliner Spitzenpersonal der SPD auf deutliche Distanz zur Kampagne gegangen. Nach der Ankündigung, mit dem Unterschriftensammeln beginnen zu wollen, verkündete der Regierende Bürgermeister Michael Müller im Januar 2019, er wolle die Anfang der 2000er-Jahre privatisierte Wohnungsbaugesellschaft GSW von der Deutsche Wohnen zurückkaufen. Bei einem geschätzten Kaufpreis von 13,7 Milliarden Euro für die 2004 für 2,1 Milliarden Euro verkauften

25 Engels: Wohnungsfrage, MEW, Bd. 18, S. 650.

Wohnungsbestände eine Idee, die vermutlich nur die Herzen in den Vorstandsetagen der Deutsche Wohnen höherschlagen ließ.[26] Da dieses Vorhaben nicht nur bei der politischen Opposition, sondern auch bei vielen Mieterinnen und Mietern für Spott und Häme sorgte, wurde schnell klar, dass der Kauf zum Marktpreis nicht als adäquate Alternative zur geforderten Sozialisierung angesehen wurde.

Der nächste Versuch, der Enteignungskampagne den Wind aus den Segeln zu nehmen, erfolgte nur wenige Tage später mit einem Gastbeitrag der SPD-Bundestagsabgeordneten Eva Högl und dem Vize-Landeschef der Berliner Sozialdemokraten, Julian Zado, im *Tagesspiegel*. Sie präsentierten dort die Idee einer landesgesetzlichen Mietpreisregulierung und ein erstes Konzeptpapier für einen Berliner Mietendeckel.[27] Michael Müller stellte in einem Interview gegenüber der *Frankfurter Allgemeinen Zeitung* als Erster einen Zusammenhang zwischen dem Mietendeckel und der Enteignungskampagne her: »Ich sehe die Initiative ›Deutsche Wohnen & Co. enteignen!‹ sehr kritisch. [...] Das ist nicht mein Weg und nicht meine Politik. Diskussionen wie diese helfen den Mieterinnen und Mietern jetzt überhaupt nicht.« Dagegen begrüße er den Vorstoß für einen Mietendeckel.[28]

Selbst die sonst eher bieder argumentierende *Mittelbayerische Zeitung* schaute mit mehr Verständnis auf die Enteignungsinitiative als die SPD-Spitze. In einem Kommentar hieß es:

26 Robert Kiesel: Michael Müller will Ankauf von Wohnungen fortsetzen, in: Der Tagesspiegel, 11.12019, www.tagesspiegel.de/berlin/jahresauftakt-pressekonferenz-michael-mueller-will-ankauf-von-wohnungen-fortsetzen/23854272.html.

27 Eva Högl/Julian Zado/Kilian Wegner: Berlin könnte eine eigene Mietpreisregelung einführen, in: Der Tagesspiegel, 18.1.2019, www.tagesspiegel.de/berlin/wohnungsnot-in-der-hauptstadt-berlin-koennte-eine-eigene-mietpreisregulierung-einfuehren/23880014.html; Ulrich Zawatka-Gerlach: SPD schlägt fünf Jahre Mietenstopp in Berlin vor, in: Der Tagesspiegel, 22.1.2019, www.tagesspiegel.de/berlin/wohnungsnot-spd-schlaegt-fuenf-jahre-mietenstopp-in-berlin-vor/23897548.html.

28 Julia Löhr: Was halten Sie von Enteignungen Herr Müller, in: Frankfurter Allgemeine Zeitung, 17.2.2019, www.faz.net/aktuell/wirtschaft/berlins-buergermeister-gegen-enteignungen-16046170.html?GEPC=s3&premium=0x341bbaf8b274b3ae225a25c1ec21de79.

> »Und so treibt schließlich die Not, sich das Wohnen in Städten nicht mehr leisten zu können, viele Menschen auf die Straße. Ihre radikale Forderung nach Enteignung ist daher verständlich. Die Berliner Initiative will nicht nur das Symptom bekämpfen: die teuren Mieten. Sie will das Problem an der Wurzel packen: bei den profithungrigen Konzernen.«[29]

Müllers explizite Unterstützung für den Mietendeckel griff die Parteispitze im März 2019 wieder auf, um im Vorfeld des Landesparteitags einen Antrag zur Unterstützung des Volksbegehrens abzuwenden. Nachdem mehrere Berliner Zeitungen über die breite Unterstützung der SPD-Basis für die Initiative berichtet hatten, versuchte der Vorstand, die eigenen Positionen durch den Vorschlag zu retten, die Entscheidung bis zum nächsten Parteitag im Herbst aufzuschieben, um sich auch innerparteilich gründlicher mit dem Vorschlag auseinandersetzen zu können. Gleichzeitig machte Müller Stimmung gegen die Sozialisierungskampagne und formulierte noch vor dem eigentlichen Sammelstart die Kritikpunkte, die seitdem von konservativen, rechten und liberalen Parteien sowie der Immobilienlobby unablässig wiederholt werden: »Ein erfolgreiches Volksbegehren wäre ein fatales Signal in die Wirtschaft«, die »gemeinnützigen Genossenschaften« hätten »zum Teil auch mehr als 3000 Wohnungen im Portfolio und erreichen damit die aus Sicht der Initiative ›Deutsche Wohnen & Co. enteignen!‹ kritische Marge« und wenn die Initiative erfolgreich wäre, würden »jüdische Eigentümer in Deutschland möglicherweise zum zweiten Mal enteignet«.[30] Während sich die Warnung, auch die Genossenschaften sollten enteignet werden, als kontrafaktische Unterstellung entpuppte, die sich weder durch den Text zur Beschlussfassung noch durch Stellungnahmen der Initiative belegen ließ, und sich Müller wegen des historischen Vergleichs mit der Ent-

29 Jana Wolf: »Zu radikal, aber sexy«, in: Mittelbayerische Zeitung, 7.4.2019, www.presseportal.de/pm/62544/4239188.

30 Reinhart Bünger: Müller will ein Mietenbündnis mit den Privaten, in: Der Tagesspiegel, 25.3.2019, www.tagesspiegel.de/wirtschaft/immobilien/berliner-wohnungsmarkt-mueller-will-ein-mietenbuendnis-mit-den-privaten/24132114.html.

eignung jüdischer Menschen in der Nazizeit Kritik für »eine beschämende antisemitische Äußerung« und die Bedienung »antisemitischer Klischees« einhandelte,[31] blieb als Substanz der bürgermeisterlichen Position eigentlich nur die Angst vor einem »falschen Signal an die Wirtschaft«.

Die hölzerne Argumentation mit Unwahrheiten und fragwürdigen historischen Vergleichen sollte der Initiative maximalen Schaden zufügen und zugleich kaschieren, dass es eben keine Sachargumente gegen das Volksbegehren gab. Auf dem Parteitag Ende März 2019 präsentierte der für seine Nähe zur Immobilienwirtschaft berüchtigte Fachausschuss »Soziale Stadt« einen polemischen Antrag mit dem Titel »Wirksamere Wohnungsmarkt-Regulierung und zügigerer Bau bezahlbarer Wohnungen statt schädliche Sozialisierungsdebatte«. Dieser Antrag fand auf dem Parteitag zwar keine Mehrheit, umriss aber die bis heute gültige Argumentationslinie des sozialdemokratischen Spitzenpersonals gegenüber der Initiative: Darin hieß es:

> »Populistische Patentrezepte vorzugaukeln war wohnungspolitisch nie unser Weg. Wir setzen auf Regulierung und Wohnungsbau. Wir stellen den ›Berliner Mietendeckel‹ zur Diskussion, fordern bundesweit einen 5-jährigen ›Mietenstopp‹ (Mieterhöhungen maximal in Höhe der Inflation) und mehr Investitionen in den Sozialen Wohnungsbau. Viele weitere Ideen zur Marktregulierung liegen vor. Bund (Mietrecht) und Land (Wohnungsbau) tun zu wenig. Das müssen wir ändern. Sonst gewinnen die Populisten Oberwasser.«[32]

Wenn es keine Sachargumente gibt, hilft immer noch die Unterstellung des Populismus bei allen anderen. Welche konkreten Schritte die SPD-Spitze in Berlin unternehmen wollte, hatte sie schon im Vorfeld des Parteitags verlauten lassen: Der

31 Michael Müller, der Bürgermeister von Berlin, bedient antisemitische Klischees, in: Jüdische Stimme, 9.4.2019, www.juedische-stimme.de/2019/04/09/michael-mueller-der-buergermeister-von-berlin-bedient-antisemitische-klischees/.

32 SPD: Anträge zum Landesparteitag der SPD am 30.3.2019, Antrag 56/I/2019: Wirksamere Wohnungsmarkt-Regulierung und zügigerer Bau bezahlbarer Wohnungen statt schädliche Sozialisierungsdebatte.

Regierende Bürgermeister ließ sich etwa im Berliner *Tagesspiegel* mit der Aussage zitieren: »Es ist für mich ein Thema, zu so etwas wie einem Mietenbündnis in der Stadt zu kommen – mit Privaten.« Volker Härtig, Vorsitzender des Fachausschusses »Soziale Stadt«, sekundierte: »Ein politisches Mietenbündnis mit privaten Wohnungsgesellschaften und Eigentümern könnte ein öffentliches Signal sein, dass die Vernunft gebietet, Wohnkosten und Immobilienpreise nicht ungezügelt und asozial steigen zu lassen.« Er hoffe, dass in so einem Bündnis »die seriösen Teile der Wohnungswirtschaft ihre gesellschaftliche Verantwortung« übernehmen würden.[33]

Wie sich die Berliner Sozialdemokratie ein »Mietenbündnis mit Privaten« und die Zusammenarbeit mit den »seriösen Teilen der Wohnungswirtschaft« vorstellte, demonstrierten zunächst Michael Müller und Matthias Kollatz im Jahr 2021 nur wenige Monate vor dem Volksentscheid zur Vergesellschaftung großer Immobilienkonzerne. Als Regierender Bürgermeister und amtierender Finanzsenator ließen es sich die beiden SPD-Funktionäre nicht nehmen, die Fusionspläne der beiden größten börsennotierten Immobilienkonzerne in Deutschland, Vonovia und Deutsche Wohnen, zusammen mit deren Geschäftsführern vorzustellen. Den in Hinterzimmern ausgehandelten Deal hielten sie sogar vor ihren Koalitionspartnern, den Grünen und der LINKEN, geheim. Deren Abgeordnete informierten sie erst kurz vor der ohne Thema angekündigten Pressekonferenz von ihrem Vorhaben. Neben einigen halbherzigen Versprechen der Begrenzung von Mieterhöhungen, die aber nicht für Neuvermietungen gelten sollte, und der Ankündigung, künftig auch in Berlin neue Wohnungen zu bauen, wurde beim Pressetermin der vorgesehene Kauf von 20 000 Wohnungen aus den fusionierten Beständen verkündet – zum Marktpreis von mehr als zwei Milliarden Euro.

Nicht nur erscheint es fragwürdig, wenn sozialdemokratische Spitzenfunktionäre an einer Pressekonferenz zweier privater Immobilienkonzerne teilnehmen und mit der Ver-

33 Bünger: Müller will ein Mietenbündnis.

kündung angeblicher Zugeständnisse für eine soziale Bewirtschaftung der immobilienwirtschaftlichen Elefantenhochzeit öffentlich Legitimität verleihen. Der dort angekündigte Verkauf von 20 000 Wohnungen war zudem keineswegs so uneigennützig, wie es auf den ersten Blick scheinen mochte und sollte nach Einschätzung des *Managermagazins* die inzwischen erfolgte »kartellrechtliche Freigabe der Übernahme erleichtern«.[34]

Auch Franziska Giffey, zum damaligen Zeitpunkt noch Spitzenkandidatin der SPD für die Wahl zum Abgeordnetenhaus, vertrat den Standpunkt ihrer Parteigenossen: »Ich finde es richtig, dass wir den Wohnungsbestand der öffentlichen Hand deutlich erhöhen. Aber ich halte Enteignung nicht für das richtige Mittel.« Stattdessen sei auch sie dafür, »in einen Dialog mit den städtischen Wohnungsbaugesellschaften, Genossenschaften sowie privaten Unternehmen einzutreten, um den Wohnungsbau voranzubringen«.[35] All diese Vorbehalte konnte die Mehrheit der Berliner Wahlberechtigten nicht beeindrucken: Sie stimmten mit fast 57 Prozent der abgegebenen Stimmen für das Volksbegehren zur Enteignung großer Immobilienkonzerne.

Nicht beeindrucken ließ sich aber auch Franziska Giffey, die im Zweitaufguss einer rot-grün-roten Regierung ab Ende 2021 den Posten der Regierenden Bürgermeisterin übernahm. Ungeachtet des klaren Votums beim Volksentscheid bleib die Enteignung für sie eine »rote Linie« und es gelang ihr, die Koalitionspartner von Grünen und LINKEN mit der Drohung einer Ampelkoalition aus SPD, FDP und Grünen in eine Art Geiselhaft zu nehmen.[36] Statt das erfolgreiche Referendum zur

34 Berlins Bürgermeister begrüßt Wohnungsdeal, in: Managermagazin, 25.5.2021, www.manager-magazin.de/politik/deutschland/michael-mueller-buergermeister-von-berlin-begruesst-wohnungsdeal-mit-vonovia-a-f90eed71-7597-4788-8993-6c8d17c5d127.

35 Robert Kiesel/Sabine Beikler: Franziska Giffey erteilt Enteignungen eine Absage, in: Der Tagesspiegel, 24.2.2021, www.tagesspiegel.de/berlin/berliner-spd-uneins-ueber-volksbegehren-franziska-giffey-erteilt-enteignungen-eine-absage/26946162.html.

36 Uwe Rada: Franziska Giffeys rote Linien, in die tageszeitung, 11.9.2021, https://taz.de/Berlin-Wahl-2021/!5796974/; Jan Menzel: Sondierungen in der Schlussphase. Giffeys schmaler Grat, in: rbb24, 12.10.2021, https://www.rbb24.de/politik/wahl/

Enteignung umzusetzen, drückte die SPD in den Koalitionsverhandlungen die windelweiche Formulierung durch, dass Ergebnis des Volksentscheids zu »respektieren« und »verantwortungsvoll« damit umzugehen. Konkret beschlossen wurde die Einsetzung einer Expertenkommission »zur Prüfung der Möglichkeiten, Wege und Voraussetzungen der Umsetzung des Volksbegehrens«.[37]

Während die Umsetzung des Volksentscheides durch die zusätzliche juristische Prüfung erfolgreich verzögert wurde, priorisierte der Koalitionsvertrag unrealistische und bisher unerreichte Neubauziele und ein inzwischen weitgehend gescheitertes Bündnis mit privaten Wohnungsunternehmen.[38] Nach der Wiederholungswahl im Jahr 2023 beendete die SPD die Koalition mit Grünen und LINKEN und schloss sich stattdessen der CDU als Juniorpartnerin an. Ob und wie das schwarz-rote Bündnis mit der Enteignungsfrage umgeht, ist noch offen. Die Spitzen beider Parteien lehnen eine Vergesellschaftung ab, können aber den Volksentscheid und auch das Ergebnis der Expertenkommission nicht völlig ignorieren. Wie fast immer bleibt die Wohnungsfrage eine Frage der sozialen Bewegungen und politischen Mobilisierung. Denn deutliche geworden ist in den letzten Jahren: Von den Berliner Regierungsparteien und insbesondere von der SPD ist eine wirklich transformative Wohnungspolitik nicht zu erwarten.

Linke Realpolitik und Mieter*innen-Initiativen, die die Verhältnisse im Hier und Jetzt verändern wollen, helfen weder die sozialdemokratische Partnerschaft mit der Immobilienwirtschaft noch ein marxistischer Rigorismus wirklich weiter. Friedrich Engels hatte apodiktisch erklärt: »Um dieser Woh-

abgeordnetenhaus/agh-2021/beitraege/analyse-giffey-schmaler-grat-sondierungen-.html.

37 SPD Berlin/Bündnis90/Die Grünen Berlin/DIE LINKE Berlin: Zukunftshauptstadt Berlin, Koalitionsvertrag 2021–2026, https://www.berlin.de/rbmskzl/regierender-buergermeister/senat/koalitionsvertrag/berlin_koavertrag_2021_2026.pdf?ts=1682609609, S. 24

38 Erik Peter: Giffeys Wohnungsbündnis. Nicht viel besser als nichts, in: die tageszeitung, 25.6.2022, https://taz.de/Giffeys-Wohnungsbuendnis-in-Berlin/!5863237/; ders.: Berliner Wohnungsbündnis: Es ist gescheitert, in: die tageszeitung, 19.8.2023 (https://taz.de/Berliner-Wohnungsbuendnis/!5954419/.

nungsnot ein Ende zu machen, gibt es nur ein Mittel: die Ausbeutung und Unterdrückung der arbeitenden Klasse durch die herrschende Klasse überhaupt zu beseitigen.«[39] Aber die drängenden Probleme auf eine Zeit nach der Lösung von vorgeblichen Hauptwidersprüchen zu verschieben ist keine wirkliche Alternative.

Dennoch sollte man Engels' Kritik und Marcuses Einordnungen von reformpolitischen Ansätzen ernst nehmen, um sich den Beschränkungen der jeweiligen Regulierungen und Forderungen bewusst zu werden. Denn bei allen Zugeständnissen, die dem Kapital in einzelnen Feldern abgetrotzt werden können, zeigt die Geschichte der Wohnungspolitik auch, dass das Streben nach Gewinnmaximierung nie wirklich verschwindet. Soziale Belange der Wohnversorgung müssen deshalb immer gegen private Profitinteressen durchgesetzt werden. Eine langfristig angelegte Wohnungspolitik sollte sich daher an der Perspektive einer grundlegenden Aufhebung der bestehenden Machtverhältnisse orientieren.

Revolutionäre Wohnungspolitik im Wartestand

Mit seinem Diktum, ohne eine Aufhebung des Kapitalismus sei eine Lösung der Wohnungsfrage nicht zu haben, hatte Engels eigentlich allen sozialistischen Reformvorschlägen der Wohnungspolitik eine Abfuhr erteilt. Zugleich bot seine ökonomische Analyse der Wohnungsnot, die er unmittelbar auf die privaten Eigentumsverhältnisse und die wirtschaftliche Gewinnlogik des Kapitals zurückführte, einen Ansatz zu deren Überwindung: die Veränderung der Eigentumsverhältnisse und die Überwindung von Marktlogiken.

Um dies zu erreichen, haben linke Parteien bislang meist auf eine Verstaatlichung des Wohnungssektors gesetzt, doch eine staatlich organisierte Wohnungspolitik hat mindestens drei Schwachstellen: den Paternalismus, die Standardisierung und die Abhängigkeit von politischen Konjunkturen. Die meisten staatlichen Eingriffe und Wohnungsbauprogramme wer-

39 Engels: Wohnungsfrage, MEW, Bd. 18, S. 213.

den mithilfe von bürokratischen Regeln und Vorgaben implementiert und grenzen die Entfaltungsmöglichkeiten einzelner Akteure ein. Sie beschränken damit oftmals auch die Initiative von Einzelnen, für die Gestaltung ihrer individuellen Wohnbedingungen Verantwortung zu tragen. Insbesondere die klimapolitischen Herausforderungen sind aber nur mit einer tatsächlichen Veränderung von Lebensweisen und Wohnformen zu bewältigen, die eine aktive Beteiligung von möglichst vielen voraussetzt.

Um die Schwächen einer Verstaatlichung zu vermeiden, betonen die städtischen Protestbewegungen seit den 1970er-Jahren verstärkt die Elemente von Selbstverwaltung und Mitbestimmung im Bereich des Wohnens. Vor allem in den Hochphasen der Hausbesetzungen und in der wachsenden Zahl von selbstorganisierten Wohnprojekten entwickelten die Aktiven neue Formen der kollektiven Verantwortung und Bewirtschaftung. Sie blieben jedoch als Praxis einer Subkultur zumindest in Deutschland eine gesellschaftliche Nischenerscheinung.

Erst mit den jüngsten Wohnungskrisen und mietenpolitischen Bewegungen ist wieder Schwung in die Debatten um die Selbstverwaltung gekommen. Gerade weil es viele Hausgemeinschaften sind, die sich als Mikrokollektive organisieren, um die nächste Mietsteigerung, die Umwandlung in Eigentumswohnungen oder die Modernisierungsmaßnahmen zu verhindern, die sie aus den Häusern verdrängen würden, hat der Wunsch nach einer gemeinschaftlichen Kontrolle über die eigenen Wohnverhältnisse eine neue soziale Basis erhalten.

Eine Überwindung von Ungleichheit, Entfremdung und Ressourcenverschwendung im Bereich des Wohnens setzt eine umfassende Transformation des Wohnungswesens voraus. Kernelemente einer solchen transformativen Wohnungspolitik lassen sich als Dreiklang von Dekommodifizierung, Desalienation und Demokratisierung beschreiben.[40]

Unter *Dekommodifizierung* wird die Herauslösung der Wohnversorgung aus den Marktverhältnissen verstanden.

40 David Madden/Peter Marcuse: In Defense of Housing, London/New York 2016, S. 217.

Neben öffentlichen und genossenschaftlich organisierten Wohnungsbeständen hat sich in den letzten Jahren eine Reihe von alternativen Ansätzen der Erstellung und Bewirtschaftung von Wohnungen etabliert. So untersagen beispielsweise die Community Land Trusts[41] und das Mietshäuser Syndikat[42] jeglichen Spekulationsgewinn aus einer Bodenwertsteigerung und ermöglichen eine kostendeckende Bereitstellung von bedarfsgerechtem Wohnraum. Das Prinzip der Dekommodifizierung wird dabei in speziellen eigentumsrechtlichen Konstrukten umgesetzt, die auf eine kollektive Kontrolle bauen, in denen Verkäufe von Grundstücken und Gebäuden dauerhaft ausgeschlossen werden und ein gemeinsam definierter Bewirtschaftungszweck ohne Gewinnerzielung festgesetzt wird.[43] Zudem kann eine Aufhebung der Konkurrenz um immer höhere Erträge und die Erschließung neuer Ertragsoptionen auch die expansive Tendenz der Ausweitung von Wohnungsbeständen einschränken und den Raum für ökologisch und klimapolitisch motivierte Begrenzungen eröffnen, die unter den gegenwärtigen Bedingungen jeweils den privaten Gewinninteressen abgetrotzt werden müssen.

Als *residential desalienation* wird die Überwindung des entfremdeten Wohnens bezeichnet, die sowohl die eigentumsrechtliche Kontrolle der Wohnungen als auch umfassende Sicherheiten der Wohnverhältnisse und die Selbstbestimmung über die eigenen Wohnbedingungen umfasst.[44] Radikale Perspektiven der (Wieder-)Aneignung von Wohnverhältnissen schließen auch Optionen einer materiellen Veränderung und einer flexiblen Nutzung mit ein und sehen Wohnen nicht als

41 Sabine Horlitz: Community Land Trusts: Nachbarschaftliche Selbstverwaltung gegen Bodenspekulation und Verdrängung, in: Brigitta Gerber/Ulrich Kriese (Hrsg.): Boden behalten – Stadt gestalten, Zürich 2019, S. 105–114.

42 Stefan Rost: Das Mietshäuser Syndikat, in: Silke Helfrich/Heinrich-Böll-Stiftung (Hrsg.): Commons: Für eine neue Politik jenseits von Markt und Staat, Bielefeld 2012, S. 285–287.

43 Ivo Balmer/Tobias Bernet: Selbstverwaltet bezahlbar wohnen? Potentiale und Herausforderungen genossenschaftlicher Wohnprojekte, in: Barbara Schönig/Justin Kadi/Sebastian Schipper (Hrsg.): Wohnraum für alle?! Perspektiven auf Planung, Politik und Architektur, Bielefeld 2017, S. 259–280.

44 Madden/Marcuse: In Defense of Housing, S. 53ff.

individuelle Anpassung an die jeweiligen Gegebenheiten, sondern als permanente Veränderung der gebauten Strukturen an. Eine solche Aneignung der Wohnbedingungen und Wohnsituationen eröffnet auch neue Möglichkeiten für bisher eher seltene gemeinschaftliche und sich überlagernde Nutzungen, die den individuellen Wohnflächenverbrauch drastisch reduzieren können.[45]

Unter *Demokratisierung* des Wohnens schließlich werden die meist kollektiven Kontroll- und Mitbestimmungsmöglichkeiten über bauliche Gestaltung, Bewirtschaftung und Vergabe von Wohnungen zusammengefasst. Im Gegensatz zu den ungleichen Machtverhältnissen zwischen Eigentümer und Mieter setzt die Demokratisierung des Wohnens auf gemeinschaftliche Aushandlungsprozesse und eine von den Nutzerinnen und Nutzern ausgehende Kontrolle der Bewirtschaftung. In vielen gemeinschaftlichen Hausprojekten haben sich innovative Verfahren der kollektiven Entscheidungsfindung etabliert[46] und auch in einigen Genossenschaften sind Momente der tatsächlichen Mitbestimmung zu finden.[47] Als Ansätze einer Demokratisierung des Wohnens können in größeren Wohnungsunternehmen Elemente der Mieterselbstverwaltung und die Vergabe von Aufsichtsratssitzen an Vertreterinnen und Vertreter von Mieterräten angesehen werden, wie sie beispielsweise im Berliner Wohnraumversorgungsgesetz (WoVG Bln, Art. 2 §7) geregelt sind. Die demokratische Kontrolle von Wohnungsbau und Wohnungsbewirtschaftung eröffnet die Chance, jenseits der kalkulatorischen Prämissen des Markts das Allgemeinwohlinteresse einer nachhaltigen

45 John F. C. Turner: Housing as a verb, in: ders./Robert Fichter (Hrsg.): Freedom to Build. Dweller Control of the Housing Process, New York 1972, S. 148–175, hier S. 151ff.

46 Silke Helfrich/Stefan Meretz/Tomislav Knaffl: Commons statt Gemeinschaft. Anders bauen und wohnen, in: Andrej Holm/Christoph Laimer (Hrsg.): Gemeinschaftliches Wohnen und selbstorganisiertes Bauen, Wien 2021, S. 48–59, hier S. 54ff.

47 Matthias Wendt: »Weil es nur zusammen geht«. Commons-basierte Selbstorganisation in der Leipziger Hausprojektszene, Frankfurt a. M./New York 2018; Barbara Emmenegger/Meike Müller: Engagement und Gestaltungsfreiheiten in genossenschaftlichen Wohnsiedlungen, in: Andrej Holm/Christoph Laimer (Hrsg.): Gemeinschaftliches Wohnen und selbstorganisiertes Bauen, Wien 2021, S. 86–99.

und ressourcenschonenden Ausgestaltung und Ausstattung der Wohngebäude umzusetzen, ohne die Kosten einseitig auf die Mieterinnen und Mieter abzuwälzen.

Eine Transformation des Wohnens in den drei skizzierten Dimensionen setzt den Bruch mit der marktförmigen Organisation des Wohnungswesens voraus und verwandelt das Wohnen von einer Ware in eine soziale Infrastruktur, die in öffentlicher Verantwortung und unter gesellschaftlicher Kontrolle organisiert und bewirtschaftet wird. Anleihen für eine andere Art und Weise, das Wohnen zu organisieren, können sowohl aus historischen Erfahrungen des genossenschaftlichen und gemeinnützigen Wohnungsbaus gezogen werden[48] als auch aus den selbstorganisierten Projekten des gemeinschaftlichen Wohnens, die schon jetzt marktferne und oft auch ökologisch nachhaltige Alternativen in vielen Städte praktizieren.[49]

Die Aufgabe der Wohnungspolitik sollte es sein, neben der Lösung von unmittelbaren Versorgungsproblemen und der Korrektur von unsozialen Effekten marktwirtschaftlicher Ekstasen der Grundstücks- und Immobilienmärkte, die Rahmenbedingungen für eine umfassende Reform des Wohnungswesens zu schaffen und die Ausweitung von marktfernen Trägern der Wohnversorgung zu begünstigen. Aus der Geschichte der Wohnforschung ist bekannt, dass sich unter den jeweils gegebenen Bedingungen immer die Eigentümertypen durchsetzen werden, die unter diesen spezifischen Konditionen ihre eigenen Ziele am besten vertreten können. Der Umbau der Eigentümerstrukturen gilt deshalb als der wirkmächtigste und nachhaltigste Effekt von Wohnungspolitik[50] und »als

48 Klaus Novy/Michael Prinz: Illustrierte Geschichte der Gemeinwirtschaft. Wirtschaftliche Selbsthilfe in der Arbeiterbewegung von den Anfängen bis 1945, Bonn 1983; Jan Kuhnert/Olof Leps: Neue Wohnungsgemeinnützigkeit. Wege zu langfristig preiswertem und zukunftsgerechtem Wohnraum, Wiesbaden 2017.

49 Balmer/Bernet: Selbstverwaltet bezahlbar wohnen?; Andrej Holm/Christoph Laimer (Hrsg.): Gemeinschaftliches Wohnen und selbstorganisiertes Bauen, Wien 2021.

50 Max Welch-Guerra: Vermieterstruktur und Depolitisierung der Wohnungspolitik. Die Politik des CDU-geführten Senats gegenüber der Anbieterseite des Wohnungsmarktes in Berlin (West) von 1982 bis 1988 (Arbeitshefte des Instituts für Stadt- und Regionalplanung der Technischen Universität Berlin, Heft 44), Berlin 1992.

ausgesprochen aussagekräftiger Indikator für Dimensionen und Erfolg einer Neuorientierung staatlicher/kommunaler Wohnungspolitik«.[51]

Wenn Ziele einer sozial ausgeglichenen, an den Bedarfen der Menschen orientierten und klimapolitisch nachhaltigen Wohnversorgung ernsthaft verfolgt werden, sind also entsprechende Eigentümerstrukturen zu protegieren. Die möglichst weitgehende Zurückdrängung von marktwirtschaftlichen Logiken ist dann nicht der Weg, sondern das Ziel einer transformativen Wohnungspolitik.

51 Harald Bodenschatz: Vorwort, in: ebd., S. V–IX, hier S. V.

5 — Wohnen als Arena gesellschaftlicher Transformation

Mietrecht, staatliche Förderprogramme für den Wohnungsbau und Steuererleichterungen für Neubauinvestitionen – wenn es um Verbesserungsvorschläge der Wohnungspolitik geht, wird in der Regel der Staat als zentraler Akteur angerufen, um zwischen widerstreitenden Interessen zu vermitteln. Dabei sind staatliche Interventionen keineswegs so neutral, wie sie scheinen, und auch nur selten im Interesse der Mieterinnen und Mieter. Ein Blick in die Geschichte der staatlichen Eingriffe in das Wohnungswesen hilft, die Rolle des Staats in der Wohnungsfrage besser zu verstehen.

Engels' klare Absage, in der Wohnungsfrage auf eine Lösung innerhalb der kapitalistischen Ordnung zu hoffen, geht auf die Analyse des Hauptwiderspruchs zwischen Kapital und Arbeit zurück, hat aber auch mit seiner damaligen Bewertung des Staats zu tun. Weil er Mobilität und Besitzlosigkeit des Proletariats als Voraussetzung der kapitalistischen Produktion betrachtete – sonst entfiele der Zwang zur Arbeit –, wies er die Idee zurück, Mieter in Eigentümer verwandeln zu wollen. Das sei sowieso nur eine Option für gut bezahlte Arbeiterinnen und Arbeiter und das Wohneigentum führe zu einer Klassenspaltung. Die philanthropischen Träumereien vom Wohneigentum für die niederen Schichten hielt Engels für ahistorisch, sie ignorierten, dass gerade die »Vertreibung der Arbeiter von Haus und Herd« die Voraussetzung für die Entstehung der Industriestädte und der kapitalistischen Produktionsweise war.[1]

Da nun also das Kapital die Wohnungsfrage nicht lösen wurde, weil es kein ökonomisches Interesse daran hat, und auch die Selbsthilfe zum Eigentumserwerb nur eine Option für

1 Friedrich Engels: Zur Wohnungsfrage, in: Karl Marx/Friedrich Engels: Werke, Berlin 1956ff. [MEW], Bd. 18, S. 209–287, hier S. 219.

wenige ist, blieb jenseits einer grundlegenden gesellschaftlichen Veränderung zunächst nur noch der Staat.

In der zweiten Hälfte des 19. Jahrhunderts mehrten sich denn auch die bürgerlichen Stimmen, die ein verstärktes Einmischen des Staats in die Wohnungsfrage forderten. Emil Sax wird von Engels mit folgenden drei Anforderungen an ein soziales staatliches Handeln zitiert:

> »Erstens, der Staat hat darauf bedacht zu sein, in seiner Gesetzgebung und Verwaltung alles auszumerzen oder entsprechend zu bessern, was in irgendeiner Weise die Beförderung der Wohnungsnot der arbeitenden Klassen zur Folge hat. [...] Zweitens, die Staatsgewalt hat zu verhindern, dass der Einzelne in seinem beschränkten Individualismus das Übel fortpflanze oder neu hervorrufe. [...] ›Drittens‹ soll die Staatsgewalt nach Herrn Sax ›alle ihr zu Gebote stehenden positiven Maßregeln zur Abhülfe der bestehenden Wohnungsnot in umfassendstem Maße in Anwendung bringen.‹«[2]

Gesetze gegen die Beförderung der Wohnungsnot, die Beschränkung privaten Profitstrebens und Abhilfe gegen das bestehende Wohnungselend würden in der Konsequenz das Ende einer kapitalistischen Wohnungswirtschaft bedeuten. Friedrich Engels war zu seiner Zeit mehr als skeptisch, dass dies durch staatliche Interventionen zu erreichen sei. Die aufgeregten Reaktionen auf Mietendeckelgesetze und die Beschränkung von Höchsterträgen zeigt, dass es bis heute schwer ist, ein konsequentes Programm einer sozialen Wohnungspolitik durchzusetzen.

Die Vorstellung, der Staat könne die Rahmenbedingungen schaffen, die es erlauben, das Interesse aller zu berücksichtigen, klingt nach der ausgedehnten Phase der Wohlfahrtsorientierung in der zweiten Hälfte des 20. Jahrhunderts vielleicht realistischer als in den Zeiten des Manchesterkapitalismus, aber die Grenze staatlicher Sozialpolitik ist bis heute die Absi-

2 Zit. nach: ebd., S. 255ff.

cherung der wirtschaftlichen Interessen von Unternehmen. Das hat Engels schon gesehen:

> »Dass der heutige Staat der Wohnungsplage weder abhelfen kann noch will, ist sonnenklar. Der Staat ist nichts als die organisierte Gesamtmacht der besitzenden Klassen, der Grundbesitzer und Kapitalisten gegenüber den ausgebeuteten Klassen, den Bauern und Arbeitern. Was die einzelnen Kapitalisten (und diese kommen hier allein in Frage, da in dieser Sache auch der beteiligte Grundbesitzer zunächst in seiner Eigenschaft als Kapitalist auftritt) nicht wollen, das will auch ihr Staat nicht. Wenn also die einzelnen Kapitalisten die Wohnungsnot zwar beklagen, aber kaum zu bewegen sind, ihre erschreckendsten Konsequenzen oberflächlich zu vertuschen, so wird der Gesamtkapitalist, der Staat, auch nicht viel mehr tun. Er wird höchstens dafür sorgen, dass der einmal üblich gewordene Grad oberflächlicher Vertuschung überall gleichmäßig durchgeführt wird. Und wir haben gesehen, dass dies der Fall ist.«[3]

Eigentlich reicht ein Blick auf die staatlichen Kriseninterventionen während der Finanzkrise und der Corona-Pandemie, um Engels' These vom »Staat als Gesamtkapitalist« bestätigt zu sehen. Milliardenzahlungen an die als systemrelevant angesehenen Banken in der Finanzkrise, Durchsetzung von rigiden Austeritätspolitiken gegen Griechenland und Milliarden für die Rettung von Reiseunternehmen und Fluggesellschaften in der Corona-Krise zeigen, für wen sich der Staat entscheidet, wenn es darauf ankommt.[4] Dass trotz der prominenten No- und Zero-Covid-Forderungen die meisten Wirtschaftsbereiche von Lockdown und verbindlichen Auflagen ausgespart blieben, bestätigt, welche Prioritäten der Staat setzte und setzt.[5]

3 Ebd., S. 257f.

4 Yanis Varoufakis: Die ganze Geschichte. Meine Auseinandersetzung mit Europas Establishment, München 2017; Vera Stolz-Gerhardt: Finanzsystemstabilität, systemisches Risiko und Bailout-Instrumente. Eine Analyse staatlich induzierter Bankenrettungsmaßnahmen, Wiesbaden 2019, S. 137ff.

5 Thomas Sablowski: Klassenkämpfe in der Corona-Krise. Die Auseinandersetzung um die wirtschaftspolitischen Maßnahmen der Bundesregierung, in: PROKLA. Zeitschrift für Kritische Sozialwissenschaft 200, 2020, S. 519–542.

Es war ihm durchgehend wichtiger, »die Wirtschaft« gut durch die Pandemie zu bringen, als möglichst konsequent die Ausbreitung des Virus zu unterbinden, um möglichst viele Menschenleben zu retten.

Trotz grundsätzlicher Kontinuitäten der Staatsaufgaben haben sich die konkreten Bedingungen der kapitalistischen Produktion und das staatliche Handeln in den 150 Jahren seit Engels' Arbeit zur Wohnungsfrage verändert. Selbst wenn man nicht der Ansicht ist, der Staat sei in seiner liberalen Verfasstheit als Exekutive Ausdruck von gesellschaftlichen Mehrheitsverhältnissen, so ist der Staat jedoch auch nicht der bloße Handlanger der Kapitalinteressen. Das Verbot von Kinderarbeit oder der Ausstieg aus der Atomkraft sind Beispiele dafür, dass staatliche Politik nicht immer und durchgehend auf die Optimierung von Gewinnen und Ausbeutung ausgerichtet war und ist.

Marxistinnen und Marxisten, die in den vergangenen 150 Jahren voller Hoffnung und mit wissenschaftlich begründeter Weltanschauung auf die krisenhafte Zuspitzung der Widersprüche des Kapitalismus geblickt und auf die zwangsläufige Überwindung der Ausbeutung gewartet haben, wurden ein ums andere Mal von der Fähigkeit des Kapitalismus überrascht, sich selbst zu verändern und neu zu erfinden. Die sogenannte Regulationstheorie, in den 1970er-Jahren im französischen Marxismus entwickelt, versuchte, die Veränderbarkeit von ökonomischen und sozialen Prozessen innerhalb der kapitalistischen Entwicklung zu erklären und beschäftigte sich mit der Fähigkeit von kapitalistischen Gesellschaften, ökonomische, soziale und kulturelle Krisen zu bewältigen. Damit erweiterte die Regulationsschule die starre Vorstellung einer gesetzmäßigen und deterministischen Abfolge von gesellschaftlichen Entwicklungsstufen, wie sie der dogmatische Marxismus behauptet hatte.[6] Es gebe, so ihre Auffassung, wechselnde, aber jeweils relativ stabile Phasen des Zusammenwirkens von Akkumulationsregimen und Regulationsweisen,

6 Hans-Dieter Haas/Simon-Martin Nullmair: Regulationstheorie, in: Gabler Wirtschaftslexikon, Wiesbaden 2018, https://wirtschaftslexikon.gabler.de/definition/regulationstheorie-42980/version-266317.

in denen staatlichem Handeln und staatlichen Institutionen ein deutlich größerer Stellenwert zukomme, als der klassische Marxismus einräume.[7]

Als Akkumulationsregime wird in diesen Ansätzen der jeweils vorherrschende Modus bezeichnet, die kapitalistische Wirtschaft zu organisieren. Das umfasst neben den Fragen, wie Produktionsabläufe gestaltet und welche Rechte den Arbeitenden im Produktionsprozess zugestanden werden, auch die »Verteilung und Reallokation des gesellschaftlichen Produkts« über die »Konsumnormen der Lohnabhängigen und die Kollektivausgaben« des Staats. Als Regulationsweise beschreiben die Vertreterinnen und Vertreter der Regulationsschule die historisch spezifischen Konstellationen von gesellschaftlichen Institutionen und staatlichen Strukturen, mit denen eine breite gesellschaftliche Zustimmung für das jeweilige Modell der Produktion gesichert werden soll.[8]

Die Regulationstheorie geht davon aus, dass jedes ökonomische System eine stabile gesellschaftliche Ordnung voraussetzt, die in den entwickelten kapitalistischen Ländern durch ein Mindestmaß an Zustimmung seitens der gesellschaftlichen Mehrheiten sichergestellt werden soll. Antonio Gramsci, der italienische Philosoph und Mitbegründer der Kommunistischen Partei in Italien, hatte schon in den 1920er-Jahren die Erkenntnis, dass politische Macht im Kapitalismus über eine Kombination aus Zwang und Konsens hergestellt wird:[9] Benjamin Opratko fasst seinen Gedanken so zusammen: die »herrschenden Klassen *herrschen* nicht bloß durch Zwang, sondern sie *führen* wesentliche Teile der Gesellschaft, sie integrieren sie in ihre ›Hegemonie‹«.[10]

7 Georg Simonis: Regulationstheorie, in: Arthur Benz/Susanne Lütz/Uwe Schimank/Georg Simonis (Hrsg.): Handbuch Governance. Theoretische Grundlagen und empirische Anwendungsfelder, Wiesbaden 2007, S. 212–225, hier: S. 220f.

8 Alain Lipietz: Akkumulation, Krisen und Auswege aus der Krise. Einige methodische Überlegungen zum Begriff der »Regulation«, in: PROKLA. Zeitschrift für Kritische Sozialwissenschaft 15, 1985, S. 109–137, hier S. 121.

9 Vgl. Antonio Gramsci: Gefängnishefte, hrsg. von Klaus Bochmann und Wolfgang Fritz Haug, 10 Bde., Hamburg 1991.

10 Benjamin Opratko: Hegemonie. Politische Theorie nach Antonio Gramsci, Münster 2014, S. 7.

Die Aufgabe, auch die »subalternen Klassen« zu einer »ausdrückliche Zustimmung zu den bestehenden Verhältnissen« zu bewegen oder dazu, die Verhältnisse »zumindest passiv hinzunehmen«, kommt dabei in erster Linie dem Staat zu, der für das Setzen der Rahmenbedingungen der jeweiligen Regulationsweise verantwortlich ist.[11] Die »ausdrückliche Zustimmung der subalternen Klassen« erhält man nur, wenn es gelingt, das Programm der Kapitalverwertung als Allgemeininteresse erscheinen zu lassen. Das setzt die Einbindung möglichst vieler Interessengruppen, materielle Zugeständnisse auch zugunsten der unteren Klassen sowie Formen der gemeinschaftsstiftenden Repräsentation des jeweiligen Systems voraus.[12] In der Bundesrepublik kann die Phase des industriellen Wachstums nach 1945 – die Zeit des »Wirtschaftswunders« – als Prototyp einer breiten gesellschaftlichen Einbindung gelten.[13] In England ist es der Thatcher-Regierung in den 1980er-Jahren gelungen, für ihre neoliberale Politik der aggressiven Privatisierung eine relativ stabile Zustimmung bei Teilen der Arbeiterschaft zu erhalten und die Gegenmacht der Gewerkschaften zu zerschlagen, weil sie Millionen von Mieterinnen und Mieter durch die Right-to-Buy-Politik in Eigentümerinnen und Eigentümer verwandelte.

> »Anstatt für die Erhaltung ihres Lebensstandards auf Lohnerhöhungen zu setzen, verließen sie sich auf steigende Immobilienpreise. Sie richteten ihre materiellen Interessen neu aus,

11 Norbert Nicoll: Gramsci, Hayek und die unbestreitbare Nützlichkeit einer hegemonialen Strategie, in: Emanzipation 1/2012, S. 72–86, hier S. 74.

12 Vgl. Ernesto Laclau/Chantal Mouffe: Hegemonie und radikale Demokratie. Zur Dekonstruktion des Marxismus, Wien 1991; Ernesto Laclau: Identity and Hegemony. The Role of Universality in the Constitution of Political Logics, in: Judith Butler/Ernesto Laclau/Slavoj Žižek (Hrsg.): Contingency, Hegemony, Universality. Contemporary Dialogues on the Left, London 2000, S. 44–89; ders.: On Populist Reason, London/New York 2005, Martin Nonhoff: Diskurs, radikale Demokratie, Hegemonie – Einleitung, in: ders. (Hrsg.): Diskurs – radikale Demokratie – Hegemonie. Zum politischen Denken von Ernesto Laclau und Chantal Mouffe, Bielefeld 2007, S. 7–25, hier S. 12f.

13 Ralf Hoffrogge: Fordismus, Eurokommunismus und Neue Linke. Thesen zu Kontinuitäten und Diskontinuitäten zwischen Arbeiterbewegung und linker Szene in der BRD, in: Jahrbuch für historische Kommunismusforschung (JHK) 2012, S. 249–263, hier S. 253f.

> sodass ihre Anliegen eher denen der vermögenden und weniger denen anderer Lohnabhängiger glichen. Dadurch wurden sie zu Unterstützerinnen und Unterstützern der Status quo.«[14]

Die für die Stabilität des Wirtschaftssystems notwendige Einbindung der gesellschaftlichen Mehrheit kann nicht einfach aus den ökonomischen Bedingungen abgeleitet werden, sondern setzt die Berücksichtigung sehr verschiedener Interessen voraus.[15] In aktuellen politikwissenschaftlichen Arbeiten wird der »Kampf um eine hegemoniale Stabilisierung als der eigentliche Modus der Politik« genannt.[16] Anders als es die Ideologien des Markts behaupten, ergeben sich Wohlfahrtseffekte für breite Schichten der Bevölkerung keineswegs automatisch aus dem Wirtschaftswachstum, sondern sind das Ergebnis von politischen Auseinandersetzungen, die auch vom »Aufbau [...] einer Vielzahl an zivilgesellschaftlichen und staatlichen Apparaten« begleitet werden.[17]

Da das Wohnen als umfassende Alltagserfahrung eine zentrale Rolle bei der individuellen Bewertung der allgemeine Lebenszufriedenheit spielt, zielen seit Langem viele Aktivitäten der »zivilgesellschaftlichen und staatlichen Apparate« darauf, das von Friedrich Engels und vielen anderen beklagte Wohnungselend zu mindern oder zu beseitigen. Immer wieder gelang es den Staaten, zumindest partielle Lösungen zu finden, um auf der Basis einer relativen Wohnzufriedenheit eine grundsätzliche Zustimmung für das System zu erhalten. Das ambitionierte Wohnungsbauprogramm in der DDR zeigt, dass gutes Wohnen für die gesellschaftliche Akzeptanz eines Herrschaftssystems nicht nur in kapitalistischen Gesellschaften wichtig ist.

14 Grace Blakeley: Stolen. So retten wir die Welt vor dem Finanzkapitalismus, Berlin 2021, S. 131.

15 Sabine Kebir: Antonio Gramscis Zivilgesellschaft. Alltag, Ökonomie, Kultur, Politik, Hamburg 1991, S. 12.

16 Nonhoff: Diskurs, S. 11f.

17 Alex Demirović: Neoliberalismus und Hegemonie, in: Christoph Butterwegge/Bettina Lösch/Ralf Ptak (Hrsg.): Neoliberalismus. Analysen und Alternativen, Wiesbaden 2008, S. 17–33, hier S. 18.

Im Westen setzten die Regierungen in der zweiten Hälfte des 20. Jahrhunderts vor allem auf den Bau von staatlich finanzierten Großsiedlungen, deren Bewohnerschaft sowohl in Westdeutschland als auch in Frankreich als stabile Wählerbasis für die jeweils regierenden Parteien galt. Die Orientierung der Programme des Sozialen Wohnungsbaus an »breiten Schichten der Bevölkerung« steht für diese Legitimationsstrategie.[18] Erst als sich die soziale Zusammensetzung der Siedlungen veränderte und sie vielfach von Familien mit Migrationserfahrung bewohnt wurden, erlosch die Euphorie für Großsiedlungen, die man fortan nicht mehr als Orte der Stammwählerschaft, sondern als Problemviertel ansah. In Wien galten die Wohnanlagen des Gemeindebaus über viele Jahrzehnte ebenfalls als sichere Hochburgen für die Sozialdemokratie – und auch hier versiegte das Interesse der Stadt an einem Ausbau der öffentlichen Bestände zu einem Zeitpunkt, an dem die Struktur der Bewohnerschaft nicht mehr der sozialdemokratischen Klientel entsprach. Zwar gab es für den Wechsel von wohnungspolitischen Schwerpunktsetzungen noch andere Gründe, doch wird hier die Bedeutung der Wohnungspolitik für die gesellschaftliche Legitimation des jeweiligen Systems deutlich.

Staatliche Wohnungspolitik als Legitimationsinstanz des Kapitalismus

Staatliches Handeln im Bereich der Wohnungspolitik war und ist in kapitalistischen Gesellschaften immer vor die Herausforderung gestellt, die gesellschaftlich notwendigen Kompromisse nicht so weit auszudehnen, dass das damit legitimierte System der Marktwirtschaft selbst infrage gestellt wird. Schon die ersten Reformforderungen an die Wohnungspolitik im 19. Jahrhundert zielten darauf ab, das System der kapitalistischen Stadtentwicklung aufrechtzuerhalten und zugleich die dadurch hervorgerufenen Übelstände einzudämmen. Ihre Vertreterinnen und Vertreter verlangten vom Staat, die Machtpo-

18 Barbara Schönig: Ausnahmesegment. Form und Funktion sozialen Wohnungsbaus im transformierten Wohlfahrtsstaat, in: PROKLA. Zeitschrift für Kritische Sozialwissenschaft 191, 2018, S. 227–245.

sition der Eigentümerinnen und Eigentümer zu begrenzen, oder setzten auf den Bau von Wohnungen durch nicht profitorientierte Gesellschaften. Insbesondere die Anfänge der Genossenschaftsbewegung und die Etablierung von Prinzipien der Gemeinnützigkeit beruhten auf der Grundidee, dass eine Wohnversorgung für die Armen nur gelingen kann, wenn sie nicht von unternehmerischen Kalkülen bestimmt wird. So riefen bürgerliche Philanthropen aus Angst vor Seuchen und Revolten zur Mäßigung des Gewinnstrebens auf. In seinen »Mahnruf zur Wohnungsfrage« von 1890 appellierte der Ökonom und Mitbegründer des Vereins für Socialpolitik, Gustav Schmoller, an »die Besitzenden und Gebildeten«, gemeinnützige Aktiengesellschaften und Stiftungen für den Wohnungsbau zu gründen, um »der Privatbauspekulation Konkurrenz zu machen«.[19] Doch ohne einen aktiven staatlichen Eingriff verpufften die Aufrufe für ein soziales Engagement der Besitzenden weitgehend. Die Aussicht auf eine mögliche Rendite war den meisten doch näher als ein Beitrag für den sozialen Frieden in den Städten.

Da im 19. Jahrhundert der Wohnungsbau und das Vermietungsgewerbe so gut wie keine Regulierungen kannten, unterlagen die Wohnverhältnisse der Vertragsfreiheit und wurden von den Hausbesitzerinnen und Hausbesitzern diktiert. Ernst Engel, der Leiter des Preußischen Statistischen Bureaus, bezeichnete die damalige Situation wegen der Willkür der Eigentümerinnen und Eigentümer als »Wohnungsfeudalismus«.[20] Mieterinteressen artikulierten sich in dieser Zeit vor allem als Straßenprotest. So waren das schnelle Wachstum der Stadt und die Entstehung der dicht besiedelten Arbeiterviertel in Berlin seit den 1860er-Jahren von regelmäßigen Auseinandersetzungen zwischen den bei-

19 Gustav Schmoller: Ein Mahnruf in der Wohnungsfrage [1890], in: Hartmut Frank/Dirk Schubert (Hrsg.): Lesebuch zur Wohnungsfrage, Köln 1983, S. 159–174, hier S. 170.

20 Hans-Jürgen Teuteberg: Die Debatte der deutschen Nationalökonomie im Verein für Socialpolitik über die Ursachen der »Wohnungsfrage« und die Steuerungsmittel einer Wohnungsreform im späten 19. Jahrhundert, in: ders.: (Hrsg.): Stadtwachstum, Industrialisierung, sozialer Wandel. Beiträge zur Erforschung der Urbanisierung im 19. und 20. Jahrhundert, Berlin 1986, S. 13–59, hier S. 23.

den Parteien begleitet. Vor allem Exmittierungen, wie Wohnungsräumungen damals genannt wurden, gerieten mehrfach zu regelrechten Straßenschlachten, weil sich Nachbarinnen und Nachbarn versammelten, um die Räumung der Betroffenen zu verhindern. Einen Höhepunkt fanden diese Konflikte mit den »Blumenstraßenkrawallen« im Jahr 1872, als sich mehrere Tausend Menschen über Tage der Räumung einer Tischlerfamilie entgegenstellten, weil die von ihnen bewohnte Baracke für einen Neubau abgerissen werden sollte. Mehr als 100 verletzte Polizisten und noch deutlich mehr durch Polizeisäbel verletzte Aufständische lautete die Bilanz der Proteste.[21]

Parallel zu verschiedenen Formen der Selbstverteidigung gegen die Vermieterwillkür entstanden die ersten Mieterorganisationen für eine koordinierte Interessenvertretung. So gründete sich 1888 mit dem kleinbürgerlich geprägten Verein der Berliner Wohnungsmiether der erste Mieterverein.[22] Seine Aufgabe bestand vor allem in der Rechtsberatung zu allen Fragen rund ums Mietverhältnis. Die Forderung nach einem allgemeinen Mietrecht verhallte lange ungehört und wurde viel später, 1922, mit dem Beschluss des Reichsmietengesetzes erfüllt. Und die Einhegung der Kapitalverwertung im Bereich des Wohnens erfolgte erst, als die sozialen Kämpfe mit der Novemberrevolution 1918 so weit erstarkten, dass eine Einbindung über deutliche materielle Zugeständnisse nicht mehr aufzuschieben war.

Die Wohnungspolitik in der Weimarer Republik war durch weitgehende staatliche Eingriffe in den Wohnungssektor geprägt. Ziel war es, die Wohnungsnot der Nachkriegszeit zu beheben und das in Artikel 155 der Weimarer Verfassung verankerte Recht auf Wohnen umzusetzen, mit dem allen »eine gesunde Wohnung und [...] allen Familien eine ihren Bedürfnissen entsprechende Wohn- und Wirtschaftsheimstätte«

21 Axel Weipert: Krawall im Kiez. Wie es 1872 zu Unruhen in den Arbeitervierteln kam, in: Philipp Mattern (Hrsg.): Mieterkämpfe. Vom Kaiserreich bis heute – Das Beispiel Berlin, Berlin 2018, S. 9–25, hier S. 14ff.

22 js: Vom Mieter Fragekasten zur schlagkräftigen Interessenvertretung, in: MieterMagazin 9/2019, www.berliner-mieterverein.de/magazin/online/mm0919/wie-sich-der-berliner-mieterverein-seit-1888-entwickelte-vom-fragekasten-zur-schlagkraeftigen-interessenvertretung-091924.html.

gesichert werden sollte. Eine angemessene Wohnversorgung wurde zum gesellschaftlichen Ziel erhoben und als öffentliche Aufgabe verstanden. Mit dem Wohnraummangelgesetz (1920), dem Reichsmietengesetz (1922) und dem Mieterschutzgesetz (1923) wurde die Bewirtschaftung von Wohnungen bis hin zur Festlegung der Miethöhe und der Belegung einer öffentlichen Kontrolle unterworfen.[23] Mit der Einführung der Hauszinssteuer gab es ab 1924 zudem eine dauerhafte Finanzierungsquelle für den geförderten Wohnungsbau. Dabei wurden in den überwiegend entschuldeten Gebäuden, die vor 1918 errichtet worden waren, bis zu 40 Prozent der staatlich festgesetzten Miete als Steuer einbehalten, um den allgemeinen Finanzbedarf der Länder und Gemeinden zu decken und insbesondere die Wohnraumförderung zu finanzieren.[24]

In der Ära der Hauszinssteuer wurden zwischen 1924 und 1932 mit 1,8 Millionen geförderten Wohnungen über 80 Prozent des gesamten Neubauvolumens öffentlich finanziert. Im Durchschnitt lag die Förderleistung bei fast 200 000 Wohnungen pro Jahr. Die massiven öffentlichen Eingriffe in den Wohnungsmarkt begrüßten damals auch Ökonomen, die vor allem die volkswirtschaftlichen Vorteile der staatlich festgesetzten Mieten betonten. Der in den 1930er-Jahren anerkannte Ökonom Arthur Cohen befürchtete eine regelrechte Kette negativer Auswirkungen, sollte die Wohnungszwangswirtschaft aufgehoben werden: »Erhöhung der Mieten – Erhöhung der Löhne – Erhöhung der Produktionskosten – Erschwerung der Ausfuhr. Die Wohnungszwangswirtschaft stellt sich demnach als Produktions- und Ausfuhrprämie dar.«[25] Auch der *Wirt-*

23 Michael Ruck: Die öffentliche Wohnungsbaufinanzierung in der Weimarer Republik, in: Axel Schildt/Arnold Sywottek (Hrsg.): Massenwohnungsbau und Eigenheim, Frankfurt a. M./New York 1988, S. 150–200; Wilhelm Hinrichs: Sozialstaatliche Sicherung der Wohnungsversorgung in Deutschland, in: Lars H. Röller/Christian Wey (Hrsg.): WZB-Jahrbuch 2001: Die Soziale Marktwirtschaft in der neuen Weltwirtschaft, Berlin 2001, S. 133–166, hier S. 140f.

24 Fritz Schmidthuysen: Die Entwicklung der Wohnungsbauabgabe und des Geldentwertungsausgleichs bei bebauten Grundstücken (Hauszinssteuer) in Deutschland, in: FinanzArchiv (Public Finance Analysis) 1/1928, S. 162–255, hier S. 198.

25 Arthur Cohen: Die Hauszinssteuer (Steuer zum Geldentwertungsausgleich, Gebäudeentschuldungssteuer), in: FinanzArchiv (Public Finance Analysis) 1/1931, S. 124–156, hier S. 151.

schaftsdienst kam damals zu einer positiven Einschätzung der staatlich organisierten Wohnungspolitik: »Die Hauszinssteuer, die Neubauten ohne Mieterhöhungen ermöglicht, ist im Zusammenhang mit der Wohnungszwangswirtschaft eine unentbehrliche indirekte Exporterleichterung.«[26]

Das wohnungspolitische Programm in den 1920er-Jahren war in Berlin von einem Mix aus rechtlichen Instrumenten zum Mieterschutz, staatlichen Eingriffen in die Verteilung des knappen Wohnraums und einem massiven öffentlichen Neubauprogramm geprägt. Um die sozialen Versorgungsziele zu erreichen, wurde das Wohnungswesen weitgehend zu einer staatlichen Veranstaltung. Die gesamtwirtschaftliche Einbettung in ein Programm der nachholenden Industrialisierung und der Versuch, die ohnehin von Massenarbeitslosigkeit und Inflation aufgewühlte Gesellschaft nicht auch noch durch eine Zuspitzung von Wohnungskämpfen zur destabilisieren, zeigen, dass Zugeständnisse einer sozialen Wohnungspolitik nicht so neutral sind, wie sie beim eingeschränkten Blick auf die Instrumente erscheinen.

In den Zeiten des fordistisch geprägten Sozialstaats in der zweiten Hälfte des 20. Jahrhunderts wurden die Maßnahmen der Wohnungszwangsbewirtschaftung nach und nach gelockert. Auch ohne ein grundgesetzlich verankertes Recht auf Wohnen orientierte sich die Wohnungspolitik der Bundesrepublik in den ersten Jahren ihres Bestehens an der Versorgung für breite Schichten der Bevölkerung. Als Sozialer Wohnungsbau galten nach dem Zweiten Wohnungsbaugesetz von 1956 »Wohnungen, die nach Größe, Ausstattung und Miete oder Belastung für die breiten Schichten des Volkes bestimmt und geeignet sind« (II. WoBauG § 1 Abs. 1). Eingebettet in die Vorstellungen der sozialen Marktwirtschaft wurden zwischen 1950 und 1990 etwa 4,4 Millionen Mietwohnungen und 3,5 Millionen Eigenheime gefördert, um wohnungsbezogene Wohlstandseffekte für möglichst viele zu erzielen. Die Gesamtsumme von 7,9 Millionen entsprach in diesem Zeitraum einem

26 Wirtschaftsdienst, zitiert nach ebd.

Durchschnitt von knapp 192 000 geförderten Einheiten pro Jahr und etwa 40 Prozent des gesamten Neubauaufkommens.[27] Die Wohlfahrtsvorstellungen in diesem »Goldenen Zeitalter des Sozialen Wohnungsbaus«[28] waren geprägt von den Ideen des allgemeinen Wachstums von Wirtschaft und Konsum und setzten – ganz typisch für diese keynesianisch geprägte Wohlfahrtspolitik – in vielen Gesellschaftsbereichen auf öffentliche Infrastrukturen und die partielle Verteilung des gesellschaftlichen Reichtums. Mit den massiven Förderprogrammen für den Sozialen Wohnungsbau wurden gleich zwei Fliegen mit einer Klappe geschlagen: Die staatlichen Investitionen ließen den Konjunkturmotor in der Bauwirtschaft brummen und die halbwegs bezahlbaren Mieten ermöglichten vielen ein hohes Konsumniveau und steigerten die Binnennachfrage.

Mit den wirtschaftlichen Krisen des Wachstumsmodells und der steigenden Staatsverschuldung setzten sich ab den 1980er-Jahren in der Wohlfahrtspolitik zunehmend neoliberale Vorstellungen der Eigenverantwortung durch. Die Privatisierung von zentralen öffentlichen Infrastrukturen, die Individualisierung der Altersvorsorge und der Umbau der sozialen Sicherungssysteme bedeuteten nicht nur in Deutschland einen Wechsel von Welfare- zu Workfare-Prinzipien der Sozialpolitik. Rund um die Einführung von Hartz IV etablierte sich das »Fordern und Fördern« in Deutschland und steht für den Übergang vom sozialen Wohlfahrtsstaat zum aktivierenden Wettbewerbsstaat.[29] Im Bereich der Wohnungspolitik war dieser Richtungswechsel mit dem weitgehenden Rückzug des Staats aus den Förderprogrammen, umfangreichen Privatisie-

27 Andrej Holm: (Un)sozialer Wohnungsbau. Schwerpunkt der Berliner Verdrängungsdynamik, in: Berliner Hefte zu Geschichte und Gegenwart der Stadt, Bd. 2: Die Legende vom Sozialen Wohnungsbau, 2. Aufl., Berlin 2021, S. 13–99, hier S. 48ff.

28 Hartmut Häußermann/Walter Siebel: Das Ende des goldenen Zeitalters im Sozialen Wohnungsbau, in: Jürgen Bärsch /Joachim Brech (Hrsg.): Das Ende der Normalität im Wohnungs- und Städtebau?, Darmstadt 1993, S. 9–31.

29 Joachim Hirsch: Vom fordistischen Sicherheitsstaat zum nationalen Wettbewerbsstaat, in: Das Argument 203, 1994, S. 7–21; Friedberg W. Rüb: Vom Wohlfahrtsstaat zum »manageriellen Staat«? Zum Wandel des Verhältnisses von Markt und Staat in der deutschen Sozialpolitik, in: Roland Czada/Reinhard Zintl (Hrsg.): Politik und Markt, Politische Vierteljahresschrift Sonderheft, Bd. 34, Wiesbaden 2004, S. 256–299.

rungen der öffentlichen Wohnungsbestände und einem verstärkten Einsatz von Subjektförderungen verbunden.[30]

Nach fast 50 Jahren ist die einstige Breitenwirkung der sozialen Wohnraumförderung (II. WoFG von 1956) seit 2002 auf die Haushalte beschränkt, »die sich am Markt nicht angemessen mit Wohnraum versorgen können und auf Unterstützung angewiesen sind« (WoFG §1 Abs. 2). Entsprechend geringer fallen seither die Fördervolumen aus. Zwischen 2002 und 2019 wurden nicht einmal 430 000 Sozialwohnungen errichtet – das entspricht im Schnitt weniger als 24 000 geförderten Wohnungen pro Jahr. Die Zahl der geförderten Mietwohnungen betrug in diesem Zeitraum lediglich 265 000 (ca. 14 000 pro Jahr) und entsprach einem Anteil von gerade einmal sechs Prozent der fertiggestellten Neubauten.[31] Doch auch bei dieser marktorientierten Variante ist die Wohnungspolitik eng mit den gängigen Wohlfahrtsvorstellungen verbunden und stellt die Eigenverantwortung der Einzelnen ins Zentrum. Exemplarisch für diesen Trend der Responsibilisierung steht die zunehmende Orientierung auf das Wohnen im selbstgenutzten Eigentum.[32] Dabei haben sich in den letzten Dekaden – nicht nur in der Bundesrepublik – die Argumentationsmuster für den Erwerb von Eigentumswohnungen von ursprünglich familienpolitischen Motiven der Eigenheimförderung hin zu vermögenspolitischen Zielen einer privaten Altersvorsorge verschoben.[33]

Der Blick in die Geschichte der Wohnungspolitik belegt, dass sich die Eingriffstiefe der Wohnungspolitik im Laufe der Zeit deutlich abgeschwächt hat und marktkonforme Instrumente und Überzeugungen den Anspruch einer umfassenden öffentlichen Verantwortung für das Wohnen überwiegend abgelöst haben. Diese Entwicklung war in fachlichen und

30 Björn Egner: Wohnungspolitik seit 1945, in: Bundeszentrale für politische Bildung (Hrsg.): Gesucht! Gefunden? Alte und neue Wohnungsfragen, Bonn 2019, S. 94–100.

31 Holm: (Un)sozialer Wohnungsbau, S. 48ff.

32 Susanne Heeg: Wohnungen als Finanzanlage: Auswirkungen von Responsibilisierung und Finanzialisierung im Bereich des Wohnens, in: sub\urban. zeitschrift für kritische stadtforschung 1/2013, S. 75–99.

33 Vgl. Heide Haas: Paradigmenwandel der Wohnungspolitik, in: Otto Depenheuer/Eckhardt Hertzch/Michael Voigtländer (Hrsg.): Wohneigentum für breite Schichten der Bevölkerung, Berlin 2020, S. 35–49, hier S. 48.

öffentlichen Debatten von einer Delegitimierung öffentlicher Eingriffe begleitet, sie sollte Marktmechanismen als natürliche Rahmenbedingung der Wohnversorgung erscheinen lassen.[34] Die in den letzten Jahren diskutierten Forderungen nach einer öffentlich-rechtlichen Mietpreisbegrenzung,[35] einer Sozialisierung großer Immobilienkonzerne[36] oder auch nach der Wiedereinführung einer allgemeinen Mietertragsbesteuerung[37] stehen für eine Korrektur dieser Entwicklungen und den Versuch, die öffentliche Verantwortung für die Wohnversorgung wieder auszuweiten.

Der Blick in die Geschichte zeigt auch, dass die Auffassung, die Wohnversorgung solle vorrangig über den Markt geregelt werden, historisch gesehen relativ jung ist. Trotzdem wird sie in vielen aktuellen Debatten als alternativlos dargestellt. Dabei ist insbesondere die Wohnungspolitik in der Zwischenkriegszeit und in der Bundesrepublik bis 1989 ein Beleg dafür, dass staatliche Eingriffe in den Wohnungsmarkt nicht zwangsläufig eine sozialistische Programmatik haben müssen.

Das Dilemma der Wohnungspolitik

Wohnungspolitische Eingriffe verfolgen produktive, distributive und prohibitive Ziele.[38] Neben dem Bau von Wohnungen

34 Vgl. exemplarisch Bundesministerium für Wirtschaft und Energie (BMWI): Soziale Wohnungspolitik. Gutachten des Wissenschaftlichen Beirates beim Bundesministerium für Wirtschaft und Energie, Berlin 2018.

35 Carola Handwerk/Karol Felsner: Der Mietendeckel. Grund, Genese und Geist des MietenWoG Berlin, in: juridikum. Zeitschrift für Recht, Kritik, Gesellschaft 3/2020, S. 354–365; Benjamin Raabe/Henrik Solf: Mietendeckel, in: Kritische Justiz 4/2020, S. 273–278.

36 John Philipp Thurn: Vergesellschaftung als sozialstaatliche Entprivatisierung und als Grundrecht, in: Kritische Justiz 2/2020, S. 183–188; Franziska Drohsel: Über die Frage der Sozialisierung am Beispiel »Deutsche Wohnen & Co. enteignen!«, in: Kritische Justiz 1/2020, S. 30–42; Hannes Strobel: Organisiert gegen einen profitorientierten Wohnungskonzern. Fünf Jahre berlinweite Vernetzung der Deutsche-Wohnen-Mieter*innen, in: sub\urban. Zeitschrift für kritische Stadtforschung 3/2020, S. 195–204.

37 Stefan Bach/Claus Michelsen: Für eine neue Mietsteuer, in: Süddeutsche Zeitung, 30.6.2019, www.sueddeutsche.de/wirtschaft/gastbeitrag-fuer-eine-neue-mietsteuer-1.4504904; Alexander Sacharow: Hauszinssteuer. Die vergessene Vermögenssteuer, in: Makronom, 5.2.2020, https://makronom.de/hauszinssteuer-die-vergessene-vermoegenssteuer-34901.

38 Detlef Lehnert: Kommunale Politik. Parteiensystem und Interessenkonflikte in Berlin und Wien 1919 bis 1932, Berlin 1991, S. 210.

bestimmten staatliche Vorgaben vor allem in Zeiten der Wohnungsnot auch die Verteilung von Wohnraum und setzten mit Mietrecht und Kündigungsschutz die Rahmenbedingungen zum Schutz von Mieterinnen und Mietern vor der Willkür ökonomischer Entscheidungen der Hauseigentümerseite.

Mit Ausnahme der Wohnungspolitik in den sozialistischen Gesellschaften stand die Wohnungspolitik immer in einem paradoxen Wechselverhältnis zu den Marktmechanismen, wobei zwischen wohnungspolitischen Instrumenten mit regulativem, substituierendem und konstituierendem Charakter unterschieden werden kann.

Regulation von Marktdynamiken: Da die sozialen Aspekte der Wohnversorgung in der Regel gegen private Gewinninteressen durchgesetzt werden müssen, kann die Geschichte der Wohnungspolitik als Versuch verstanden werden, die Dynamiken des Markts einzuhegen und zu regulieren. So stehen eine Reihe von mietrechtlichen Regelungen zum Kündigungsschutz, zur Begrenzung von Mietsteigerungen und zur Festsetzung von Miethöhen seit über 100 Jahren für den Versuch, die Wohnverhältnisse sicherer und kalkulierbarer zu gestalten und das Machtgefälle zwischen Vermieter und Mieter abzuschwächen. Daneben hat sich ein breites öffentlich-rechtliches Regelwerk mit baurechtlichen und städtebaurechtlichen Auflagen und Geboten etabliert, mit denen das Allgemeininteresse an Baustandards, Gestaltungsnormen und Stadtentwicklungszielen durchgesetzt werden soll – was nicht einfach ist, da fast jede neue Regulierung auch neue Ausweich- und Umgehungsstrategien der Eigentümerseite hervorbringt.

Substitution des Marktversagens: Da ein marktförmig organisiertes Wohnungswesen den Zugang zu Wohnungen auf diejenigen beschränkt, die durch ihre Zahlungskraft eine ökonomisch relevante Nachfrage konstituieren, übernimmt häufig der Staat die Versorgung derer, die über den Markt nicht angemessen mit Wohnraum versorgt werden. In Deutschland sind kommunale Unterbringungspflichten im Allgemeinen Ordnungs- und Sicherheitsrecht verankert und ein umfangreiches Netz an Unterbringungsangeboten für verschiedene

Bedarfsgruppen wird öffentlich finanziert.[39] Auch im Sozialen Wohnungsbau und für viele öffentliche Wohnungsbestände gelten oft Belegungsbindungen, um besonderen Bedarfsgruppen den Zugang zur Wohnversorgung zu sichern. In der internationalen Wohnungsforschung wird von dualen Wohnungssystemen gesprochen, wenn sich ein paralleles Versorgungssystem etabliert.[40] In die Kritik geraten solche öffentlichen oder öffentlich finanzierten Versorgungsapparate nicht nur wegen der oftmals hohen Kosten, sondern auch, weil sie mit den gewinnträchtigen Wohnungsmarktsegmenten konkurrieren. Die Kritik der beschränkten Zielgenauigkeit des Sozialen Wohnungsbaus kommt meist aus Kreisen, die sich nicht nur um die öffentlichen Ausgabenstruktur sorgen, sondern auch um ihre Marktanteile.

Konstitution und Simulation von Markt: Neben den einschränkenden und ergänzenden Funktionen setzt eine Reihe von wohnungspolitischen Instrumenten auf die Simulation von Marktprozessen und die Stimulation von Investitionen, die es ohne die staatlichen Eingriffe nicht geben würde. So richten sich die meisten Programme der Wohnungsbauförderung auch an private Unternehmen und ersetzen die Einnahmeverluste bei Sozialwohnungen durch die Übernahme der unrentierlichen Kosten.[41] Als zusätzlichen Investitionsanreiz für das Segment Sozialwohnungen beschränkte der Staat nicht nur die Laufzeiten von Mietpreis- und Belegungsbindungen, sondern kalkulierte in den Kostenmietberechnungen früherer Förderprogramme eine garantierte Eigenkapitalverzinsung von bis zu 6,5 Prozent ein (II. BV §20). Selbst im Sozialen Wohnungsbau soll also eine Gewinnerwartung gesichert werden. Auch die Logik von Wohngeldzahlungen setzt auf die Simulation von Marktprozessen und stärkt die Zahlungsfähigkeit

39 Susanne Gerull: Wohnungslosigkeit in Deutschland, in: Aus Politik und Zeitgeschichte 20–21/2014, S. 30–36; Volker Busch-Geertsema: Wohnungslosigkeit, in: Bürger & Staat 2–3/2019, S. 150–155.

40 Jim Kemeny: From Public Housing to the Social Market. Rental Policy Strategies in Comparative Perspective, London/New York 1995, S. 49ff.

41 Hartmut Häußermann/Walter Siebel: Soziologie des Wohnens. Eine Einführung in Wandel und Ausdifferenzierung des Wohnens, Weinheim/München 1996, S. 116f. u. 153f.

von Haushalten mit geringen Einkommen. Damit werden Ertragsmöglichkeiten geschaffen, die es ohne Wohngeld nicht geben würde. Garantierte Eigenkapitalverzinsung in Förderprogrammen, Wohngeldzahlungen, die höhere Mieterträge ermöglichen, aber auch Zuschüsse für den Eigentumserwerb und Steueranreize für Investitionen sind in der Gesamtbetrachtung vor allem Subventionen der Bau- und Wohnungswirtschaft, die mit wenigen Ausnahmen ohne Gegenleistung erfolgen. Allein die Zahlungen für Kosten der Unterkunft und das Wohngeld hatten in den letzten Jahren einen Umfang von über 15 Milliarden Euro pro Jahr[42] und fließen über die Mietzahlungen der Empfängerinnen und Empfänger an die überwiegend privaten Wohnungsunternehmen.

Die meisten aktuell in der Bundesrepublik genutzten wohnungspolitischen Instrumente haben den Charakter von marktkonformen Interventionen und sind als befristete Eingriffe konzipiert, die nur so lange Anwendung finden sollen, bis der Markt die Versorgung aller Haushalte wieder selbst sicherstellen kann. Der Blick in die Geschichte der Wohnungspolitik zeigt jedoch, dass staatliches Eingreifen in den Wohnungsmarkt zu einer Daueraufgabe geworden ist, weil Gemeinwohlaspekte bei der Optimierung privater Gewinne regelmäßig auf der Strecke bleiben. Statt im Sinne einer Sozialen Infrastruktur ein dauerhaftes System der öffentlichen Wohnversorgung auszubauen, setzte sich in den letzten Dekaden eine Politik der Marktbegleitung durch, die als Übergang von der Wohnungspolitik zur Wohnungsmarktpolitik verstanden werden kann.[43]

Die Instrumente der Wohnungspolitik sind gesellschaftlich eingebettet und werden in vielen Studien als Teil der Wohlfahrtspolitik analysiert.[44] Mit sich wandelnden Ausrich-

42 Bundesregierung: Wohngeld- und Mietenbericht 2018, Berlin 2019, S. 56ff., www.bmi.bund.de/SharedDocs/downloads/DE/publikationen/themen/bauen/wohnen/Wohngeld-und-Mietenbericht-2018.pdf.

43 Egner: Wohnungspolitik seit 1945.

44 James Barlow/Simon S. Duncan: Success and failure in housing provision: European systems compared. Policy, planning, and critical theory, Oxford 1994; Michael Harloe: The People's Home? Social Rented Housing in Europe & America, Oxford/Cambridge 1995; Paul Balchin (Hrsg.). Housing Policy in Europe, London 1996.

tungen der Wohlfahrt haben sich auch die Wohnungspolitiken verändert. Die Entwicklung der Wohnungspolitik in den vergangenen 100 Jahren kann als Degression der öffentlichen Verantwortung für die Organisation des Wohnens bezeichnet werden.

Sozialistische Wohnungspolitik als radikaler Reformismus

Friedrich Engels´ Ausführungen »Zur Wohnungsfrage« können uns auch heute noch helfen, die grundlegenden Konstellationen einer kapitalistischen Ökonomie zu verstehen, und sie leuchten den Zusammenhang von Kapitalismus und Wohnen in einer bis heute nachvollziehbaren Art und Weise aus. Gerade weil in einer von privaten Gewinnen angetriebenen Ökonomie auch das Wohnen zum Objekt der Rendite wird, kann die soziale Blindheit des Markts nicht überwunden werden. Zugleich demotiviert Engels alle Versuche, soziale Fragen des Wohnens zu politisieren und bessere Wohnbedingungen und Lebensverhältnisse durchzusetzen. Sein Diktum, Wohnungselend sei ein »sekundärer Übelstand«, bremst jeglichen Optimismus für eine transformative Wohnungspolitik.

> »Solange die kapitalistische Produktionsweise besteht, solange ist es Torheit, die Wohnungsfrage oder irgendeine andre das Geschick der Arbeiter betreffende gesellschaftliche Frage einzeln lösen zu wollen. Die Lösung liegt aber in der Abschaffung der kapitalistischen Produktionsweise, in der Aneignung aller Lebens- und Arbeitsmittel durch die Arbeiterklasse selbst.«[45]

Die von Marx und Engels skizzierte historische Mission der Arbeiterklasse wird so zur Bürde für jegliche wohnungspolitische Mobilisierung. Denn jede durchgesetzte Verbesserung der rechtlichen Stellung von Mietern, jede abgewehrte Mieterhöhung und jede in kollektives oder öffentliches Eigentum überführte Wohnanlage wird im Vergleich zu den »historisch

45 Engels: Wohnungsfrage, MEW, Bd. 18, S. 263.

notwendigen« Veränderungen immer zu kurz gegriffen haben. Selbst die in den gesellschaftlichen Diskursen als besonders radikal empfundenen Forderungen nach Enteignung und Sozialisierung von Wohnungsbeständen sind aus der Sicht von dogmatischen Marxistinnen und Marxisten immer nur ein Tropfen auf den heißen Stein.

Ändern wir jedoch die Perspektive ein wenig, so erscheint gerade der Bereich des Wohnens als geeignete Arena für einen Prozess grundsätzlicher Transformationen. Wenn wir den Staat und die politischen Machtverhältnisse nicht als »Sitz von Macht«, sondern als »Ausdruck dahinterliegender gesellschaftlicher Machtverhältnisse« betrachten,[46] dann relativiert sich auch der Druck, die kapitalistische Produktionsweise durch eine Revolution abschaffen zu müssen – eine Idee, die in den historischen Konzeptionen des Marxismus noch immer herumgeistert. Joachim Hirsch rückte mit seinen Überlegungen zu einem »radikalen Reformismus« ein grundlegendes Missverständnis der sozialistischen und kommunistischen Bewegungen gerade: In der Perspektive des historischen Materialismus sei es eben nicht die politische Revolution, die die gesellschaftlichen Verhältnisse verändert, sondern umgekehrt: Die Etablierung von alternativen gesellschaftlichen Beziehungen sei die Voraussetzung für die Durchsetzung eines anderen politischen Systems.

Sowohl die kommunistische Variante, eine Diktatur des Proletariats zu errichten, um in einer Diktatur des Volkes zu enden, als auch die sozialdemokratische Variante, über eine Ausweitung des Sozialstaats und eine Zivilisierung des Kapitals den Kapitalismus zu überwinden, sind krachend gescheitert. Grund dafür ist ein falsches Verständnis des Staats. Die Vorstellung, über die Eroberung politischer Macht die Welt zu verändern, setzt den naiven Glauben voraus, »der moderne Staat sei ein im Prinzip neutrales Instrument, dessen Wirken von den unmittelbaren politischen Kräfteverhältnissen abhänge und das damit auch von emanzipativen Kräften mit

46 Joachim Hirsch: Über Reform und Revolution, AG links-netz 2008, http://old.links-netz.de/K_texte/K_hirsch_reformismus.html.

dem Ziel der Gesellschaftsveränderung eingesetzt werden könne«.[47] Gerade wenn wir den Staat – wie es Marx und Engels taten – als Ausdruck der gesellschaftlichen Machtverhältnisse verstehen, eröffnen sich neue Spielräume für eine emanzipatorische Politik. Da der Staat und sein Personal in einer kapitalistischen Grundordnung auf die erfolgreiche Zirkulation von Kapital angewiesen sind – weil letztendlich nur aus dem produzierten Mehrwert Steuern erhoben werden können –, wird in der Konsequenz auch die »Funktion des Staates [...] von der Struktur und der Dynamik des Kapitalverwertungsprozesses bestimmt«.[48] Selbst wenn der Staat nicht immer und durchgehend die Interessen des Kapitals verfolgt, so ist er strukturell doch immer noch ein »Klassenstaat«.[49]

Statt diesen Staat übernehmen zu wollen, sollte »revolutionäre Praxis«, wie sie Marx in seinen Frühschriften beschrieb, als das »Zusammenfallen des Änderns der Umstände und der menschlichen Tätigkeit oder Selbstveränderung« begriffen werden.[50] Der von Joachim Hirsch vorgeschlagene »radikale Reformismus« zielt auf eine radikale Veränderung der Lebensformen, Verhaltensweisen sowie auf die Durchsetzung von Formen einer Vergesellschaftung, »die nicht vom Markt- und Geldverhältnis« bestimmt werden. Als Reformismus beschreibt Hirsch seinen Vorschlag, weil die gewünschten Veränderungen einen »langwierigen und konflikthaften Prozess [der] Selbstrevolutionierung« voraussetzen.[51]

Eine staatliche Reformpolitik ist in diesem Programm von gesellschaftlichen Veränderungen ein wichtiges Element – aber eben nicht der entscheidende Hebel –, weil über den Staat die Rahmenbedingungen der sozialen Auseinandersetzungen bestimmt werden und die erkämpften Rechte und Standards durch den Staat verbindlich festgeschrieben werden müssen. Es geht also um eine »nichtetatistische Transformation des

47 Ebd., S. 1.

48 Ebd., S. 2.

49 Ebd.

50 Karl Marx: Thesen über Feuerbach, in: MEW, Bd. 3, S. 5–8, hier S. 6.

51 Hirsch: Reform 2008.

Staates«, um den »Versuch einer politischen Intervention, bei der gesellschaftliche Veränderungen nicht auf einen fiktiven Punkt in der Zukunft projiziert werden, sondern schon im Jetzt mit der konkreten Veränderung von sozialen Praktiken beginnen, in dem aber zugleich die Perspektive einer grundsätzlichen Überwindung des Kapitalismus aufgehoben bleibt«.[52]

Im Bereich des Wohnens ist die Perspektive einer grundsätzlichen Überwindung des Kapitalismus relativ klar. Sie besteht in der Aufhebung des Warencharakters der Wohnversorgung, die Überwindung der Entfremdung in den Wohnverhältnissen und einer Demokratisierung im Sinne einer Verringerung der Ungleichheit zwischen denen, die Wohnungen planen, bauen und bewirtschaften, und denen, die in diesen Wohnungen leben. Doch wie soll sich eine konkrete Veränderung der sozialen Praktiken etablieren, wenn die Rahmenbedingungen des Wohnens von Markt, Konkurrenz und Finanzialisierung geprägt sind? Wie kann Sozialpolitik im Bereich des Wohnens neu gedacht werden?

In der Praxis von Genossenschaften, im Bereich des selbstorganisierten Bauens und gemeinschaftlichen Wohnens, in Vorschlägen für eine neue Wohnungsgemeinnützigkeit und auch in den Konzepten, das Wohnen als Soziale Infrastruktur zu organisieren, gibt es einige Ansätze, die zeigen, dass Wohnen auch jenseits von Gewinninteressen organisiert werden kann, und die mehr Mitbestimmung der Bewohnerinnen und Bewohner erlaubt, als es in klassischen Wohnverhältnissen der Fall ist.

Genossenschaften

Formal sind Genossenschaften eine Rechtsform, in denen kollektives Eigentum und Nutzung nach dem Identitätsprinzip zusammenfällt. In Paragraf 1 des Genossenschaftsgesetzes heißt es: Genossenschaften sind »Gesellschaften von nicht geschlossener Mitgliederzahl, deren Zweck darauf gerichtet

52 Maartje Martens/Nick Bullock/Hans Harms: Länderbericht England, in: Walter Prigge/Wilfried Kaib (Hrsg.): Sozialer Wohnungsbau im internationalen Vergleich, Frankfurt a. M. 2018, S. 185–209, hier S. 202.

ist, den Erwerb oder die Wirtschaft ihrer Mitglieder oder deren soziale oder kulturelle Belange durch gemeinschaftlichen Geschäftsbetrieb zu fördern«.

Die bundesweit etwa 2000 Wohnungsbaugenossenschaften bieten ein breites Spektrum an Bewirtschaftungsstrategien. Im Unterschied zum kommerziell organisierten Wohnungsbau sind Genossenschaften den gemeinschaftlichen Interessen ihrer Mitgliederschaft verpflichtet. Aus der Tradition der utopischen Sozialisten wie Robert Owen und Charles Fourier hervorgegangen, orientierten sich die ersten Wohnungsgenossenschaften an »visionären Gesellschaftsentwürfen« und »neuartigen Siedlungs- und Wohnmodellen«.[53] Dabei ging es zunächst darum, den elenden Wohnbedingungen der arbeitenden Klassen in den wachsenden Industriestädten des 19. Jahrhunderts eine menschenwürdige Alternative entgegenzusetzen. Die ersten neuen Siedlungen wurden von Robert Owen, einem englischen Industriellen, noch selbst finanziert und hatten wie New Lanark in der Nähe von Glasgow den Charakter von paternalistisch organisierten Werkssiedlungen zum Wohle der proletarischen Familien.[54] Später entwickelte er in den USA mit New Harmony eine erste selbstständige Siedlung auf der Basis von gemeinschaftlichem Eigentum. Unabhängig von Stand, Alter und Geschlecht war das Projekt offen für alle sozialen Gruppen, die als eine Gemeinschaft der Gleichen gemeinsam über die Entwicklung der Siedlung mitentscheiden sollten. Doch dieser Gleichheitsgedanke blieb insofern ausschließend, als qua Satzung alle »persons of color« nicht zugelassen waren.[55] In Ermangelung kollektiver Eigentumsti-

53 Klaus Ronneberger: Utopische Gemeinschaften und Siedlungsassoziationen. Zu den Anfängen der Wohngenossenschaftsbewegung, in: Andrej Holm/Christoph Laimer (Hrsg.): Gemeinschaftliches Wohnen und selbstorganisiertes Bauen, Wien 2021, S. 18–27, hier S. 19.

54 Ophélie Siméon: Robert Owen's Experiment at New Lanark: From Paternalism to Socialism, Cham 2017.

55 In der Satzung von New Harmony heißt es unter anderem: »Persons of Color könnten als Helfer in die Gemeinschaft aufgenommen werden, oder es könnte ihnen geholfen werden, Mitarbeiter in Gemeinschaften in Afrika, einem anderen Land oder einem anderen Teil der Vereinigten Staaten zu werden.« (Zit. nach: Donald F. Carmony/Josephine M. Elliott: New Harmony, Indiana: Robert Owen's Seedbed for Utopia, in: Indiana Magazine of History 3/1980, S. 161–261, hier S. 168)

tel wurden die rund 900 Bewohnerinnen und Bewohner der Siedlungen zu Mitgliedern einer Art Verwaltungsgesellschaft, die über die Bewirtschaftung der Grundstücke und Gebäude entscheiden durfte.[56]

Auch wenn dieses erste Experiment gemeinschaftlichen Eigentums und kollektiver Verwaltung nach drei Jahren an internen Konflikten scheiterte, wurden die Ideen später von Wohnungsreformerinnen und -reformern aufgegriffen. So forderte der christlich konservative Philanthrop Victor Aimé Huber in den 1840er-Jahren in Berlin die Gründung von Wohnungsgenossenschaften, um für die Arbeiterfamilien Wohnverhältnisse zu schaffen, die eine »Sittlichkeit der unteren Stände« und ein »christliches Familienleben« gewährleisten sollten.[57] Da auch den Bürgerlichen bewusst war, dass bei allem Vertrauen auf die erzieherische Kraft der Selbsthilfe die arbeitende Bevölkerung aufgrund finanzieller Beschränkungen mit dem Kauf von Grundstücken und dem Bau von Wohnungen überfordert wäre, setzten sie auf eine Finanzierung durch die begüterten Klassen. Die 1847 gegründete »Berliner gemeinnützige Baugesellschaft« war die erste Wohnungsbaugenossenschaft in Deutschland. Doch durch die mangelnde Zahlungsbereitschaft der wohlhabenden Klassen, die Finanzkrise in den 1870er-Jahren und die fehlende politische Unterstützung blieben Genossenschaftsgründungen zunächst die Ausnahme.[58] Erst mit der Einführung des Sozialversicherungssystems 1889 und der juristischen Anerkennung der Gemeinnützigkeit erlebte die Genossenschaftsbewegung im Bereich des Wohnungsbaus einen Aufschwung. Nicht zuletzt deshalb, weil die neu gegründeten Versicherungsanstalten dazu angehalten waren, ihre Rücklagen zinsgünstig in gemeinnützigen Wohnungsbaugenossenschaften anzulegen.[59]

56 Ebd., S. 168ff.

57 Victor Aimé Huber: Über innere Kolonisation [1846], in: Helmut Frank/Dirk Schuster (Hrsg.): Lesebuch zur Wohnungsfrage, Köln 1983, S. 122–126, hier S. 123ff.

58 Ronneberger: Utopische Gemeinschaften, S. 21ff.

59 Häußermann/Siebel: Soziologie des Wohnens, S. 92ff.

Blieben die Genossenschaften zunächst auf den Mittelstand und die Beamtenschaft beschränkt, die weniger Probleme mit der Kapitalbeschaffung hatten, öffneten sich ab der Jahrhundertwende auch die SPD und die Gewerkschaften für die Genossenschaftsidee. Sie überwanden die Furcht vor der Ausbreitung eines »kleinbürgerlichen Besitzindividualismus« nicht zuletzt, weil sie die Potenziale für neuartige und egalitäre Wohnformen sahen, die den sozialistischen Gesellschaftsutopien entsprachen.[60] Zudem sahen sie in den Genossenschaften eine Form des kollektiven Eigentums, die sich von kleinbürgerlichen Besitzständen unterschied. Auch das bis heute bestehende Demokratieprinzip der Genossenschaften – eine Stimme pro Kopf – korrespondierte mit den Vorstellungen der sozialistischen Arbeiterbewegung. Bis zum Ausbruch des Ersten Weltkriegs 1914 entstanden fast 1350 Wohnungsbaugenossenschaften, deren Goldenes Zeitalter dann nach dem Krieg anbrechen sollte. In den ersten Jahren der Weimarer Republik verdreifachte sich ihre Zahl nahezu und stieg auf knapp 4000.[61] Im Verbund mit den ebenfalls von den Gewerkschaften unterstützten Betrieben der Sozialen Bauwirtschaft boomte der genossenschaftliche Wohnungsbau in den 1920er-Jahren. Getragen von den architektonischen Ideen des Bauhauses und umgesetzt mit frühen Formen der Industrialisierung des Wohnungsbaus entstanden ikonische Siedlungen des »Neuen Bauens«. Die Hufeisensiedlung in Berlin, die Projekte des Neuen Frankfurt in Niederrad, Praunheim, Westhausen und anderen Stadtteilen oder auch die Siedlung Cracau in Magdeburg stehen bis heute als Baudenkmäler und UNESCO-Weltkulturerbe für den innovativen Charakter des genossenschaftlichen Bauens in den 1920er-Jahren.

Während der Zeit der nationalsozialistischen Herrschaft in Deutschland wurde die Genossenschaftsbewegung weitgehend zerschlagen und der Deutschen Arbeitsfront unterstellt. In der Zeit nach 1945 kam es sowohl in Ost- als auch in Westdeutschland zu einer Wiederbelebung des genossen-

60 Ronneberger: Utopische Gemeinschaften, S. 23.

61 Häußermann/Siebel: Soziologie des Wohnens, S. 108.

schaftlichen Bauens, ohne jedoch an dessen Bedeutung in der Weimarer Republik anzuknüpfen. Zurzeit sind im wohnungswirtschaftlichen Dachverband GdW knapp 2 000 Wohnungsbaugenossenschaften mit etwa 2,2 Millionen Wohnungen gelistet.

Im Gegensatz zu ihren Anfängen sind Genossenschaften heute weder sittliche Erziehungsprojekte bürgerlicher Moralvorstellungen noch Materialisierung gesellschaftlicher Utopien. Wohnungsbaugenossenschaften sind eine Rechtsform, die eine kostendeckende Bewirtschaftung von Wohnraum ermöglicht und den Bewohnerinnen und Bewohnern ein höheres Maß an Mitsprache einräumt, als es in kommerziell organisierten Wohnungsunternehmen der Fall ist. Ob die Rechtsform Genossenschaft als Instrument einer möglichst effektiven Vermögensverwaltung zum Vorteil der Mitglieder oder als kollektive und soziale Antwort auf die Wohnungsfrage genutzt wird, hängt von der inneren Verfasstheit der jeweiligen Genossenschaften ab.

Insbesondere die großen Genossenschaften mit einer langen Geschichte haben professionelle und weitgehend formalisierte Verwaltungsstrukturen entwickelt, in denen sich das Verhältnis zwischen Wohnungsverwaltung und Bewohnerinnen und Bewohnern kaum vom Wohnen bei großen Wohnungsunternehmen unterscheidet. In den wohnungspolitischen Debatten sind sie nur selten präsent und wenn, dann um ihre eigenen Interessen durchzusetzen. Das Wohnen in Beständen von jungen und kleineren Genossenschaften hingegen ist oft durch eine aktive Beteiligung und weitergehende Mitbestimmung geprägt. Im Vergleich zu den etablierten positionieren sich jüngere Genossenschaften häufiger engagiert in wohnungspolitischen Debatten und versuchen, aktiv Einfluss auf die Rahmenbedingungen der Stadtentwicklung zu nehmen.

Hinsichtlich einer sozialen Praxis jenseits der Profitorientierung stehen die Genossenschaften für eine über 100-jährige Tradition, zumindest die Bewirtschaftung von Wohnungen aus den Kreisläufen der Gewinnmaximierung herauszubrechen, und ihr Identitätsprinzip – Eigentümer und Nutzer sind dieselben Personen – ermöglicht ein hohes Maß an Mitbestimmung für alle Bewohnerinnen und Bewohner. Die Grenzen des Genossenschaftsmodells liegen wie bei vielen Gemeinschaftsprojekten in ihrer Exklusivität: Die Vorteile der Genossenschaft kommen ausschließlich ihren Mitgliedern zugute. Das spezifische Arrangement des Kollektiveigentums schließt die Möglichkeit von Verkäufen genossenschaftlicher Wohnungsbestände weitgehend aus, sodass die sonst typischen Kreisläufe der steigenden Ertragserwartungen unterbrochen sind. Diese Dekommodifizierung der Bewirtschaftung ermöglicht vor allem eine langfristig günstige Entwicklung der Wohnkosten. Mitglieder von Genossenschaften zahlen keine an den Ertragserwartungen von Vermietern orientierten Mieten, sondern kostendeckende Nutzungsgebühren. Insbesondere in älteren Gebäuden und Siedlungen, bei denen Grundstücke und Baukosten bereits vollständig refinanziert wurden, sind die Bewirtschaftungskosten vergleichsweise niedrig. Diese Form der Dekommodifizierung befördert ein »Schließungsparadox« der Genossenschaften und kann dazu führen, dass günstige Wohnkosten »eher Klubgut von einigen lucky few als Gemeinschaftsgut« werden.[62] Als solidarisches Modell der gegenseitigen Unterstützung bei der Bewältigung der Wohnungsfrage begonnen, sichert der Ausschluss von anderen den dadurch entstehenden Vorteil. »Bestandsmitglieder profitieren vor allem dann von niedrigen Mieten, wenn die jeweilige Genossenschaft nicht weiter wächst, sondern lediglich eine gleichbleibende Anzahl Wohnungen bewirtschaftet.«[63] So entstehen im Genossenschaftsmodell dauerhafte Spannungen »zwischen denen, die schon eine Wohnung haben, und

62 Ivo Balmer/Tobias Bernet: Selbstverwaltet bezahlbar wohnen? Potentiale und Herausforderungen genossenschaftlicher Wohnprojekte, in: Barbara Schönig/Justin Kadi/Sebastian Schipper (Hrsg.): Wohnraum für alle?! Perspektiven auf Planung, Politik und Architektur, Bielefeld 2017, S. 259–280, hier S. 267.

63 Tobias Bernet: Muskelhypothek und Staatsknete. Zur Ökonomie der Förderung baulicher Selbsthilfe in der Berliner Stadterneuerung nach 1980, in: Andrej Holm/Christoph Laimer (Hrsg.): Gemeinschaftliches Wohnen und selbstorganisiertes Bauen, Wien 2021, S. 28–44, hier S. 37.

denen, die noch keine [...] haben«.[64] Aufgelöst werden könnte diese Spannung, wenn die Ersparnisse aus der Entschuldung kontinuierlich in die Erweiterung der genossenschaftlichen Wohnungsbestände fließen würden.

Auch wenn die »Form der Genossenschaft [...] nicht per se progressiv« ist,[65] zeigen über 100 Jahre Erfahrung bei der Erstellung und Bewirtschaftung von günstigem Wohnraum und auch die stark entwickelten Beteiligungsformen der Nutzerinnen und Nutzer, dass Wohnungsbau und kostendeckende Bewirtschaftung jenseits der Marktlogik grundsätzlich möglich sind. Die exklusive Beschränkung der daraus erwachsenden Vorteile auf den Kreis der Genossenschaftsmitglieder ist jedoch eine Herausforderung, für die die Genossenschaftsidee bisher noch keine Lösung gefunden hat.

Selbstorganisiertes Bauen und gemeinschaftliches Wohnen

Eine zweite Tradition einer Wohnversorgung jenseits des Markts ist das selbstorganisierte Bauen. In den Anfängen haben dabei diejenigen, denen die Gesellschaft keine oder keine angemessenen Wohnungen zu bieten hatte, eigene, oft improvisierte Unterkünfte auf Brach- und Grünflächen an den Rändern der Städte errichtet. Das in Europa sicher bekannteste Beispiel hierfür ist die Wiener Siedlerbewegung, die in den Jahren des Ersten Weltkriegs auf den Nahrungsmittelmangel reagierte, in den Außenbezirken Gärten für die Selbstversorgung anlegte und Behelfsunterkünfte errichtete. Die kaiserlichen Behörden duldeten die Landbesetzung wegen der Entlastung der angespannten Versorgungslage. Da sich nach dem Ende des Kriegs und den politischen Umbrüchen nur wenig an der Versorgungssituation änderte, verstärkte sich die »wilde« Siedlerbewegung in Wien. Sie ignorierte die Eigentumsrechte, legte weitere Kleingartenanlagen an und begann auch, Wohn-

64 Klaus Novy, zit. nach: ebd.

65 Bernd Belina/Maximilian Pechstein: Wohnungsbaugenossenschaften ernst nehmen und stärker einbeziehen, hrsg. von der Rosa Luxemburg Stiftung, Standpunkte 1/2021, Berlin 2021, S. 2.

hütten auf den Flächen zu errichten. Innerhalb weniger Jahre waren die Siedler zu einer Massenbewegung geworden und mehr als 100 000 Menschen lebten in »Brettldörfern«.[66]

Aus der zunächst spontanen Aneignung von Land, um das eigene Überleben zu sichern, entwickelten sich schnell genossenschaftliche Formen der Landwirtschaft und Materialbeschaffung für den Wohnungsbau.[67] Obwohl die sozialdemokratische Stadtregierung in Wien den Siedlerinnen und Siedlern zunächst skeptisch gegenüberstand, unterstützen Gewerkschaften und andere sozialistische Organisationen die Bewegung. So schlossen sich die Baugewerkschaft, der Zentralverband der Kleingärtner- und Siedungsgenossenschaften sowie die Mietervereinigung zu einer Baugilde zusammen, um die Projekte der Siedlerbewegung zu stärken. Die Gemeinde Wien gründete 1921 die Gemeinwirtschaftliche Siedlungs- und Baustoffanstalt (GESIBA), deren Aufgabe darin bestand, die selbstorganisierten Bauprojekte mit günstigem Material zu versorgen und bei Finanzierungsfragen zu helfen.[68] Erst mit der Entwicklung des aus Steuereinnahmen finanzierten Gemeindewohnungsbauprogramms, das als das »Rote Wien« bis heute über die Stadtgrenzen hinaus bekannt ist, wurde den selbstorganisierten Aktivitäten der Siedlerbewegung die offizielle Unterstützung entzogen. Statt des autonomen »Genossenschaftssozialismus« setzte sich die sozialdemokratisch etatistische Variante des »Kommunalsozialismus« durch.[69]

Die Praxis der selbstorganisierten Landnahme und des ungeplanten Wohnungsbaus blieb nicht auf Wien beschränkt, sondern war in vielen Ländern des globalen Südens der typische Weg des Stadtentwicklung. Die Gecekondular in Istanbul, die Favelas in São Paulo und Rio de Janeiro sowie die spontan entstandenen Siedlungen in vielen indischen und afrikanischen Megacitys stehen für die Praxis von kollektiver Land-

66 Friedrich Hauer/Andre Krammer, zit. nach: Ronneberger: Utopische Gemeinschaften, S. 24.

67 Klaus Novy: Selbsthilfe als Reformbewegung [1981], in: Arch+ 55, 2019, S. 26–40, hier S. 27.

68 Ronneberger: Utopische Gemeinschaften, S. 25.

69 Novy, zit. nach: ebd., S. 26.

nahme und selbstorganisiertem Wohnungsbau.[70] Wie bei der Siedlerbewegung in Wien werden die Landbesetzungen von den meisten Stadtverwaltungen geduldet, weil der so entstehende Wohnraum den überforderten Staat bei der Aufgabe entlastet, die schnell wachsende Bevölkerung mit Wohnungen zu versorgen.

Erst mit der Konsolidierung der Siedlungen entstehen nachträglich Infrastrukturen wie eine Kanalisation oder der Zugang zu Wasser und Elektrizität. In vielen Städten wurden die informellen Siedlungen im Nachhinein legalisiert, sodass die Bewohnerinnen und Bewohner Landrechte für die von ihnen bebauten Grundstücke erhielten. Aus der Perspektive eines europäischen Planungsverständnisses läuft die Stadtentwicklung in diesen informellen Siedlungen »verkehrt herum« und wird als »inverse Urbanisierung« bezeichnet: Statt geklärter Eigentumsverhältnisse, Ausbau geplanter Infrastrukturen und Wohnungsbau erfolgt die Besiedlung nach dem Muster: Besetzung, Konstruktion der Gebäude, Ausbau der Infrastruktur und nachträglicher Grundbucheintrag.[71] In einigen Städten – wie z.B. Caracas – erfolgte die Legalisierung über kollektive Landnutzungstitel, die eine Kommerzialisierung, das heißt den Handel mit solchen Grundstückstiteln verhindern sollte.[72]

Neben den vielen Einschränkungen, die solche informell entstandenen Siedlungen kennzeichnen, hebt der britische Architekt John Turner positiv hervor, dass die oft improvisierten Gebäudestrukturen erlauben, die Wohngebäude bei sich verändernden Anforderungen anzupassen und zu erweitern. Dieses Prinzip der nachträglichen baulichen Anpassungsmög-

70 Raul P. Lejano/Corinna Del Bianco: The logic of informality: Pattern and process in a São Paulo favela, in: Geoforum 91, 2018, S. 195–205; Mike Davis: Planet der Slums, Berlin/Hamburg 2007; Ayse Yonder: Gecekondu Policies and the Informal Land Market in Istanbul, in: Built Environment 2/1982, S. 117–124.

71 Vgl. Matthias Bernt/Malte Daniljuk/Andrej Holm: Partizipative Stadtentwicklung in den Barrios von Caracas, in: PROKLA. Zeitschrift für kritische Sozialwissenschaft 149, 2007, S 561–577, hier S. 564.

72 Gregory Wilpert: Venezuela's Quiet Housing Revolution: Urban Land Reform, 12.9.2005, https://venezuelanalysis.com/analysis/1355#:~:text=Venezuela%E2%80%99s%20Quiet%20Housing%20Revolution%3A%20Urban%20Land%20Reform%20Flying,improve%20the%20lives%20of%20millions%20of%20Venezuela%E2%80%99s%20poor.

lichkeiten nennt er »housing as a verb« und beschreibt damit eine Perspektive für eine von den Nutzerinnen und Nutzern selbst bestimmte Aneignung des Wohnens, die in klassischen Bauprojekten und Wohnverhältnissen nicht gegeben ist.[73]

Während die informellen Siedlungen vor allem dem Gebot der Not folgten und das Bauen dabei meist im Rahmen von improvisierten Wohnverhältnissen geschieht, wurde die Idee des selbstbestimmten und selbstorganisierten Baus hierzulande in den letzten Jahren vor allem von Wohnprojekten aufgegriffen. Konzentrierte sich das gemeinschaftliche Wohnen lange Zeit auf den Ausbau von leerstehenden Bestandsgebäuden, so sind in den letzten Jahren sowohl im Verbund des Miethäuser Syndikats als auch von jungen Genossenschaften Projekte entstanden, die gemeinschaftliche Wohnformen im Neubau verwirklichen. Diese Wohnprojekte heben sich nicht nur in den Grundrissen und Wohnformen von konventionellen Wohngebäuden ab, sondern sind durch Wege der Planung, Finanzierung und Bewirtschaftung gekennzeichnet, die sich fundamental von unternehmerischen Bauvorhaben unterscheiden. Basierend auf kollektiven Eigentumstiteln, die einen späteren Verkauf von Grundstück und Gebäude ausschließen, realisiert in gemeinschaftlichen und nutzerkontrollierten Planungsprozessen und bewirtschaftet mit einem hohen Maß an Selbstverwaltung, erlauben die Projekte ein leistbares und zugleich selbstbestimmtes Wohnen für die Gruppen.[74] In den Finanzplanungen der Projekte sind leistbare Mieten nicht das Ergebnis der Kalkulation, sondern deren Ausgangspunkt. Ohne jegliche Gewinnerwartung konnten die Projekte mit meist sehr langfristig angelegten Finanzierungsverträgen und Direktkrediten die Refinanzierungskosten auf ein leistbares Niveau absenken.[75]

73 John F. C. Turner: Housing as a verb, in: ders./Robert Fichter (Hrsg.): Freedom to Build. Dweller Control of the Housing Process, New York 1972, S. 148–175.

74 Andrej Holm/Anna Kravets/Christoph Laimer/Jana Steinfeld: Bausteine für ein Neues Soziales Wohnen, in: Andrej Holm/Christoph Laimer (Hrsg.): Gemeinschaftliches Wohnen und selbstorganisiertes Bauen, Wien 2021, S. 218–233.

75 Christoph Laimer: Alternative Finanzierungsinstrumente für Haus- und Wohnprojekte, in: future.lab Magazin 12/2019, S. 16–17.

Die selbstorganisierten Bauprojekte zeigen, dass Wohnungsbau und -bewirtschaftung im Interesse der Bewohnerinnen und Bewohner möglich sind und haben Vertrags- und Eigentumsformen einer dauerhaften Dekommodifizierung etabliert. Auch wenn solchen Wohnprojekten »die Abschaffung der kapitalistischen Produktionsweise« nicht gelingt, so bieten sie zumindest für den Bereich des Wohnens eine Perspektive »der Aneignung [der] Arbeits- und Lebensmittel«.[76] Aufgrund der marktgetriebenen Rahmenbedingungen beschränken sich die Projekte jedoch in der Regel auf Grundstücke in ungünstigen Lagen, in denen es kein kommerzielles Verwertungsinteresse gibt, oder sie sind auf die öffentliche Vergabe von Grundstücken angewiesen. Wegen dieser Einschränkungen und auch wegen der hohen Selbstverwaltungsanforderungen – die keine Option, sondern Voraussetzung für das Gelingen der Projekte sind – kommen die selbstorganisierten Bauprojekte bisher nicht über einen Nischenstatus hinaus, werden wahrscheinlich auf wenige beschränkt bleiben.

Dennoch bieten die selbstorganisierten Hausprojekte mit ihren selbstbestimmten Planungskulturen, ihren alternativen Finanzierungswegen und den Strukturen des kollektiven Eigentums Praxiserfahrungen und Ansätze, die für eine grundsätzliche Umgestaltung der Wohnversorgung Pilotcharakter haben können. Im Sinne der gesellschaftlichen Transformationen auf dem Wege des radikalen Reformismus können sie als »soziale Praxis« angesehen werden, die eine »Perspektive einer grundsätzlichen Überwindung des Kapitalismus« in sich tragen.[77]

Neue Wohnungsgemeinnützigkeit

Ein drittes Konzept der zumindest partiellen Dekommodifizierung, das aktuell wohnungspolitisch diskutiert wird, ist die Gemeinnützigkeit. Unter dem Stichwort Neue Wohnungsge-

76 Engels: Wohnungsfrage, MEW, Bd. 18, S. 263.

77 Dirk Martin/Jens Wissel: Soziale Infrastruktur als sozialpolitisches Transformationskonzept, in: Ulrich Brand/Christoph Görg (Hrsg.): Zur Aktualität der Staatsform. Materialistische Staatstheorie von Joachim Hirsch, Baden-Baden 2018, S. 201–217, hier S. 202.

meinnützigkeit wurden seit 2015 Vorschläge zur Stärkung von nicht-profitorientierten Bauträgern entwickelt.[78]

Die Grundidee dabei ist der Ausbau eines Non-Profit-Sektors im Bereich Wohnversorgung. Anders als bei Förderprogrammen und gesetzlichen Regulierungen sollen die sozialen Aspekte nicht »von außen« gegenüber privatwirtschaftlich agierenden Unternehmen durchgesetzt werden, sondern als Prinzipien einer sozialen Wohnungsbewirtschaftung in der Struktur und Ausrichtung der Unternehmen selbst verankert werden. Hintergrund sind die Erfahrungen mit begrenzten Bindungsfristen in den Programmen des Sozialen Wohnungsbaus und der Wohnraumförderung sowie die dauerhaften Schwierigkeiten, rechtlich festgelegte Mietbegrenzungen auch faktisch durchzusetzen und die Lücken der Umgehungstatbestände ständig schließen zu müssen. Aus Arbeiten der kritischen Wohnforschung in den 1980er-Jahren ist bekannt, dass der nachhaltigste soziale Effekt der Wohnungspolitik in der Veränderung der Eigentümerstruktur besteht. Wohnungen, die nicht-profitorientierte Bauträger errichten und verwalten, werden nicht nach Maßgabe der Höchsterträge bewirtschaftet und können so zur Versorgung von Haushalten mit geringeren Einkommen beitragen.

Die Gemeinnützigkeit ist ein seit über 150 Jahren etabliertes Prinzip, das Gemeinwohlinteresse zu organisieren. Als gemeinnützig gelten dabei Vereine, Stiftungen und Unternehmen, deren Zweck es ist, Versorgungsaufgaben im öffentlichen Interesse zu erfüllen. Sie sind von Steuern befreit, weil sie in der Konsequenz Aufgaben übernehmen, die der Staat sonst mithilfe von Steuereinnahmen selbst erledigen müsste. Ein zweites Prinzip der Gemeinnützigkeit ist die Gewinnbeschränkung. Um den öffentlich gewünschten Zweck erfüllen zu können und auch um die steuerlichen Begünstigungen gegenüber anderen Unternehmen zu rechtfertigen, dürfen gemeinnützige Einrichtungen und Unternehmen keine

78 Jan Kuhnert/Olof Leps: Neue Wohnungsgemeinnützigkeit. Wege zu langfristig preiswertem und zukunftsgerechtem Wohnraum, Wiesbaden 2017; Andrej Holm/Sabine Horlitz/Inga Jensen: Neue Wohnungsgemeinnützigkeit. Voraussetzungen, Modelle und erwartete Effekte, hrsg. von der Rosa-Luxemburg-Stiftung, Studie, Berlin 2017.

Gewinnerzielungsabsicht verfolgen. Alle als gemeinnützig anerkannten Vereine aus dem Bildungs-, Kultur- und Sozialbereich kennen die zum Teil mit großem Aufwand verbundene Nachweispflicht, dass sie keine Gewinne erzielen, gegenüber den Finanzämtern, die den Status der Gemeinnützigkeit regelmäßig prüfen. Ein drittes Prinzip der Gemeinnützigkeit ist die Zweckbindung der erwirtschafteten Mittel. Gerade weil die Einnahmen nicht als Gewinn verbucht werden dürfen, müssen alle Mittel für Aktivitäten ausgegeben werden, die dem Zweck der Gemeinnützigkeit entsprechen.

Im Bereich des Wohnens hat die Gemeinnützigkeit eine lange Geschichte, die erst mit der Abschaffung des Wohnungsgemeinnützigkeitsgesetzes im Jahr 1989 durch die damalige Regierung in der Bundesrepublik unterbrochen wurde. Als erstes gemeinnütziges Wohnungsunternehmen wurde schon 1847 die Berliner gemeinnützige Baugesellschaft (BgB) gegründet, deren Zweck in Paragraf 1 des Gesellschaftervertrags wie folgt formuliert war: »in gemeinnütziger Weise durch Bauausführungen in den verschiedenen Stadtteilen Berlins oder vor dessen Toren gesunde und geräumige Wohnungen für sogenannte kleine Leute zu beschaffen [und] diese Wohnungen billigst zu vermieten«. [79]

Formal war die BgB als Aktiengesellschaft organisiert, die Dividende wurde aber qua Statut der Gesellschaft auf maximal vier Prozent begrenzt, weil höhere Gewinne dem Ziel der »billigst« zu vermietenden Wohnungen widersprochen hätten. Im Kern wurden damit die später auch gesetzlich verankerten Prinzipien der Wohnungsgemeinnützigkeit definiert: Orientierung am Kostendeckungsprinzip statt am Gewinn, Begrenzung der Dividenden und Gewinne, Versorgung von sozial benachteiligten Haushalten und die Bindung des gesamten Unternehmensvermögens an den privilegierten Zweck des Wohnungsbaus.[80]

79 BgB – Berliner gemeinnütziger Bauverein: Gesellschaftsvertrag der Berliner gemeinnützigen Baugesellschaft. Berlin 1848, S. 3.

80 Helmut W. Jenkis: Die gemeinnützige Wohnungswirtschaft. Ursprung, Entwicklung, Probleme, in: ders. (Hrsg.): Kommentar zum Wohnungsgemeinnützigkeitsrecht mit der WGG-Aufhebungsgesetzgebung, Hamburg 1988, S. XIX–XLVIII, hier S. XX.

Ab 1895 wurden in Preußen Baugenossenschaften und andere gemeinnützige Bauträger von verschiedenen Steuern befreit.[81]

Die Hochzeit des gemeinnützigen Wohnungsbaus und der Wohnungsbaugenossenschaften waren die 1920er-Jahre. In der Weimarer Republik hatte die Versorgung mit angemessenem Wohnraum Verfassungsrang (Art. 155) und der Staat stellte niedrig verzinste und zinsfreie Darlehen für den gemeinnützigen Wohnungsbau zur Verfügung. Als Gegenleistung für diese Fördergelder und Steuerbegünstigungen mussten die gemeinnützigen Bauherren ihre Kosten offenlegen, die Miete auf eine bestimmte Höhe festlegen sowie einen Einfluss der Behörden bei der Wohnungsvergabe akzeptieren.[82]

Obwohl die kostendeckende Miete für Neubauprojekte durch die hohen Investitionen nicht für alle Einkommensgruppen leistbar war, so war der langfristige Effekt einer Kostenmietkalkulation der gemeinnützigen Wohnungsunternehmen doch erheblich. Wenn alle Kredite und Darlehen für den Bau der Gebäude abbezahlt waren, reduzierten sich die notwendigen Ausgaben für den Erhalt der Gebäude und die Bewirtschaftung deutlich. In der Logik der gemeinnützigen Bewirtschaftung gilt tatsächlich: Die relativ teuren Neubauten von heute sind die günstigen Mietwohnungen von morgen. Beim Kostendeckungsprinzip gab es keine Notwendigkeit für Mieterhöhungen und die über die Bewirtschaftungskosten hinausgehenden Einnahmen konnten für neue gemeinnützige Wohnungsbauprojekte eingesetzt werden.

In der Bunderepublik wurde die Wohnungsgemeinnützigkeit fortgeführt. Zwischen 1949 und 1989 entstanden über 4,2 Millionen Wohnungen durch gemeinnützige Wohnungsunternehmen – das entsprach fast 25 Prozent der gesamten Bauleistung in diesem Zeitraum.[83] Darunter waren neben den etwa 1,1 Millionen Genossenschaftswohnungen auch 3,1 Mil-

81 Helmut W. Jenkis: Die gemeinnützige Wohnungswirtschaft im Widerstreit der Interessen und Meinungen. Eine kommentierte Dokumentation zur Aufhebung des Wohngemeinnützigkeitsgesetzes, Baden-Baden 2000, S. 13.

82 Häußermann/Siebel: Soziologie des Wohnens, S. 112ff.

83 Jenkis: Die gemeinnützige Wohnungswirtschaft, S. 33ff.

lionen von unternehmerischen Gesellschaftsformen (GmbH und Aktiengesellschaft) verwaltete Wohnungen. Mit der Aufhebung der Wohnungsgemeinnützigkeit im Zuge einer Steuerreform im Jahr 1989, nur wenige Monate vor dem Fall der Mauer, verwandelten sich diese mehr als drei Millionen Wohnungen in handelbare Güter, die keiner Gewinnbeschränkung mehr unterlagen und auch nicht mehr an einen sozialen Versorgungszweck gebunden waren. Der Anzahl der Wohnungen, die aktuell von Organisationen ohne Erwerbszweck verwaltet werden, ist auf etwa 300 000 geschrumpft – das ist gerade einmal ein Prozent des bundesweiten Wohnungsbestands. Die ehemals gemeinnützigen Wohnungen hingegen bildeten die Substanz der späteren Privatisierungen und verwandelten die Resultate einer sozial ausgerichteten Wohnungspolitik des 20. Jahrhunderts in einen Spielball von Private-Equity-Fonds, börsennotierten Wohnungskonzernen und anderen Finanzmarktunternehmen.[84] Die Abschaffung der Wohnungsgemeinnützigkeit war ein entscheidender Baustein der neoliberalen Wohnungspolitik und hat die Wohnversorgung in vielen Städten und Regionen nachhaltig verändert.

In den Jahren nach 1990 standen zunächst vereinigungsbedingte Herausforderungen – der hohe Leerstand in schrumpfenden Regionen und die großen Privatisierungswellen – im Zentrum der wohnungspolitischen Debatten, sodass die Streichung der Wohnungsgemeinnützigkeit als Instrument der Wohnungspolitik in den Hintergrund rückte und schließlich ein wenig in Vergessenheit geriet.

Trotz ihrer langen Geschichte und der politisch erzwungenen Ruhephase genügen die Prinzipien der Gemeinnützigkeit dem Anforderungsprofil für eine Antwort auf die aktuellen wohnungspolitischen Herausforderungen: Sozialer Versorgungsauftrag, strikte Kostenmietorientierung, Gewinnbeschränkung und dauerhafte Zweckbindung der Einnahmen stehen für ein Programm der Wohnversorgung

84 Karl-Heinz Peters: Von der Gemeinnützigkeit zum Profit. Privatisierungsopfer Gehag – Herausforderung für alternative Wohnungspolitik, Hamburg 2016, S. 84ff.

im Interesse der Allgemeinheit. Berechnungen zeigen, dass mit der Kombination aus Gewinnverzicht, Steuervergünstigungen, Zugang zu öffentlichen Grundstücken und langfristigen Finanzierungskonzepten gemeinnützige Neubaumieten bei etwa 6 Euro pro Quadratmeter (nettokalt) liegen könnten, also bei etwa der Hälfte von dem, was in konventionell kalkulierten Wohnungsbauprojekten gewinnorientierter Bauträger verlangt wird.[85] Allein eine Befreiung von der Mehrwertsteuer bei den Erstellungskosten gemeinnütziger Bauprojekte würde eine erhebliche Absenkung der notwendigen Refinanzierungsaufwendungen bewirken, sodass selbst ohne zusätzliche Fördermittel Wohnungen mit leistbaren Mieten für die große Mehrheit der Haushalte gebaut werden könnten.

In den politischen Diskussionen über eine neue Wohnungsgemeinnützigkeit wird gern eingewandt, dass es bei den Wohnungsunternehmen kein Interesse an einem solchen Status und an einer Gewinnbeschränkung gibt. Doch gerade hier liegt die Verantwortung bei der Politik, die ja die Rahmenbedingungen für einen künftigen Wohnungsbau festlegen kann und auch sollte. Letztendlich setzen sich immer die Unternehmensformen durch, die am besten mit den angebotenen Konditionen zurechtkommen.[86] Diese ökonomische Bedingtheit begünstigt zurzeit die gewinnorientierten Wohnungsunternehmen sowie private und institutionelle Anleger, die unter den gegenwärtigen Bedingungen für ihre Geschäftsmodelle die besten Voraussetzungen finden. Selbstorganisierte, genossenschaftliche und andere nichtprofitorientierte Bauträger haben meist das Nachsehen, weil sie bei den hohen Grundstückspreisen keinen Bau von Wohnungen mit erschwinglichen Mieten anbieten können und es für sie keine steuerlichen Investitionsanreize gibt. So lohnt sich beispielsweise für gemeinnützige und kostendeckend kalkulierende Bauprojekte die aktuelle Denkmalschutzförderung durch relativ hohe Steuerabschreibungen nicht, weil

85 Holm et al.: Neue Wohnungsgemeinnützigkeit, S. 34ff.

86 Welch-Guerra: Vermieterstruktur.

nur Überschüsse und Gewinne tatsächlich abgeschrieben werden können. Bauprojekte aber, die im Interesse möglichst geringer Mieten kostendeckend kalkulieren, können auch keine Gewinne versteuern, bei denen sich steuerliche Abschreibungen lohnen.

Gemeinnütziger Wohnungsbau wäre hier auf eine Politik angewiesen, die sozial ausgerichteten Wohnbauprojekten einen dauerhaften und substanziellen Vorteil gegenüber gewinnorientierten Entwicklungsprojekten einräumt, sodass ein stiller Umbau der Eigentümerstruktur in Richtung nicht-gewinnorientierter Wohnungsbauträger eingeleitet wird. Eine solche Politik der schrittweisen Dekommodifizierung durch eine Einschränkung der Verwertungsorientierung auf der Unternehmensebene wäre wünschenswert, setzt aber eine völlig neue Ausrichtung der Wohnungspolitik voraus. Engels wäre sicher skeptisch gewesen, weil der Staat damit für den Bereich des Wohnens die für den Kapitalismus maßgeblichen Markbeziehungen de facto aufheben würde.

Wohnen als Soziale Infrastruktur

Ein viertes Konzept der Dekommodifizierung wird unter dem Begriff Soziale Infrastruktur diskutiert. Verstanden werden darunter »Einrichtungen, die gewährleisten, dass wichtige Grundbedürfnisse allen Menschen in rechtsverbindlich abgesicherter Weise kostenfrei oder zumindest kostengünstig zur Verfügung stehen«.[87] Hintergrund der Überlegungen zu einer Sozialen Infrastruktur ist die Erkenntnis, dass die Rückkehr zu einem Sozialstaat mit einer auf Erwerbsarbeit begründeten sozialen Absicherung weder realistisch noch wünschenswert ist. Der fordistische Sozialstaat hatte Vollbeschäftigung zur Voraussetzung: Sowohl die individuelle Lebensqualität als auch die wesentlichen Sozialleistungen beruhten auf Umverteilungsmechanismen über die Löhne: Starke Gewerkschaften setzten Tarifverträge durch, Rentenansprüche wurden aus den

87 AG links-netz: Um was es geht, in: Joachim Hirsch/Oliver Brüchert/Eva-Maria Krampe (Hrsg.): Sozialpolitik anders gedacht: Soziale Infrastruktur, Hamburg 2013, S. 7–19, hier S. 12.

lohnabhängigen Einzahlungen abgeleitet und auch Sozial- und Krankenkassen basierten auf Abgaben aus den Arbeitseinkommen. Dieses System konnte eine soziale Absicherung in den Jahrzehnten des wirtschaftlichen Wachstums auf Grundlage von Massenproduktion für gesellschaftliche Mehrheiten sicherstellen. Eine Sozialpolitik auf der Basis von »Normalarbeitsverhältnissen« verfestigte die Abhängigkeit von Frauen in klassischen Kleinfamilienstrukturen, weil ihre Care-Arbeit für Haushalt, Pflege und Erziehung in der Regel unbezahlt blieb.[88] Marginalisierte Bevölkerungsgruppen, die keinen Zugang zu regulären Arbeitsplätzen hatten, blieben ebenfalls von den Vorzügen der fordistischen Sozialpolitik ausgeschlossen.[89]

Die massiven Veränderungen in den wirtschaftlichen Verhältnissen, die technologischen Innovationen und die steigende Produktivität in vielen Branchen haben eine Erosion der Bedeutung dieser früheren Normalarbeitsverhältnisse bewirkt – der klassische Facharbeiter am Fließband ist zur Ausnahme geworden. Berufsbiografien sind stattdessen für immer mehr Menschen durch unsichere Jobs, Löhne unter dem Mindestlohn, lange Zeiten von Arbeitslosigkeit, Scheinselbstständigkeit und anderen prekären Arbeitsverhältnissen geprägt. Eine wachsende Gruppe der Bevölkerung ist für die kapitalistische Warenproduktion sogar überflüssig geworden und somit dauerhaft von den Versprechungen der lohnarbeitszentrierten Sozialleistungen ausgeschlossen.[90]

Als Folge dieser Entwicklungen geriet auch das System der Sozialpolitik selbst in die Krise und kann auf Grundlage der bisherigen Prinzipien die Wohlfahrtsversprechen der Vergangenheit immer weniger einlösen. Auch die wiederkehrenden Debatten um die Erhöhung von Sozialabgaben und Kranken-

88 Silke Chorus: Who Cares? Kapitalismus, Geschlechterverhältnisse und Frauenarbeiten. Regulationstheoretische Sehkorrekturen, in: Feministische Studien 2/2007, S. 202–216.

89 Hans-Jürgen Andreß: Armut in Deutschland. Prozesse sozialer Ausgrenzung und die Entstehung einer neuen »Underclass«?, in: Felix Büchel et al. (Hrsg.): Zwischen drinnen und draußen. Arbeitsmarktchancen und soziale Ausgrenzungen in Deutschland, Opladen 2000, S. 37–50.

90 Robert Castel/Klaus Dörre (Hrsg.): Prekarität, Abstieg, Ausgrenzung. Die soziale Frage am Beginn des 21. Jahrhunderts. Frankfurt a. M./New York 2009.

versicherungskosten oder die Kürzung von Rentenbeiträgen belegen, dass Sozialpolitik auf der Basis von Lohnarbeit keine langfristige Perspektive mehr hat. Aus diesem Grund sind neue Wege der Sozialpolitik erforderlich, die existenzsichernde Leistungen für alle gewährleisten. Das Konzept der Sozialen Infrastruktur sieht für die Bereiche Gesundheitsversorgung, Bildung, Mobilität und Wohnen eine öffentlich bereitgestellte und aus Steuern finanzierte Grundversorgung für alle vor – unabhängig vom Einkommen und von eingezahlten Versicherungsbeiträgen.

In Anlehnung an die früheren Diskussionen über Kollektivgüter[91] lassen sich neben den fest installierten Leitungs-, Schutz- und Verkehrssystemen auch »kollektive institutionalisierte Leistungsbeziehungen« wie Gesundheit, Bildung, Pflege und soziale Sicherheit als soziale Infrastrukturen verstehen, die ein Leben in modernen Gesellschaften überhaupt erst ermöglichen.[92] So wie ein effektiver Hochwasserschutz oder ein funktionierendes Warnsystem bei Bedrohungslagen als öffentliche Leistung erwartet wird, weil das allen nützt, so sollte auch die Bereitstellung von Leistungen der sozialen Grundversorgung als öffentliche Aufgabe angesehen werden.

Wie die anderen Ansätze der Dekommodifizierung hat auch das Konzept der Sozialen Infrastruktur historische Vorläufer. Neben den großen kommunalen Versorgungssystemen in vielen Städten Europas und Nordamerikas[93] und den staatlichen Gesundheitssystemen wie dem National Health Service (NHS) in Großbritannien[94] gibt es mit dem Gemein-

91 Elinor Ostrom: Governing the Commons. The evolution of institutions for collective action, Cambridge 1990.

92 Wolfgang Streeck: Vorwort zur deutschen Ausgabe, in: Foundational Economy Collective: Die Ökonomie des Alltagslebens. Für eine neue Infrastrukturpolitik, Berlin 2019, S. 7–30, hier S. 7.

93 Wolfgang R. Krabbe: Städtische Wirtschaftsbetriebe im Zeichen des »Munizipalsozialismus«. Die Anfänge der Gas- und Elektrizitätswerke im 19. und frühen 20. Jahrhundert, in: Hans-Heinrich Blotevogel (Hrsg.): Kommunale Leistungsverwaltung und Stadtentwicklung vom Vormärz bis zur Weimarer Republik, Köln 1991, S. 117–135; Elfi Bendikat: Öffentliche Nahverkehrspolitik in Berlin und Paris 1890–1914. Strukturbedingungen, politische Konzepte und Realisierungsprobleme, Berlin/New York 1999; Robert Gordon: The Rise and Fall of American Growth. The U.S. Standard of Living since the Civil War, Princeton/Oxford 2016.

94 Christopher Ham: Health Policy in Britain, 6. Aufl., London 2009.

dewohnungsbau in Wien, dem System des Council Housing in Großbritannien oder auch dem munizipalen Wohnungsbau in Schweden erfolgreiche Beispiele für einen kommunalen Wohnungsbau im Selbstverständnis einer Sozialen Infrastruktur.

Der hier bereits beschriebene Wiener Gemeindewohnungsbau ist sicher das bekannteste Beispiel für einen öffentlich finanzierten kommunalen Wohnungsbau. Im Unterschied zu den hierzulande üblichen Wohnungsbaustrategien erfolgte die Finanzierung nicht über Förderprogramme, sondern unmittelbar aus den Gemeindekassen. Auf der Grundlage von Hauszinssteuern, Luxussteuern und einer zweckgebundenen Wohnbausteuer beschloss der Wiener Gemeinderat ab 1923 Bauprogramme für insgesamt fast 60 000 Wohnungen, die bis 1934 fertiggestellt wurden.[95] Da der Wohnungsbau aus öffentlichen Mitteln finanziert wurde, konnten die Mieten so kalkuliert werden, dass sie nur die laufenden Aufwendungen für Verwaltung und Instandsetzung decken mussten. Die Mieten lagen in den neu errichteten Gemeindebauten daher deutlich unter dem Niveau der marktüblichen Mieten im privat verwalteten Bestand und entsprachen einer Mietbelastung von etwa drei Prozent eines mittleren Arbeitslohns.[96]

> »Die Gemeinde Wien ging beim Wohnungsbau mehr von sozialen als kommerziellen Grundsätzen aus. Es war unmöglich, die Mietzinse im Sinne der Verzinsung der Bausumme zu erstellen; sie wären für die breite Masse untragbar gewesen. Deshalb verzichtete man von vornherein auf die Hereinbringung der Baukosten, die durch die Wohnbausteuer eine wenigstens teilweise Deckung finden sollte.«[97]

95 Peter Eigner/Malte Herbert/Andreas Resch: Sozialer Wohnbau in Wien. Eine historische Bestandsaufnahme, in: Jahrbuch des Vereins für die Geschichte der Stadt Wien 1999, hrsg. vom Verein für Geschichte der Stadt Wien, Wien 1999, S. 49–100; Lehnert: Kommunale Politik, S. 207ff.; Eve Blau: Rotes Wien: Architektur 1919–1934. Stadt – Raum – Politik, Wien 1999, S. 8ff.

96 Lehnert: Kommunale Politik, S. 230.

97 Felix Czeike: Wirtschafts- und Sozialpolitik der Gemeinde Wien 1919–1934, Wien 1959, S. 33.

Der Bestand an Gemeindewohnungen der Wiener Wohnen liegt aktuell bei etwa 220 000 Wohnungen, das entspricht einem Anteil von etwa 23 Prozent aller Wohnungen in Wien. Zusammen mit den über 170 000 gemeinnützigen Wohnungen gehören mehr als die Hälfte aller Mietwohnungen in Wien zum gemeinwirtschaftlichen Wohnungssektor und bieten leistbare Mieten für große Teile der Bevölkerung.[98]

Auch das Council-Housing-System in Großbritannien entstand als Antwort auf die Wohnungsnot nach dem Ersten Weltkrieg und wurde 1919 mit dem Addison-Act formalisiert, der umfangreiche Subventionen des Staats vorsah. Die kommunalen Verwaltungen planten, erstellten und verwalteten die Council-Housing-Bestände; sie vergaben die Wohnungen und legten die Miethöhen fest. Die Finanzierung der kommunalen Wohnungsbauprojekte erfolgte in der Regel über kommerzielle Bankkredite und eine strikte Kostenmietkalkulation, bei der der Staat die Kosten für Zins und Tilgung der Kredite übernahm, die wegen der politisch veranschlagten Mieten nicht von den Kommunen getragen werden konnten. Die staatlichen Förderprogramme trugen damit das finanzielle Risiko der kommunalen Bauprojekte. Die Lokalverwaltungen waren gesetzlich dazu verpflichtet, sogenannte Wohnungsbewirtschaftungskonten (Housing Revenue Accounts) für die Einnahmen und Ausgaben ihrer jeweiligen Gesamtbestände einzurichten. Die Höhe der staatlichen Subventionen orientierte sich so nicht an den ursprünglichen Kosten der einzelnen Projekte, sondern bezog sich immer auf den gesamten kommunalen Wohnungsbestand. Bis Ende der 1970er-Jahre entstanden auf diese Weise allein in England fast 5,6 Millionen Council-Housing-Wohnungen, die etwa ein Drittel des gesamten Wohnungsbestands in Großbritannien ausmachten.[99] Erst mit der von Margret Thatcher ab 1979 durchgesetzten Privatisierungsoffensive des »Right to Buy« und einer schrittweisen Aufhebung der staatlichen Subventionen für den kommunalen Wohnungsbau endete die Blütezeit des Council Housing.

98 Lukas Tockner: Mieten in Österreich und Wien 2008 bis 2016, Wien 2017.

99 Martens et al: Länderbericht England, S. 190ff.

Nach der massenhaften Veräußerung der Wohnungen an Mieterinnen und Mieter und der Umwandlung der kommunalen in unabhängige private Wohnungsbaugesellschaften betrugen die Council-Housing-Bestände im Jahr 2018 nur noch knapp 1,6 Millionen Wohnungen und hatten mit nicht einmal sieben Prozent nur noch eine marginale Bedeutung für die Wohnversorgung in England.[100]

In Schweden dagegen wurde der öffentliche Wohnungsbau lange Zeit von Non-Profit-Wohnungsbaugesellschaften koordiniert, die den Kommunen unterstellt waren. Die Kosten für den Wohnungsbau wurden im Rahmen des 1-Millionen-Wohnungen-Programms in den 1970er-Jahren zu bis zu 100 Prozent der Herstellungskosten aus staatlichen Krediten finanziert – bei dauerhaft garantierten Zinsen. Sie ermöglichten eine soziale Miete und lagen in der Regel unter den marktüblichen Zinskonditionen. Die Lücke zwischen den Garantiezinsen der kommunalen Baugesellschaften und den Marktzinsen übernahm der Staat in Form einer Finanzierungsförderung. Das Finanzierungsrisiko der öffentlichen Bauprojekte trug also vollständig der Staat, sodass das ehrgeizige Wohnungsbauprogramm erfolgreich umgesetzt werden konnte. Erst 1991 – nachdem die Sozialdemokratie ihre Regierungsmehrheit verloren hatte – wurde das Finanzierungssystem umgestellt: Nun konnten die Kommunen und ihre Wohnungsbauträger ihre Projekte nur noch zu den marktüblichen Finanzierungsbedingungen planen. Da im Zuge der Liberalisierungspolitik weitere Finanzierungs- und Steuervergünstigungen entfielen, mussten sie sich Schritt für Schritt den üblichen Marktbedingungen anpassen und verloren ihren Charakter als soziale Wohnversorgungsanstalten.[101]

Die Geschichte des kommunalen Wohnungsbaus in verschiedenen Ländern macht deutlich, dass eine staatlich finan-

100 Stewart Smyth: The privatization of council housing. Stock transfer and the struggle for accountable housing, in: Critical Social Policy 1/2013, S. 37–56; Ministry of Housing, Communities and Local Government: Local authority housing statistics, 2018, London 2019, S. 2f.

101 Eva Hedman: A history of the Swedish system of non-profit municipal housing, Gothenburg 2008.

zierte und öffentlich organisierte Bereitstellung von leistbaren Wohnungen möglich ist, wenn die entsprechenden politischen Voraussetzungen geschaffen werden. Die Konzepte der Sozialen Infrastruktur greifen auf diese Erfahrungen des »Munizipalsozialismus« zurück und widersprechen Engels zumindest teilweise in seiner Einschätzung, dass »der heutige Staat der Wohnungsplage weder abhelfen kann noch will«.[102] Die Beispiele des kommunalen Wohnungsbaus haben jedenfalls gezeigt, dass dem Staat die Instrumente für die Gewährleistung einer sozialen Wohnversorgung zur Verfügung stehen. Richtig ist sicherlich dennoch, dass es kein intrinsisches Interesse der Staatsapparate gibt, mit den bestehenden Immobilien-Verwertungs-Koalitionen zu brechen und sozialpolitische Zugeständnisse immer auch das Ergebnis von gesellschaftlichen Mobilisierungen und sozialen Kämpfen sind. So hatte etwa die bisher größte Mietenstreikkampagne im Jahr 1915 in Glasgow einen unmittelbaren Einfluss auf die Entscheidung, das System des Council Housing zu etablieren. Ein zentraler Slogan der Mietstreikbewegung lautete damals: »The only alternative: Municipal Housing.«[103]

Wohnungen als Zuhause zurückgewinnen

Die historischen Erfahrungen der Genossenschaftsbewegungen, die selbstorganisierten Bauprojekte, die Geschichte der Wohnungsgemeinnützigkeit und auch die Ansätze, den öffentlichen Wohnungsbau als Soziale Infrastruktur zu organisieren, stehen für die Möglichkeit, zumindest Teile der Wohnversorgung aus den Verwertungskreisläufen herauszulösen und die Wohnbedingungen an den Bedürfnissen der Menschen und nicht an den Ertragserwartungen auszurichten.

Allen vorgestellten Konzepten ist gemein, dass sie an den Eigentumsverhältnissen ansetzen und nicht nur versuchen, die Gewinnorientierung privater Wohnungsbauträger mit

102 Engels: Wohnungsfrage, MEW, Bd. 18, S. 257.

103 Sarah Glynn: »Only Alternative Municipal Housing«. Making the Case for Public Housing Then and Now, in: Neil Gray (Hrsg.): Rent and Its Discontents. A Century of Housing Struggle, London/New York 2018, S. 169–184, hier S. 169.

Auflagen und Geboten einzuhegen. Mit Friedrich Engels ließe sich sagen, dass erst mit der »Aneignung aller Lebens- und Arbeitsmittel« der Warencharakter von Immobilien aufgehoben werden kann und Wohnungen zum Zuhause werden. Da die in den wohnungspolitischen Auseinandersetzungen vorgeschlagenen Ansätze nicht auf eine umfassende Veränderung der kapitalistischen Eigentumsordnung zielen, können wir sie als Strategien der partiellen Dekommodifizierung bezeichnen.

Die Beispiele zeigen, dass eine solche partielle Dekommodifizierung keine Frage des kollektiven Willens oder von individuellen Einstellungen ist, die Wohnversorgung anders zu organisieren und die Wohnbeziehungen anders zu gestalten, sondern dass sie von den staatlich gesetzten Rahmenbedingungen abhängt. Eine Wirtschafts- und Sozialpolitik, die auf Wachstum, Investitionen und Wettbewerb setzt, begünstigt in der Konsequenz die gewinnorientierten Bewirtschaftungsstrategien der privaten und kommerziellen Wohnungsunternehmen. Eine sozial orientierte Wohnungspolitik muss jedoch gegen private Gewinninteressen durchgesetzt werden und die Prioritäten auf das Allgemeinwohl legen. Für Engels war die Lösung der Wohnungsfrage nur denkbar, wenn die kapitalistische Produktionsweise grundsätzlich überwunden wird. Die wohnungspolitischen Ansätze der partiellen Dekommodifizierung gehen davon nicht aus, setzen in der Konsequenz aber ebenfalls eine umfangreiche Transformation der gesellschaftlichen Rahmenbedingungen voraus. Zumindest für den Bereich der Stadtentwicklung und Wohnversorgung wird eine soziale Entwicklung nicht ohne die Aufhebung der kapitalistischen Verwertungsorientierung zu haben sein.

Die kritischen Stadtforscher Peter Williams und Neil Smith haben im Kontext der Anti-Gentrifizierungs-Proteste bereits in den 1980er-Jahren erklärt: »Langfristig ist die Dekommodifizierung der Wohnversorgung die einzige Verteidigung gegen Gentrification«, und fügten hinzu: »Anständige Wohnungen und Nachbarschaften sollten ein Recht und kein Privileg sein. Natürlich ist dies nicht mit einer Reihe von Reformen zu erreichen; vielmehr wird es politische Umwälzungen brauchen, die tiefgreifender sein werden als die sozialen und räumlichen Veränderungen, wie wir sie heute kennen.«[104]

Politische Umwälzungen – auch wenn sie nur einen gesellschaftlichen Teilbereich wie das Wohnen betreffen – setzen gesellschaftliche Veränderungen voraus. Die erstarkenden Mieter*innen-Bewegungen und städtischen sozialen Bewegungen stehen für die Krise der kapitalistischen Urbanisierung, weil sie deutlich machen, dass ein Recht auf Wohnen und das Recht auf Stadt nur jenseits der Warenbeziehungen durchzusetzen sein werden. Die breite Zustimmung für konsequente Mietbegrenzungen oder auch die Forderungen nach der Enteignung großer Wohnungskonzerne belegen die Erosion der gesellschaftlichen Hegemonie des Neoliberalismus und bekunden völlig selbstverständlich das Interesse an einer öffentlichen Verantwortung für die sozialen und ökologischen Aspekte der Stadtentwicklung. Die Erkenntnis, dass der Markt eben nicht alles richtet und eher dabei ist, diese Welt zugrunde zu richten, ist längst keine marginalisierte Auffassung von verblendeten Marxistinnen und Marxisten mehr, sondern Common Sense in vielen gesellschaftlichen Debatten. Vielfach fehlt es noch an der Fantasie und dem Mut, konkrete Alternativen vorzuschlagen und einzufordern. Doch insbesondere die Erfolge von Ansätzen munizipalistischer Stadtpolitik geben Hoffnung, dass zumindest auf der lokalen Ebene auch fundamentale Veränderungen erreichbar sind.[105]

Exemplarisch für die neuen Formen der stadtpolitischen Selbstermächtigung steht die Berliner Kampagne «Deutsche Wohnen & Co. enteignen!« für einen Volksentscheid zur Sozialisierung großer Wohnungsbestände. Getragen von der Erfahrung jahrelanger Mobilisierungen gegen die Zuspitzung der Wohnungskrisen mobilisierte die Initiative im September 2021

104 Peter Williams/Neil Smith: From »renaissance« to restructuring: the dynamics of contemporary urban development, in: dies. (Hrsg.): Gentrification of the City, Boston 1986, S. 204–224, hier S. 222.

105 Christoph Brunner et al. (Hrsg.): Die neuen Munizipalismen. Soziale Bewegungen und die Regierung der Städte, Wien 2017; Bertie Russell: Beyond the Local Trap. New Municipalism and the Rise of the Fearless Cities, in: Antipode 3/2019, S. 989–1010.

dafür über eine Million Stimmen. Das waren knapp 57 Prozent der abgegebenen Stimmen und damit ein klares Votum für die Enteignungsforderung. Auch wenn der Volksentscheid rechtlich nicht bindend ist, kann keine Regierung in Berlin die breite Zustimmung ignorieren. Selbst die seit 2023 regierende Koalition aus CDU und SPD musste sich mit der Frage der Enteignungsforderung auseinandersetzen und versucht nun mit der Erarbeitung eines »Vergesellschaftungsrahmengesetzes« den Anschein des demokratischen Respekts gegenüber dem erfolgreichen Enteignungsreferendum zu wahren. Auch wenn dieses Rahmengesetz vor allem dazu dienen soll, die konkrete Umsetzung der Vergesellschaftung großer Immobilienkonzerne zu verzögern, steht allein die Tatsache, dass in Berlin eine CDU-geführte Regierung ein Vergesellschaftungsgesetz erarbeiten muss für die massive Diskursverschiebung, die durch die Mobilisierung von »Deutsche Wohnen & Co. enteignen!« in den letzten Jahren erreicht wurde.

Die erfolgreiche Mobilisierung ist nicht mit der Radikalität der Forderung allein zu begründen, sondern vor allem mit der in Artikel 15 des Grundgesetzes (Option der Vergesellschaftung von Grund und Boden durch die Überführung in Gemeineigentum) gegebenen Perspektive der Umsetzbarkeit. Ohne die grundgesetzliche Verankerung der Vergesellschaftungsmöglichkeit wäre die Enteignungsforderung so zahnlos wie ein Aufruf, den Kapitalismus abzuschaffen. Im Fall der Enteignungsforderung eröffnet die rechtliche Kodifizierung einer Vergesellschaftung die realistische Chance, die Überführung von Wohnungsbeständen großer Wohnungsunternehmen in öffentliche Verwaltung auch praktisch umzusetzen. Klar ist aber auch, dass solch ein Artikel im Grundgesetz nur eine abstrakte Zierde bleibt, wenn ihn soziale Bewegungen nicht aktiv aufgreifen. Dass die Sozialisierung eines Gesetzes bedarf, zeigt zudem, dass selbst der Erfolg einer breiten sozialen Mobilisierung letzten Endes durch den Staat verbindlich festgeschrieben und abgesichert werden muss.

Die Geografin Joanna Kusiak bezeichnet die transformative Nutzung von rechtlichen Optionen als »critical legal engeneering« (CLE) und beobachtet, dass insbesondere im Bereich der Stadt- und Wohnungspolitik verstärkt Gesetze und Verordnungen genutzt werden, um progressive Forderungen durchzusetzen. Die traditionell konservative Rolle juristischer Instrumente, die ja in der Regel einen Status quo festschreiben, verkehrt sich unter den Bedingungen einer rasanten Neoliberalisierung und Finanzialisierung zu einem Instrument für eine nachhaltige Veränderung.[106] Weitere Initiativen wie die für das Volksbegehren für einen landesweiten Mietenstopp in Bayern (2020), die Gesetzvorlage für das Wohnraumversorgungsgesetz des Berliner Mietenvolksentscheides (2015) und die Vorschläge für einen bundeweiten Mietenstopp (2021) bestätigen die Wechselbeziehung von staatlicher Reformpolitik und radikalem Reformismus.

Die inhaltliche Klammer der verschiedenen radikal reformistischen Initiativen ist die deutliche Beschränkung der entfesselten Gewinnorientierung der marktförmigen Wohnungswirtschaft und die Rückgewinnung des Wohnens als Zuhause. Mit sicher unterschiedlicher Reichweite sollen die Prinzipien der Verwertung durch nicht über den Markt vermittelte Formen der Organisation des Wohnens ersetzt werden. Die Überlegungen zur grundsätzlichen Verwandlung des Wohnens in einen Bereich der Sozialen Infrastruktur werden bisher nur in akademischen und gesellschaftlichen Nischen diskutiert,[107] doch die Alternativen zu einem Wohnen als Objekt der Rendite liegen relativ deutlich auf der Hand. Wie in so vielen Bereichen wird es darauf ankommen, selbstorganisierte soziale Bewegungen zu formieren und die verschiedenen Utopien für ein selbstbestimmtes, leistbares und marktfernes Wohnen auch umzusetzen – ein großer Schritt zur »Aneignung aller Lebens- und Arbeitsmittel«.[108]

106 Joanna Kusiak: Trespassing on the Law. Critical legal engineering as a strategy for action research, in: Area 2021, S. 1–8.

107 Joachim Hirsch et al.: Sozialpolitik anders gedacht. Soziale Infrastruktur, Hamburg 2013; Initiative für einen Neuen Kommunalen Wohnungsbau (INKW): Öffentlich bauen statt Private fördern, Berlin 2014, www.inkw-berlin.de/index.html.

108 Engels: Wohnungsfrage, MEW, Bd. 18, S. 263.

Literatur

Aalbers, Manuel/Brett Christophers: Wohnen ins Zentrum der politischen Ökonomie stellen, in: Sebastian Schipper/Lisa Vollmer (Hrsg.): Wohnungsforschung. Ein Reader, Bielefeld 2020, S. 39–72.

Ackermann, Bruce: Regulating Slum Housing Markets on Behalf of the Poor: Of Housing Codes, Housing Subsidies and Income Redistribution Policy, in: The Yale Law Journal 6/1971, S. 1093–1197.

AG links-netz: Um was es geht, in: Joachim Hirsch/Oliver Brüchert/Eva-Maria Krampe (Hrsg.): Sozialpolitik anders gedacht: Soziale Infrastruktur, Hamburg 2013, S. 7–19.

Amt für Statistik Berlin-Brandenburg: Baufertigstellungen, Bauüberhang und Bauabgang in Berlin 2019. Statistischer Bericht F II 2 – j/19, Potsdam 2020.

Andreß, Hans-Jürgen: Armut in Deutschland. Prozesse sozialer Ausgrenzung und die Entstehung einer neuen »Underclass«?, in: Felix Büchel et al. (Hrsg.): Zwischen drinnen und draußen. Arbeitsmarktchancen und soziale Ausgrenzungen in Deutschland, Opladen 2000, S. 37–50.

Arndt, Heinz Wolfgang: The »Trickle-down« Myth, in: Economic Development and Cultural Change 1/1983, S. 1–10.

Balmer, Ivo /Tobias Bernet: Selbstverwaltet bezahlbar wohnen? Potentiale und Herausforderungen genossenschaftlicher Wohnprojekte, in: Barbara Schönig/Justin Kadi/Sebastian Schipper (Hrsg.): Wohnraum für alle?! Perspektiven auf Planung, Politik und Architektur, Bielefeld 2017, S. 259–280.

Barlow, James /Simon S. Duncan: Success and failure in housing provision: European systems compared. Policy, planning, and critical theory, Oxford 1994.

Baur, Nina: Markt, in: dies./Hermann Korte/Martina Löw/Markus Schroer (Hrsg.): Handbuch Soziologie, Wiesbaden 2008, S. 273–294.

Becker, Heidede/Karl-Dieter Keim: Gropiusstadt – Soziale Verhältnisse am Stadtrand. Soziologische Untersuchung einer Berliner Großsiedlung, Stuttgart 1977.

Belina, Bernd: Kapitalistischer Wohnungsbau. Ware, Spekulation, Finanzialisierung, in: Barbara Schönig/Justin Kadi/Sebastian Schipper (Hrsg.): Wohnraum für alle? Perspektiven auf Planung, Politik und Architektur, Bielefeld 2017, S. 31–45.

Belina, Bernd: Wenn Geldkapital eine sichere Bank sucht. Theorie und die politökonomischen Grundlagen der aktuellen Wohnungsfrage in Deutschland, in: PROKLA. Zeitschrift für Kritische Sozialwissenschaft 48, 2018, S. 187–203.

Belina, Bernd/Susanne Heeg: Wohnen mit Marx, in: Thomas Sablowski et al. (Hrsg.): Auf den Schultern von Karl Marx, Münster 2021, S. 439–453.

Belina, Bernd/Maximilian Pechstein: Wohnungsbaugenossenschaften ernst nehmen und stärker einbeziehen, hrsg. von der Rosa Luxemburg Stiftung, Standpunkte 1/2021, Berlin 2021.

Bendikat, Elfi: Öffentliche Nahverkehrspolitik in Berlin und Paris 1890–1914. Strukturbedingungen, politische Konzepte und Realisierungsprobleme, Berlin/New York 1999.

Bernet, Tobias: Muskelhypothek und Staatsknete. Zur Ökonomie der Förderung baulicher Selbsthilfe in der Berliner Stadterneuerung nach 1980, in: Andrej Holm/Christoph Laimer (Hrsg.): Gemeinschaftliches Wohnen und selbstorganisiertes Bauen, Wien 2021, S. 28–44.

Bernt, Matthias/Malte Daniljuk/Andrej Holm: Partizipative Stadtentwicklung in den Barrios von Caracas, in: PROKLA. Zeitschrift für kritische Sozialwissenschaft 149, 2007, S 561–577.

BgB – Berliner gemeinnütziger Bauverein: Gesellschaftsvertrag der Berliner gemeinnützigen Baugesellschaft. Berlin 1848.

Blackstone: Real Estate, 2021, www.blackstone.com/our-businesses/real-estate/.

Blakeley, Grace: Stolen. So retten wir die Welt vor dem Finanzkapitalismus, Berlin 2021.

Blau, Eve: Rotes Wien: Architektur 1919–1934. Stadt – Raum – Politik, Wien 1999.

Blum, Otto/Gustav Schimpff/Wilhelm Schmidt: Städtebau. Handbibliothek für Bauingenieure. Ein Hand- und Nachschlagebuch für Studium und Praxis, Berlin/Heidelberg 1921.

Boldeman, Lee: The cult of the market. Economic fundamentalism and it's discontents, Canberra 2007.

Bontrup, Heinz-Josef: Wohnst du noch ...? Immobilienwirtschaft und Mieten kritisch betrachtet, Hamburg 2018.

Bortis, Heinrich: Zurück zur Politischen Ökonomie. 250 Jahre bewegte Geschichte der Wirtschaftstheorie, Münster 2017.

Brede, Helmut/Bernhard Kohaupt/Hans-Joachim Kujath: Ökonomische und politische Determinanten der Wohnungsversorgung, Frankfurt a. M. 1975.

Brede, Helmut Bernhard Kohaupt/Hans-Joachim Kujath: Politische Ökonomie des Bodens und Wohnungsfrage, Frankfurt a.M. 1976.

Briggs, Asa: Victorian Cities [1963], Berkeley/Los Angeles 1993.

Brunner, Christoph et al. (Hrsg.): Die neuen Munizipalismen. Soziale Bewegungen und die Regierung der Städte, Wien 2017.

Bundesministerium des Innern, für Bau und Heimat (BMI): Faktenblätter zum deutschen Wohnungsmarkt 2022, Berlin 2022.

Bundesministerium für Arbeit und Soziales: Lebenslagen in Deutschland. Sechster Armuts- und Reichtumsbericht, Berlin 2021.

Bundesministerium für Wirtschaft und Energie (BMWI): Soziale Wohnungspolitik. Gutachten des Wissenschaftlichen Beirates beim Bundesministerium für Wirtschaft und Energie, Berlin 2018.

Bundesregierung: Wohngeld- und Mietenbericht 2018, Berlin 2019, www.bmi.bund.de/SharedDocs/downloads/DE/publikationen/themen/bauen/wohnen/Wohngeld-und-Mietenbericht-2018.pdf.

Busch-Geertsema, Volker: Wohnungslosigkeit, in: Bürger & Staat 2–3/2019, S. 150–155.

Calatayud, José Miguel /Adriana Homolova/Hendrik Lehmann/ Team Cities for Rent: Wie internationale Investments den Wohnungsmarkt umwälzen, in: Tagesspiegel – Mietmarktlabor 2021, https://interaktiv.tagesspiegel.de/lab/mietmarktlabor-berlin-wie-internationales-investment-den-mietmarkt-veraendert.

Carmony, Donald F./Josephine M. Elliott: New Harmony, Indiana: Robert Owen's Seedbed for Utopia, in: Indiana Magazine of History 3/1980, S. 161–261.

Castel, Robert/Klaus Dörre (Hrsg.): Prekarität, Abstieg, Ausgrenzung. Die soziale Frage am Beginn des 21. Jahrhunderts. Frankfurt a. M./New York 2009.

CB Richard Ellis (CBRE): Neuer Rekord am Immobilieninvestmentmarkt Deutschland, 6.1.2020, https://news.cbre.de/neuer-rekord-am-immobilieninvestmentmarkt-deutschland/.

Chorus, Silke: Who Cares? Kapitalismus, Geschlechterverhältnisse und Frauenarbeiten. Regulationstheoretische Sehkorrekturen, in: Feministische Studien 2/2007, S. 202–216.

Claus, Leon/Tim Sommer: Wohnungsmarkt, in: Andrej Holm (Hrsg.): Wohnen zwischen Markt, Staat und Gesellschaft. Ein sozialwissenschaftliches Handbuch, Hamburg 2021, S. 97–122.

Cohen, Arthur: Die Hauszinssteuer (Steuer zum Geldentwertungsausgleich, Gebäudeentschuldungssteuer), in: Finanz-Archiv (Public Finance Analysis) 1/1931, S. 124–156.

Czeike, Felix: Wirtschafts- und Sozialpolitik der Gemeinde Wien 1919–1934, Wien 1959.

Darke, Jane: The Man-Shaped City, in: Chris Booth/Jane Darke/Sue Yeandle (Hrsg.): Changing Placers. Women's Lives in the City, London 1996, S. 88–99.

Dascher, Kristof: Eine kleine Politische Ökonomie der Wohnungsmieten und -leerstände in Ostdeutschland, in: Wirtschaftsdienst 7/2010, S. 487–491.

Daum, Timo /Sabine Nuss: Die unsichtbare Hand des Plans. Koordination und Kalkül im digitalen Kapitalismus, Berlin 2021.

Davis, Mike: Planet der Slums, Berlin/Hamburg 2007.

Demirović, Alex: Neoliberalismus und Hegemonie, in: Christoph Butterwegge/Bettina Lösch/Ralf Ptak (Hrsg.): Neoliberalismus. Analysen und Alternativen, Wiesbaden 2008, S. 17–33.

D'Eramo, Marco: Das Schwein und der Wolkenkratzer. Chicago: Eine Geschichte unserer Zukunft, Reinbek 1998.

Deutsche Bank Research: Berliner Wohnungsmarkt. Mietendeckel dürfte wirtschaftlichen Superzyklus und Immobilienzyklus für einige Jahre entkoppeln, Berlin 2020.

Dietrich, Barbara: Grundrente und Wohnungsfrage, in: Kritische Justiz 3/1974, S. 251–273.

Drohsel, Franziska: Über die Frage der Sozialisierung am Beispiel »Deutsche Wohnen & Co. enteignen!«, in: Kritische Justiz 1/2020, S. 30–42.

Dunleavy, Patrick: Collective Consumption, in: Anthony M. Orum (Hrsg.): Wiley Blackwell Encyclopedia of Urban and Regional Studies, Bd. 1, Hoboken 2019, S. 1–8.

Eagleton, Terry: Ideologie. Eine Einführung, Stuttgart/Weimar 1993.

Egner, Björn: Wohnungspolitik seit 1945, in: Bundeszentrale für politische Bildung (Hrsg.): Gesucht! Gefunden? Alte und neue Wohnungsfragen, Bonn 2019, S. 94–100.

Eigner, Peter/Malte Herbert/Andreas Resch: Sozialer Wohnbau in Wien. Eine historische Bestandsaufnahme, in: Jahrbuch des Vereins für die Geschichte der Stadt Wien 1999, hrsg. vom Verein für Geschichte der Stadt Wien, Wien 1999, S. 49–100.

Emmenegger, Barbara/Meike Müller: Engagement und Gestaltungsfreiheiten in genossenschaftlichen Wohnsiedlungen, in: Andrej Holm/Christoph Laimer (Hrsg.): Gemeinschaftliches Wohnen und selbstorganisiertes Bauen, Wien 2021, S. 86–99.

Engel & Völkers: Marktbericht Top-7-Städte Deutschland (2020), Hamburg 2020.

Engels, Friedrich: Die Lage der arbeitenden Klasse in England. Nach eigner Anschauung und authentischen Quelle, in: MEW, Bd. 2, S. 225–506.

Engels, Friedrich: Vorwort zur 2. Auflage »Zur Wohnungsfrage«, in: MEW, Bd. 18, S. 647–655.

Engels, Friedrich: Zur Wohnungsfrage, in: MEW, Bd. 18, S. 209–287.

Expertenkommission zum Volksentscheid »Vergesellschaftung großer Wohnungsunternehmen«: Abschlussbericht, Juni 2023, https://www.berlin.de/kommission-vergesellschaftung/_assets/abschlussbericht_vergesellschaftung-grosser-wohnungsunternehmen-230627.pdf?ts=1687954190.

Feld, Lars P. et al.: Frühjahrsgutachten Immobilienwirtschaft 2020 des Rates der Immobilienweisen, Berlin 2020.

Fuhrhop, Daniel: Verbietet das Bauen! Streitschrift gegen Spekulation, Abriss und Flächenfraß, München 2015.

Fuhrhop, Daniel: Im brennenden Haus: Neue Inhalte im »Buch zur Bauscham«, der erweiterten Neuauflage von »Verbietet das Bauen!« 2020, in: Verbietet das Bauen. Der Blog gegen die Bauwut, 2020, www.verbietet-das-bauen.de/bauscham-neuauflage-verbietet-das-bauen-2020/.

Garcia-Landa, Adrian/Christoph Trautvetter: Wem zahle ich eigentlich Miete? Den finanzialisierten Wohnungsmarkt verstehen: Ein Recherchehandbuch für Mieter*innen, hrsg. von der Rosa-Luxemburg-Stiftung, Berlin 2019.

Gerull, Susanne: Wohnungslosigkeit in Deutschland, in: Aus Politik und Zeitgeschichte 20–21/2014, S. 30–36.

Glatter, Jan: Die Privatisierung der kommunalen Wohnungsbestände in Dresden, in: Raum-Planung 131, 2007, S. 79–84.

Gleichmann, Peter: Die Verhäuslichung der Harn- und Kotentleerungen, in: Medizin, Mensch, Gesellschaft 1/1979, S. 46–52.

Gluns, Danielle: Wohnungspolitik als alte neue Herausforderung des Sozialstaats, in: Matthias Freise/Annette Zimmer (Hrsg.): Zivilgesellschaft und Wohlfahrtsstaat im Wandel, Wiesbaden 2019, S. 257–284.

Glynn, Sarah: »Only Alternative Municipal Housing«. Making the Case for Public Housing Then and Now, in: Neil Gray (Hrsg.): Rent and Its Discontents. A Century of Housing Struggle, London/New York 2018, S. 169–184.

Gordon, Robert: The Rise and Fall of American Growth. The U.S. Standard of Living since the Civil War, Princeton/Oxford 2016.

Gramsci, Antonio: Gefängnishefte, hrsg. von Klaus Bochmann und Wolfgang Fritz Haug, 10 Bde., Hamburg 1991.

Griffins, Matthew: Potential: Wertermittlung – Workshop zur Berliner Liegenschaftspolitik, 3.11.2012, www.habenundbrauchen.de/2012/10/potential-wertermittlung-workshop-zur-berliner-liegenschaftspolitik-3-november-2012-1830-uhr/.

Grigsby, William G./Louis Rosenburg: Urban Housing Policy, London 1975.

Gutachterausschuss für Grundstückswerte in Berlin: Immobilienmarktbericht Berlin 2019/2020, Berlin 2020, www.berlin.de/gutachterausschuss/_assets/amarktinformationen/amarktanalyse/04-03-010-1900.pdf.

Haas, Hans-Dieter/Simon-Martin Nullmair: Regulationstheorie, in: Gabler Wirtschaftslexikon, Wiesbaden 2018, https://wirtschaftslexikon.gabler.de/definition/regulationstheorie-42980/version-266317.

Haas, Heide: Paradigmenwandel der Wohnungspolitik, in: Otto Depenheuer/Eckhardt Hertzch/Michael Voigtländer (Hrsg.): Wohneigentum für breite Schichten der Bevölkerung, Berlin 2020, S. 35–49.

Ham, Christopher: Health Policy in Britain, 6. Aufl., London 2009.

Handwerk, Carola/Karol Felsner: Der Mietendeckel. Grund, Genese und Geist des MietenWoG Berlin, in: juridikum. Zeitschrift für Recht, Kritik, Gesellschaft 3/2020, S. 354–365.

Harloe, Michael: The People's Home? Social Rented Housing in Europe & America, Oxford/Cambridge 1995; Paul Balchin (Hrsg.). Housing Policy in Europe, London 1996.

Harvey, David: The Limits to Capital, Oxford 1982.

Harvey, David: Justice, Nature and the Geography of Difference, Oxford 1996.

Harvey, David: Globalization and the »Spatial Fix«, in: geographische revue 2/2001, S. 23–30.

Harvey, David: The Art of Rent. Globalization, Monopoly and the Commodification of Culture, in: Socialist Register 38/2002, S. 93–110.

Häußermann, Hartmut: Ihre Parallelgesellschaften, unser Problem: Sind Migrantenviertel ein Hindernis für Integration?, in: Leviathan 4/2007, S. 458–469.

Häußermann, Hartmut/Walter Siebel: Das Ende des goldenen Zeitalters im Sozialen Wohnungsbau, in: Jürgen Bärsch/Joachim Brech (Hrsg.): Das Ende der Normalität im Wohnungs- und Städtebau?, Darmstadt 1993, S. 9–31.

Häußermann, Hartmut/Walter Siebel: Soziologie des Wohnens. Eine Einführung in Wandel und Ausdifferenzierung des Wohnens, Weinheim/München 1996.

Hedman, Eva: A history of the Swedish system of non-profit municipal housing, Gothenburg 2008.

Heeg, Susanne: Wohnungen als Finanzanlage: Auswirkungen von Responsibilisierung und Finanzialisierung im Bereich des Wohnens, in: sub\urban. zeitschrift für kritische stadtforschung 1/2013, S. 75–99.

Heinz, Werner/Bernd Belina: Die kommunale Bodenfrage, hrsg. von der Rosa-Luxemburg-Stiftung, Studien 2/2019, Berlin 2019, www.rosalux.de/fileadmin/rls_uploads/pdfs/Studien/Studien_2-19_Bodenpolitik.pdf.

Helfrich, Silke/Stefan Meretz/Tomislav Knaffl: Commons statt Gemeinschaft. Anders bauen und wohnen, in: Andrej Holm/Christoph Laimer (Hrsg.): Gemeinschaftliches Wohnen und selbstorganisiertes Bauen, Wien 2021, S. 48–59.

Henderson, Willam Otto: The Life of Friedrich Engels, Bd. 1, London 1976.

Herrmann, Ulrike: »Das Kapital« und seine Bedeutung, in: Aus Politik und Zeitgeschichte 19–20/2017, S. 17–22.

Hinrichs, Wilhelm: Sozialstaatliche Sicherung der Wohnungsversorgung in Deutschland, in: Lars H. Röller/Christian Wey

(Hrsg.): WZB-Jahrbuch 2001: Die Soziale Marktwirtschaft in der neuen Weltwirtschaft, Berlin 2001, S. 133–166.

Hintzsche, Burkhard: Kommunale Wohnungspolitik, in: Helmut Wollmann/Roland R. Roth, (Hrsg.): Kommunalpolitik, Opladen 1999, S. 801–820.

Hirsch, Joachim: Vom fordistischen Sicherheitsstaat zum nationalen Wettbewerbsstaat, in: Das Argument 203, 1994, S. 7–21.

Hirsch, Joachim: Über Reform und Revolution, AG links-netz 2008, http://old.links-netz.de/K_texte/K_hirsch_reformismus.html.

Hirsch, Joachim et al.: Sozialpolitik anders gedacht. Soziale Infrastruktur, Hamburg 2013; Initiative für einen Neuen Kommunalen Wohnungsbau (INKW): Öffentlich bauen statt Private fördern, Berlin 2014, www.inkw-berlin.de/index.html.

Hodkinson, Stuart: The return of the housing question, in: Ephemera 12/2012, S. 423–444.

Hoffrogge, Ralf: Fordismus, Eurokommunismus und Neue Linke. Thesen zu Kontinuitäten und Diskontinuitäten zwischen Arbeiterbewegung und linker Szene in der BRD, in: Jahrbuch für historische Kommunismusforschung (JHK) 2012, S. 249–263.

Holm, Andrej: Berlin: Mehr Licht als Schatten. Wohnungspolitik unter Rot-Rot-Grün, in: Dieter Rink/Björn Egner (Hrsg.): Lokale Wohnungspolitik. Beispiele aus deutschen Städten, Baden-Baden 2020, S. 43–64.

Holm, Andrej: Wohnung als Ware. Zur Ökonomie und Politik der Wohnungsversorgung, in: Widersprüche 121, 2011, S. 9–20.

Holm, Andrej: (Un)sozialer Wohnungsbau. Schwerpunkt der Berliner Verdrängungsdynamik, in: Berliner Hefte zu Geschichte und Gegenwart der Stadt, Bd. 2: Die Legende vom Sozialen Wohnungsbau, 2. Aufl., Berlin 2021, S. 13–99.

Holm, Andrej/Matthias Bernt: Veränderungen der Eigentümerstrukturen auf ostdeutschen Wohnungsmärkten nach 1990, in: Ilko-Sascha Kowalczuk/Frank Ebert/Holger Kulick (Hrsg.): (Ost-)Deutschlands Weg I, hrsg. von der Bundeszentrale für politische Bildung, Berlin/Bonn 2021, S. 509–529.

Holm, Andrej/Sabine Horlitz/Inga Jensen: Neue Wohnungsgemeinnützigkeit. Voraussetzungen, Modelle und erwartete Effekte, hrsg. von der Rosa-Luxemburg-Stiftung, Studie, Berlin 2017.

Holm, Andrej/Anna Kravets/Christoph Laimer/Jana Steinfeld: Bausteine für ein Neues Soziales Wohnen, in: Andrej Holm/Christoph Laimer (Hrsg.): Gemeinschaftliches Wohnen und selbstorganisiertes Bauen, Wien 2021, S. 218–233.

Holm, Andrej/Christoph Laimer (Hrsg.): Gemeinschaftliches Wohnen und selbstorganisiertes Bauen, Wien 2021.

Holm, Andrej/Kaspar Metzkow: Wohnen als Soziales Verhältnis, in: Andrej Holm (Hrsg.): Wohnen zwischen Markt, Staat und Gesellschaft. Ein sozialwissenschaftliches Handbuch, Hamburg 2021, S. 151–171.

Hopp, Stefan: Die unsichtbare Hand – und vier Versuche, sie sichtbar zu machen. Eine kritische Analyse der allgemeinen Gleichgewichtstheorie und ausgewählter ideengeschichtlicher Vorläufer, Dissertation, Otto-Friedrich-Universität Bamberg, 2004.

Horlitz, Sabine: Community Land Trusts: Nachbarschaftliche Selbstverwaltung gegen Bodenspekulation und Verdrängung, in: Brigitta Gerber/Ulrich Kriese (Hrsg.): Boden behalten – Stadt gestalten, Zürich 2019, S. 105–114.

Huber, Victor Aimé: Über innere Kolonisation [1846], in: Helmut Frank/Dirk Schuster (Hrsg.): Lesebuch zur Wohnungsfrage, Köln 1983, S. 122–126.

Jaeggi, Rahel: Kritik von Lebensformen, Frankfurt a. M. 2013.

Jenkis, Helmut: Kompendium der Wohnungswirtschaft, München 1996.

Jenkis, Helmut W.: Die gemeinnützige Wohnungswirtschaft. Ursprung, Entwicklung, Probleme, in: ders. (Hrsg.): Kommentar zum Wohnungsgemeinnützigkeitsrecht mit der WGG-Aufhebungsgesetzgebung, Hamburg 1988, S. XIX–XLVIII.

Jenkis, Helmut W.: Die gemeinnützige Wohnungswirtschaft im Widerstreit der Interessen und Meinungen. Eine kommentierte Dokumentation zur Aufhebung des Wohngemeinnützigkeitsgesetzes, Baden-Baden 2000.

Just, Tobias et al.: Wirtschaftsfaktor Immobilien 2017, Gutachten für den Deutschen Verband für Wohnungswesen, Städtebau und Raumordnung e. V. und die Gesellschaft für Immobilienwirtschaftliche Forschung e. V., Berlin 2017.

Just, Tobias/Jochen Möbert/Michael Heinrich: Deutsche Wohnimmobilien als Kapitalanlage, Gutachten im Auftrag der Deutsche Bank Privat- und Geschäftskunden AG, Regensburg

2014, https://epub.uni-regensburg.de/29838/1/6_IREBS_Deutsche_Wohnimmobilien_als_Kapitalanlage.pdf.

Kebir, Sabine: Antonio Gramscis Zivilgesellschaft. Alltag, Ökonomie, Kultur, Politik, Hamburg 1991.

Kemeny, Jim: From Public Housing to the Social Market. Rental Policy Strategies in Comparative Perspective, London/New York 1995.

Klein, Dieter: Krisenkapitalismus. Wohin es geht, wenn es so weitergeht, Berlin 2008.

Klose, Manfred/Norbert Schwarz: Wohnungsvermietung in den gesamtwirtschaftlichen Gesamtrechnungen – Konzepte, Methoden und Ergebnisse, in: WISTA 6/2019, Wiesbaden, Statistisches Bundesamt, S. 18–30.

Klus, Sebastian: Die europäische Stadt unter Privatisierungsdruck. Konflikte um den Verkauf kommunaler Wohnungsbestände in Freiburg, Wiesbaden 2013.

Kockelkorn, Anne: Tausendundeine Theorie 0241: Theorie des Eigentums, Proudhon, 1866, in: Arch+ 221, 2015, S. 64–65.

Kofner, Stefan: Wohnungsmarkt und Wohnungswirtschaft, München/Wien 2004.

Kowalczuk, Ilko-Sascha: Die »Hochschulfront ist eine Kampffront«. Die SED-Parteiorganisationen an den Universitäten und Hochschulen in der SBZ/DDR 1946–1961, in: Zeitschrift des Forschungsverbundes SED-Staat 13/2003, S. 61–77.

Krabbe, Wolfgang R.: Städtische Wirtschaftsbetriebe im Zeichen des »Munizipalsozialismus«. Die Anfänge der Gas- und Elektrizitätswerke im 19. und frühen 20. Jahrhundert, in: Hans-Heinrich Blotevogel (Hrsg.): Kommunale Leistungsverwaltung und Stadtentwicklung vom Vormärz bis zur Weimarer Republik, Köln 1991, S. 117–135.

Krätke, Stefan: Ökonomie der Stadterneuerung. Ansätze und Perspektiven, in: Arbeitskreis Stadterneuerung (Hrsg.): Jahrbuch Stadterneuerung 1992, Berlin 1992, S. 124–134.

Krätke, Stefan: Stadt. Raum. Ökonomie. Einführung in aktuelle Problemfelder der Stadtökonomie und Wirtschaftsgeographie, Basel u.a. 1995.

Kropotkin, Peter: Die Eroberung des Brotes [1892], Aschaffenburg 2021.

Kühne-Büning, Lidwina/Volker Nordalm/Lieselotte Steveling: Grundlagen der Wohnungs- und Immobilienwirtschaft, Frankfurt a. M. 2005.

Kuhnert, Jan /Olof Leps: Neue Wohnungsgemeinnützigkeit. Wege zu langfristig preiswertem und zukunftsgerechtem Wohnraum, Wiesbaden 2017.

Kunnert, Andrea/Josef Baumgartner: Instrumente und Wirkungen der österreichischen Wohnungspolitik, Wien 2012.

Kusiak, Joanna: Trespassing on the Law. Critical legal engineering as a strategy for action research, in: Area 2021, S. 1–8.

Laclau, Ernesto: Identity and Hegemony. The Role of Universality in the Constitution of Political Logics, in: Judith Butler/Ernesto Laclau/Slavoj Žižek (Hrsg.): Contingency, Hegemony, Universality. Contemporary Dialogues on the Left, London 2000, S. 44–89.

Laclau, Ernesto: On Populist Reason, London/New York 2005.

Laclau, Ernesto/Chantal Mouffe: Hegemonie und radikale Demokratie. Zur Dekonstruktion des Marxismus, Wien 1991.

Laimer, Christoph: Alternative Finanzierungsinstrumente für Haus- und Wohnprojekte, in: future.lab Magazin 12/2019, S. 16–17.

Lefebvre, Henri: Die Revolution der Städte, München 1972.

Lehnert, Detlef: Kommunale Politik. Parteiensystem und Interessenkonflikte in Berlin und Wien 1919 bis 1932, Berlin 1991.

Lejano, Raul P. /Corinna Del Bianco: The logic of informality: Pattern and process in a São Paulo favela, in: Geoforum 91, 2018, S. 195–205.

Lindemann, Helmut: Wie steht es um den deutschen Revanchismus?, in: Gewerkschaftliche Monatshefte 7/1961, S. 401–410.

Lipietz, Alain: Akkumulation, Krisen und Auswege aus der Krise. Einige methodische Überlegungen zum Begriff der »Regulation«, in: PROKLA. Zeitschrift für Kritische Sozialwissenschaft 15, 1985, S. 109–137.

Lund, Brian: Understanding housing policy. Understanding welfare: Social issues, policy and practice, Bristol 2017.

Madden, David/Peter Marcuse: In Defense of Housing, London/New York 2016.

Marcuse, Peter: Reforms, Radical Reforms, Transformative Claims, in: Peter Marcuse's Blog, 25.3.2012, http://pmarcuse.wordpress.com/2012/03/25/11-blog-11-reforms-radical-reformstransformative-claims/.

Marryfied, Andy: Dialectical Urbanism, New York. 2002.

Marryfied, Andy: Metromarxism. A Marxist tale of the city, New York/London 2002.

Marryfied, Andy: The New Urban Question, London.2014.

Martens, Maartje/Nick Bullock/Hans Harms: Länderbericht England, in: Walter Prigge/Wilfried Kaib (Hrsg.): Sozialer Wohnungsbau im internationalen Vergleich, Frankfurt a. M. 2018, S. 185–209.

Martin, Dirk/Jens Wissel: Soziale Infrastruktur als sozialpolitisches Transformationskonzept, in: Ulrich Brand/Christoph Görg (Hrsg.): Zur Aktualität der Staatsform. Materialistische Staatstheorie von Joachim Hirsch, Baden-Baden 2018, S. 201–217.

Marx, Karl/Friedrich Engels: Werke, Berlin 1956ff. [MEW]

Marx, Karl/Friedrich Engels: Manifest der Kommunistischen Partei, in: MEW, Bd. 4, S. 459–493.

Marx, Karl: Das Elend der Philosophie. Antwort auf Proudhons »Philosophie des Elends«, in: MEW, Bd. 4, S. 63–182.

Marx, Karl: Das Kapital. Erster Band, in: MEW, Bd. 23.

Marx, Karl: Das Kapital. Zweiter Band, in: MEW, Bd. 24.

Marx, Karl: Das Kapital. Dritter Band, in: MEW, Bd. 25.

Marx, Karl: Grundrisse der Kritik der Politischen Ökonomie, in: MEW, Bd. 42.

Marx, Karl: Thesen über Feuerbach, in: MEW, Bd. 3, S. 5–8.

McElroy, Erin u.a.: Introducing the Radical Housing Journal, in: Radical Housing Journal 1/2019, S. i–iii.

Mettele, Gisela: Mary und Lizzie Burns. Die Lebensgefährtinnen von Friedrich Engels, in: Marx-Engels-Jahrbuch 2011, Berlin 2012, S. 130–149.

Meyer, Max: Liberaldemokratie. Wohlstand zwischen Freiheit und autokratischer Führung, Wiesbaden 2020.

Ministry of Housing, Communities and Local Government: Local authority housing statistics, 2018, London 2019.

Mohajeri, Sharooz: 100 Jahre Berliner Wasserversorgung und Abwasserentsorgung 1840–1940, Stuttgart 2005.

Münch, Sybille: Die Entwicklung des modernen Wohnens, Darmstadt 2005, www.schader-stiftung.de/themen/stadtentwicklung-und-wohnen/fokus/wohnen/artikel/die-entwicklung-des-modernen-wohnens.

Nicoll, Norbert: Gramsci, Hayek und die unbestreitbare Nützlichkeit einer hegemonialen Strategie, in: Emanzipation 1/2012, S. 72–86.

Nonhoff, Martin: Diskurs, radikale Demokratie, Hegemonie – Einleitung, in: ders. (Hrsg.): Diskurs – radikale Demokratie – Hegemonie. Zum politischen Denken von Ernesto Laclau und Chantal Mouffe, Bielefeld 2007, S. 7–25.

Novy, Klaus: Selbsthilfe als Reformbewegung [1981], in: Arch+ 55, 2019, S. 26–40.

Novy, Klaus/Michael Prinz: Illustrierte Geschichte der Gemeinwirtschaft. Wirtschaftliche Selbsthilfe in der Arbeiterbewegung von den Anfängen bis 1945, Bonn 1983.

Nuss, Sabine: Keine Enteignung ist auch keine Lösung. Die große Wiederaneignung und das vergiftete Versprechen des Privateigentums, Berlin 2019.

Oehmcke, Th.: Gesundheit und weiträumige Stadtbebauung, Berlin/Heidelberg 1904.

Oesterdiekhoff, Georg W.: Lexikon der soziologischen Werke, Wiesbaden 2014.

Opratko, Benjamin: Hegemonie. Politische Theorie nach Antonio Gramsci, Münster 2014.

Ostrom, Elinor: Governing the Commons. The evolution of institutions for collective action, Cambridge 1990.

Peck, Jamie/Adam Tickell: Neoliberalizing Space, in: Antipode 3/2002, S. 380–404.

Peter, Lothar: Engels, Friedrich, Die Lage der arbeitenden Klasse in England, in: Georg W. Oesterdiekhoff (Hrsg.): Lexikon der soziologischen Werke, 2. Aufl., Wiesbaden 2014, S. 188–189.

Peters, Karl-Heinz: Von der Gemeinnützigkeit zum Profit. Privatisierungsopfer Gehag – Herausforderung für alternative Wohnungspolitik, Hamburg 2016.

Piketty, Thomas: Kapital und Ideologie, München 2020.

Pistor, Katharina: Der Code des Kapitals. Wie das Recht Reichtum und Ungleichheit schafft, Berlin 2020.

Proudhon, Pierre-Joseph: Was ist Eigentum? Untersuchungen über den Ursprung und die Grundlagen des Rechts und der Herrschaft [1840], Münster 2018.

Proudhon, Pierre-Joseph: System der ökonomischen Widersprüche oder: Philosophie des Elends [1846], Berlin 2003.

Raabe, Benjamin/Henrik Solf: Mietendeckel, in: Kritische Justiz 4/2020, S. 273–278.

Ricardo, David: Die Grundfrage der politischen Oekonomie oder der Staatswirtschaft und der Besteuerung, Weimar 1821.

Rodenstein, Marianne: »Mehr Licht, mehr Luft« Gesundheitskonzepte im Städtebau seit 1750, Frankfurt a. M. 1988.

Ronneberger, Klaus: Utopische Gemeinschaften und Siedlungsassoziationen. Zu den Anfängen der Wohngenossenschaftsbewegung, in: Andrej Holm/Christoph Laimer (Hrsg.): Gemeinschaftliches Wohnen und selbstorganisiertes Bauen, Wien 2021, S. 18–27.

Rost, Stefan: Das Mietshäuser Syndikat, in: Silke Helfrich/Heinrich-Böll-Stiftung (Hrsg.): Commons: Für eine neue Politik jenseits von Markt und Staat, Bielefeld 2012, S. 285–287.

Rüb, Friedberg W.: Vom Wohlfahrtsstaat zum »manageriellen Staat«? Zum Wandel des Verhältnisses von Markt und Staat in der deutschen Sozialpolitik, in: Roland Czada/Reinhard Zintl (Hrsg.): Politik und Markt, Politische Vierteljahresschrift Sonderheft, Bd. 34, Wiesbaden 2004, S. 256–299.

Ruck, Michael: Die öffentliche Wohnungsbaufinanzierung in der Weimarer Republik, in: Axel Schildt/Arnold Sywottek (Hrsg.): Massenwohnungsbau und Eigenheim, Frankfurt a. M./New York 1988, S. 150–200.

Russell, Bertie: Beyond the Local Trap. New Municipalism and the Rise of the Fearless Cities, in: Antipode 3/2019, S. 989–1010.

Ryan-Collins, Josh /Toby Lloyd/Laurie MacFarlaine: Rethinking the Economics of Land and Housing, London 2017.

Sablowski, Thomas: Klassenkämpfe in der Corona-Krise. Die Auseinandersetzung um die wirtschaftspolitischen Maßnahmen der Bundesregierung, in: PROKLA. Zeitschrift für Kritische Sozialwissenschaft 200, 2020, S. 519–542.

Sarbo, Bafta/Lukas Wolf: Politische Ökonomie des Wohnens, in: Andrej Holm (Hrsg.): Wohnen zwischen Markt, Staat und Gesellschaft, Hamburg 2021, S. 83–96.

Sax, Emil: Die Wohnungszustände der arbeitenden Classen und ihre Reform, Wien 1869.

Schipper, Sebastian: Wohnraum dem Markt entziehen? Wohnungspolitik und städtische soziale Bewegungen in Frankfurt und Tel Aviv, Wiesbaden 2018.

Schmidthuysen, Fritz: Die Entwicklung der Wohnungsbauabgabe und des Geldentwertungsausgleichs bei bebauten Grundstücken (Hauszinssteuer) in Deutschland, in: FinanzArchiv (Public Finance Analysis) 1/1928, S. 162–255.

Schmoller, Gustav: Ein Mahnruf in der Wohnungsfrage [1890], in: Hartmut Frank/Dirk Schubert (Hrsg.): Lesebuch zur Wohnungsfrage, Köln 1983, S. 159–174.

Schnur, Olaf: Nachbarschaft und Quartier, in: Frank Eckardt (Hrsg.): Handbuch Stadtsoziologie, Wiesbaden 2012, S. 449–474.

Schofield, Jonathan: The return of Friedrich Engels – right or wrong?, in: Confidentials: Manchester, 24.7.2017, https://confidentials.com/manchester/friedrich-engels-HOME-first-street-manchester-was-his-return-right-or-wrong.

Schönig, Barbara: Ausnahmesegment. Form und Funktion sozialen Wohnungsbaus im transformierten Wohlfahrtsstaat, in: PROKLA. Zeitschrift für Kritische Sozialwissenschaft 191, 2018, S. 227–245.

Schönig, Barbara/Lisa Vollmer: Wohnungsfrage(n) ohne Ende und überall?! Sechs Thesen für eine interdisziplinäre Wohnungsforschung, in: dies. (Hrsg.): Wohnungsfragen ohne Ende?!, Bielefeld 2020, S. 7–33.

Schubert, Klaus/Martina Klein: Das Politiklexikon. Begriffe, Fakten, Zusammenhänge, hrsg. von der Bundeszentrale für politische Bildung, Schriftenreihe 1174, Bonn 2011.

Siméon, Ophélie: Robert Owen's Experiment at New Lanark: From Paternalism to Socialism, Cham 2017.

Simonis, Georg: Regulationstheorie, in: Arthur Benz/Susanne Lütz/Uwe Schimank/Georg Simonis (Hrsg.): Handbuch Governance. Theoretische Grundlagen und empirische Anwendungsfelder, Wiesbaden 2007, S. 212–225.

Smith, Adam: Der Wohlstand der Nationen. Eine Untersuchung seiner Natur und seiner Ursachen [1776], München 1974.

Smith, Neil: Toward a Theory of Gentrification. A Back of the City Movement by Capital, not People, in: Journal of the American Planning Association 4/1979, S. 538–548.

Smith, Neil: The New Urban Frontier. Gentrification and the Revanchist City, New York 1996.

Smith, Neil: Rächen und Renovieren: Vergeltung bei der Renaissance der Stadt, in: Volker Eick/Jens Sambale/Eric Töpfer (Hrsg.): Kontrollierte Urbanität. Zur Neoliberalisierung städtischer Sicherheitspolitik, Bielefeld 2007, S. 375–394.

Smyth, Stewart: The privatization of council housing. Stock transfer and the struggle for accountable housing, in: Critical Social Policy 1/2013, S. 37–56.

Spars, Guido: Der Berliner Wohnungsmarkt – ein Standortvorteil, Wuppertal 2009.

SPD Berlin/Bündnis90/Die Grünen Berlin/DIE LINKE Berlin: Zukunftshauptstadt Berlin, Koalitionsvertrag 2021–2026, https://www.berlin.de/rbmskzl/regierender-buergermeister/senat/koalitionsvertrag/berlin_koavertrag_2021_2026.pdf?ts=1682609609

Stolz-Gerhardt, Vera: Finanzsystemstabilität, systemisches Risiko und Bailout-Instrumente. Eine Analyse staatlich induzierter Bankenrettungsmaßnahmen, Wiesbaden 2019.

Streeck, Wolfgang: Vorwort zur deutschen Ausgabe, in: Foundational Economy Collective: Die Ökonomie des Alltagslebens. Für eine neue Infrastrukturpolitik, Berlin 2019, S. 7–30.

Strobel, Hannes: Organisiert gegen einen profitorientierten Wohnungskonzern. Fünf Jahre berlinweite Vernetzung der Deutsche-Wohnen-Mieter*innen, in: sub\urban. Zeitschrift für kritische Stadtforschung 3/2020, S. 195–204.

Strohmeyer, Klaus: James Hobrecht (1825–1902) und die Modernisierung der Stadt, Potsdam 2000.

Sussner, Stephen: The Concept of Highest and Best Use Under Takings Theory, in: The Urban Lawyer 1/1989, S. 113–150.

Terminski, Bogumil: The Right to Adequate Housing in International Human Rights Law. Polish Transformation Experiences, in: Revista Latinoamericana de Derechos Humanos 2/2011, S. 219–241.

Tesch, Joachim: Wurde das DDR-Wohnungsbauprogramm 1971/1976 bis 1990 erfüllt?, in: UTOPIE kreativ, Sonderheft 2000, S. 50–58.

Teuteberg, Hans-Jürgen: Die Debatte der deutschen Nationalökonomie im Verein für Socialpolitik über die Ursachen der »Wohnungsfrage« und die Steuerungsmittel einer Wohnungsreform im späten 19. Jahrhundert, in: ders.: (Hrsg.): Stadtwachstum, Industrialisierung, sozialer Wandel. Beiträge zur Erforschung der Urbanisierung im 19. und 20. Jahrhundert, Berlin 1986, S. 13–59.

The Housing Question Revisited – Themed Section. in: ACME. International Journal for Critical Geographies 3/2016, S. 580–683.

Thurn, John Philipp: Vergesellschaftung als sozialstaatliche Entprivatisierung und als Grundrecht, in: Kritische Justiz 2/2020, S. 183–188.

Tockner, Lukas: Mieten in Österreich und Wien 2008 bis 2016, Wien 2017.

Treiber, Magnus: Ethnologie als Bezugswissenschaft der Sozialen Arbeit. Über Kartographie, Freiraum und das Unmittelbare in Stadt und Welt, Vortrag auf der Tagung der Sektion »Theorie und Wissenschaftsentwicklung« der Deutschen Gesellschaft für Soziale Arbeit e.V., Frankfurt a. M., 23./24.3.2012, www.socialnet.de/materialien/140.php.

Turner, John F. C.: Housing as a verb, in: ders./Robert Fichter (Hrsg.): Freedom to Build. Dweller Control of the Housing Process, New York 1972, S. 148–175.

UniCredit: Wohnimmobilien Marktbericht. Dresden, Chemnitz, Zwickau (Januar 2021), München 2021.

Varoufakis, Yanis: Die ganze Geschichte. Meine Auseinandersetzung mit Europas Establishment, München 2017.

Vester, Michael: Klasse an / für sich, in: LuXemburg. Gesellschaftsanalyse und linke Praxis, Januar 2018, www.zeitschrift-luxemburg.de/klasse-an-und-fuer-sich/.

Vogel, Hans-Jochen: Mehr Gerechtigkeit! Wir brauchen eine neue Bodenordnung – nur dann wird auch Wohnen wieder bezahlbar, Freiburg u.a. 2019.

Voigtländer, Michael/Björn Seipelt: Perspektiven für private Kleinvermieter, Gutachten für den Kölner Haus- und Grundbesitzerverein von 1888 und Haus und Grund Düsseldorf und Umgebung, Köln 2017.

Vollmer, Lisa/Dieter Rink: Mietenwahnsinn stoppen! Netzwerke und Mobilisierungen der Mieter:innenbewegung in deutschen Großstädten, in: Forschungsjournal Soziale Bewegungen 3/2019, S. 337–349.

Wallerstein, Immanuel: Crisis of the Capitalist System. Where Do We Go from Here?, in: Monthly Review Online, 12.11.2009, unter https://mronline.org/2009/11/12/crisis-of-the-capitalist-system-where-do-we-go-from-here/.

Weipert, Axel: Krawall im Kiez. Wie es 1872 zu Unruhen in den Arbeitervierteln kam, in: Philipp Mattern (Hrsg.): Mieterkämpfe. Vom Kaiserreich bis heute – Das Beispiel Berlin, Berlin 2018, S. 9–25.

Welch-Guerra, Max: Vermieterstruktur und Depolitisierung der Wohnungspolitik. Die Politik des CDU-geführten Senats gegenüber der Anbieterseite des Wohnungsmarktes in Berlin (West) von 1982 bis 1988 (Arbeitshefte des Instituts für Stadt-

und Regionalplanung der Technischen Universität Berlin, Heft 44), Berlin 1992.

Wendt, Matthias: »Weil es nur zusammen geht«. Commonsbasierte Selbstorganisation in der Leipziger Hausprojektszene, Frankfurt a. M./New York 2018.

Wiegand, Felix: David Harveys urbane Politische Ökonomie, in: Emanzipation 2/2013, S. 35–56.

Williams, Peter /Neil Smith: From »renaissance« to restructuring: the dynamics of contemporary urban development, in: dies. (Hrsg.): Gentrification of the City, Boston 1986, S. 204–224.

Wilpert, Gregory: Venezuela's Quiet Housing Revolution: Urban Land Reform, 12.9.2005, https://venezuelanalysis.com/analysis/1355#:~:text=Venezuela%E2%80%99s%20Quiet%20Housing%20Revolution%3A%20Urban%20Land%20Reform%20Flying,improve%20the%20lives%20of%20millions%20of%20Venezuela%E2%80%99s%20poor.

Wirtschaftsrat Deutschland: »Enteignungen sind verfassungswidrig, unverhältnismäßig und abschreckend für Investoren«, 10.4.2019, www.wirtschaftsrat.de/wirtschaftsrat.nsf/id/enteignungen-sind-verfassungswidrig-unverhaeltnismaessig-und-abschreckend-fuer-investoren-de.

Wollmann, Hellmut/Wolfgang Jaedicke: The Rise and Fall of Public and Social Housing, in: Tijdschrift voor economische en sociale geografie 2/1989, S. 82–88.

Wood, Ellen Meiksins: Der Ursprung des Kapitalismus. Eine Spurensuche, Hamburg 2015.

Yonder, Ayse: Gecekondu Policies and the Informal Land Market in Istanbul, in: Built Environment 2/1982, S. 117–124.

Zinn, Howard: Eine Geschichte des amerikanischen Volkes [1980], Berlin 2007.